사공 일이 되돌아본 한국경제
(1970년대 말~ 2000년대 초)

도약의 기억

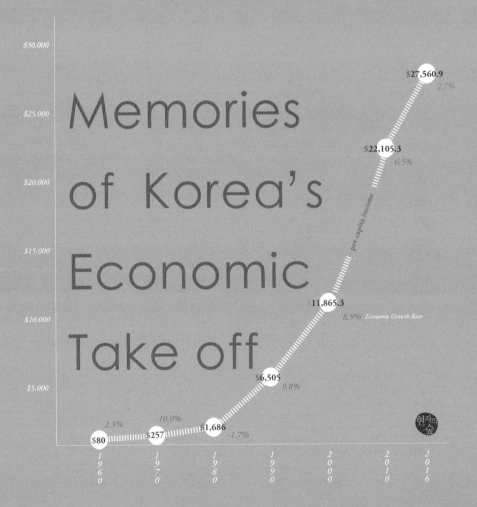

Memories
of Korea's
Economic
Take off

$30,000

$25,000

$20,000

$15,000

$10,000

$5,000

$27,560.9
2.7%

$22,105.3
6.5%

per capita income

11,865.3
8.9% *Economic Growth Rate*

$6,505
9.8%

$1,686
-1.7%

$257
10.0%

$80
2.3%

1960 1970 1980 1990 2000 2010 2016

현자의숲

도약의 기억

1판 1쇄 발행   2017년 7월 25일

지은이   사공 일

펴낸곳   현자의숲
전화   02) 2646-8276
등록   2011년 7월 20일 제 313-2011-204호
주소   서울시 강서로 33가길 18
E-mail   goodbook2011@naver.com

ISBN   979-11-86500-15-6 (03300)

프롤로그

　경제학도로서 필자는 스스로 행운아였다고 생각하고 항상 고마운 마음을 갖고 살아왔다. 1969년부터 미국 뉴욕대와 영국 쉐필드대에서 경제발전론과 화폐·금융론을 강의해오던 필자는 1973년에 KDI 수석연구원으로 귀국했다.

　경제정책에 특별한 관심을 갖고 있던 필자에게 당시 정부의 독보적 경제정책 싱크탱크였던 KDI에서 일하게 된 것은 너무나 좋은 기회였다. KDI에서는 금융실장, 재정금융실장, 부원장으로서 정부의 장·단기 경제정책 개발과 '경제개발 5개년계획' 준비 과정에 참여하게 됐다. 그리고 KDI 재임 중에 경제과학심의회의 자문위원(1979-1980)과 부총리 겸 경제기획원 장관 수석자문관(1981-82)으로 직접 정부에 들어가 일할 수 있는 기회를 가졌다.

　1983년에는 10여 년간 근무한 KDI를 떠나 산업연구원(KIET) 원장직을 맡아 정부의 산업과 통상 관련 정책 분야의 연구와 정부 자문 역할도 수행하게 되어 거시금융·산업·통상 등 정부의 거의 모든 분야의 경제정책 수립과 집행에 값진 경험을 갖게 됐다.

　1983년 10월에는 대통령 경제수석비서관으로 임명되어 이후 4년여간 대한민국 최장수 대통령 경제수석비서관으로서 국가경제 수립과 집행의 핵심에서 일하게 되었다. 1987년에는 제5공화국 마지막 재무장관으로 임명되었고, 이어서 1988년에는 제6공화국 초대 재무장관으로 재임명되어 재정·금융·외환 등 정부의 주요 경제 정책을 주도하는 중책도 맡았다.

1988년 전면 개각으로 정부를 떠난 필자는 잠시 미국 워싱턴에서 IMF 고문으로 일하며 《Korea in the World Economy》(Washington D.C., 1993, 번역판:《세계 속의 한국경제》_김영사_1993,《韓國經濟 新時代の構》東洋新報社_1994)를 지금의 피터슨국제경제연구원(PIIE)에서 집필한 후 귀국해 세계경제연구원을 1993년에 창설해 지난 25여 년간 이끌어오고 있다. 세계경제연구원의 설립 주목적은 세계화 등 바깥세상 변화를 미리 내다보고 정부와 기업이 적절한 대응책을 마련하는 데 도움을 주고자 한 것이다.

지난 2008년에 다시 대통령경제특별보좌관 겸 대통령 직속 국가경쟁력강화위원장으로서 국정에 다시 참여하게 되었다. 또한 2009년에는 대통령 직속 G20 서울정상회의 준비위원회 위원장으로서 G20 정상회의 서울 개최 준비를 총괄하게 되었다. G20은 G7을 대체하여 새로운 국제경제 협력에 관한 프리미어 포럼으로서 세계경제 협력의 비공식 거버넌스가 되었고, 대한민국은 G20 의장국으로서 G20 정상회의를 서울에서 개최하게 된 것이다.

필자는 서울 G20 정상회의를 총괄하는 과정에서 특히 미국·영국·독일·프랑스·일본 등 주요 선진국의 재무장관, 중앙은행 총재 등 고위 정책담당자들과 IMF, 세계은행, WTO, OECD, 국제결제은행(BIS) 등의 최고책임자들과 함께 글로벌 경제·금융·무역 이슈에 관해 심도 있게 논의하고 해결책을 모색하는 기회를 갖게 되었으며, 이를 통해 더욱 많은 것을 배울 수 있었다.

필자는 정부에서 직접 일한 시기를 제외한 기간에 경제 정책과 전략뿐 아니라 국정 전반에 관한 필자의 의견을 주요 언론매체와 특별강연 등을 통해 개진해 왔다. 그중에서 1993년 이후 최근에 이르기까지의 내용들을 《세계는 기다리지 않는다》(매일경제신문사, 2001), 《한국경제, 아직 갈 길이 멀다》(공감의기쁨, 2013) 등 책자에 대부분 엮어 펴낸 바 있다.

이 책은 1970년대 말부터 2000년대 초까지 필자의 주요 언론매체 기고와 인터뷰 및 강연 내용의 일부다.(원문의 자구 및 어휘 수정·보완은 최소화함) 거시경제의 안정과 성장, 그리고 형평 있는 국민복지 향상과 함께 한정된 자원의 우선순위에 따른 배분이 핵심인 경제정책에 대한 고민은 언제나 변함이 있을 수 없다. 되돌아본 주요 정책 화두가 현재 이 시점에서도 전혀 생소하게 들리지 않는 이유다. 다만 그 해법과 정책의 선택 타이밍은 주어진 여건에 따라 다를 수 있다.

이러한 차원에서 일류선진국을 향해 또 한 번의 도약이 필요한 이 시점에서 과거의 도약과정에서의 정책적 고민을 한 걸음 물러

서서 다시금 되새겨 보는 것은 뜻있는 일이라고 본다. 후배 경제 학도들과 경제정책 담당자들께 도움이 되길 바라며 이 책을 펴내게 됐다.

이임광 사장께서 한국경제발전사의 사료로서의 의미를 특히 강조하며 이 책의 출간에 적극 나선 것을 고맙게 생각한다. 그리고 오래된 신문 스크랩 등 자료를 모으고 원고를 편집하는 과정에 많은 사람이 수고했다. 세계경제연구원 우형주 연구원은 마지막 편집과정에서 수고했다. 이들 모두에게 감사한 마음을 전한다.

2017년 7월 사공 일

〈제1장〉

2000년대를 맞은 한국경제의 새로운 도전

- 환란을 넘어 새로운 지평을 열어야 산다 -

제2장

1990년대의 새로운
세계경제질서와
한국

- 세계화 가속화와 새로운 세계경제질서 -

<제3장>

1980년대 초의 경제정책 패러다임 전환

- 질적 성장과 국민복지 향상 -

〈제1장〉

2000년대를 맞은 한국경제의 새로운 도전

- 환란을 넘어 새로운 지평을 열어야 산다 -

구조조정 가속화만이 살길이다

개혁과 구조조정 피로증후군 벗어나야

"한국사람들은 흡사 심한 건망증 환자처럼 모든 일을 쉽게 망각해 버리는가 하면, 한 가지 문제가 생기면 온 나라 여론이 들 끓다가 금세 싸늘하게 식어버리는, 이해하기 힘든 특성을 갖고 있다는 것을 확인했다."

최근에 한국을 다녀간 어느 외국 언론인의 말이다. 졸지에 IMF 긴급구제금융국 신세가 되어버린 나라경제를 되살리는 데 보탬이 되고자 장롱 깊숙이 간직했던 금붙이마저 꺼냈던 불과 2년 전 한국 국민들의 결연한 모습과는 너무나 대조적인 오늘의 한국 현실을 보며 한 말이다. 하기야 1998년에 마이너스 5.8퍼센트 성장을 딛고 일어난 우리 경제는 작년에 10.2퍼센트에 달하는 고도성장을 이룩해냈다. 이는 많은 기업 도산과 금융기관의 퇴출, 높은 실업과 중산층 붕괴라는, 과거에 경험하지 못한 고통스런 과정을 우리 국민 모두가 위기의식을 갖고 지혜롭게 헤쳐 나온 결과라고 할 수 있다. 정말 놀랍고 스스로 대견스러워할 만한 일이 아닐 수 없다.

　문제는 우리가 위기의식에서 벗어나 '자기만족'에 안주하며 '개혁과 구조조정 피로증후군'에 빠져 있을 여유를 갖고 있지 않다는 데 있다. 한마디로 말해 우리는 아직도 환란의 근본 요인이었던 우리 경제 내부의 구조적인 문제들을 말끔히 제거하지 못하고 있을 뿐 아니라, 전염을 통한 환란을 유발할 수 있는 기존 국제금융시장의 체제적 불안 요인도 상존하기 때문이다.

　물론 지난 2년 동안 환란을 불러온 근본 요인이라 할 수 있는 과다차입에 의한 과잉투자와 경쟁력을 무시한 덩치 키우기로 취약해진 기업구조, 그리고 시장 기능을 무시한 채 운영되어 온 은행을 위시한 일부 금융기관의 총체적 부실문제 해결을 위한 부단한 노력으로 상당한 성과를 이룩해낸 것도 사실이다.

　그러나 엄청난 공적자금의 투입과 매각에도 불구하고 '외형상의 금융 구조조정'은 어느 정도 마무리되었으나 일부 은행과 투신을 포함하는 부실 금융기관의 구체적인 처리와 국유화된 금융기관의 민영화 문제 등 앞으로 해야 할 일이 많이 남아 있다. 또한 기업 구조조정 면에서도 상당한 진전이 있었던 것도 사실이다. 특히 주요 대기업들의 재무구조 개선이란 측면에서는 큰 성과가 있었다. 그러나 과거에 저질러진 과잉투자의 조정과 무한경쟁에 살아남을 수 있는 생산성 향상을 위한 새로운 정보화 투자를 통한 구조조정은 아직도 미흡한 것이 분명하다. 게다가 지난해 3분기부터 시작된 임금인상이 생산성 향상을 앞지르는 추세가 지속된다면 우리 경제는 또다시 '고비용 저효율'의 질곡에 빠져들어 환란 재발 위험에 더욱 노출될 수밖에 없을 것이다.

단일-다극 체제 하의 불안정한 세계경제질서

오늘날 우리는 새뮤얼 헌팅턴 교수가 지적한 '단일-다극세계' 시대를 맞고 있다. 즉 오늘날 세계는 미국이란 초강대국과 함께 EU, 일본, 중국 등 몇몇 강대국이 동시에 존재하는 상황에 놓여 있는 것이다. 이러한 상황 하에서는 지구촌 전체를 위한 주요 이슈에 관한 세계적 합의를 도출해내는 데 상당한 시간이 소요될 것이 분명하다. 지난번 WTO 사무총장 선임 때와 마찬가지로, 현재 미국과 EU 간 이견으로 차기 IMF 총재 선임이 순조롭게 이뤄지고 있지 않는 것도 이러한 관점에서 보면 쉽게 이해할 수 있다. 따라서 현재 논의되고 있는 새로운 세계금융체제 도입에 관한 합의 도출도 쉽지 않을 것으로 본다. 특히 주요국간 이해관계가 상충하는 투기성 단기자금 유출입 문제, 주요 기축통화간 환율 안정 문제, 유사시 관련 국제 민간금융기관의 책임분담 문제 등 세계 금융시장의 체제적 불안을 덜어줄 수 있는 핵심 문제에 대한 지구촌 전체의 중지가 이른 시일 내에 모아지기를 기대하기는 힘들다.

우리 경제 구조적 취약성 제거해야

이러한 점을 감안할 때, 우리 경제의 구조적인 취약성을 지속적인 구조조정과 개혁을 통해 하루속히 제거하지 않는다면, 설사 환란이 우리나라에서 시작되지 않더라도 전염에 의한 환란 재발 가능성은 높다고 볼 수 있을 것이다. 더욱이 현재 우리 금융시장의 대외개방도는 1997년 환란 당시에 비해 훨씬 높기 때문에 환란의 재발 가능성은 그만큼 더 커졌다는 사실을 잊지 말아야 한다. 하루 속히 우리 모두 2년 전의 위기의식을 되찾을 때다. 우선 정부는 인기영합을 강요하는 아수라장의 정치판에 밀리거나 부화뇌동해서는 결코 안 된다. 그리고 금융구조조정도 가속화해야 한다. 기업 스스로의 구조조정 노력에 박차를 가해야 함은 물론이며, 근로자들도 실업의 고통을 다시 경험하지 않기 위해서도 생산성을 초과하는 임금인상은 스스로 자제해야 한다.

2001.
7. 19.

대한상공회의소
제26회
최고경영자
대학강좌
특별강연 요지

세계경제 여건 변화에 우리는 어떻게 대응하나

세계경제 여건, 왜, 그리고 어떻게 변화하고 있나

　　냉전 종식 이후 세계 각국은 경제 우선의 국가경영에 전념하고 있다. 따라서 국가 간 경제적 이해관계가 국제관계를 결정짓는 가장 중요한 요소가 되었다. 게다가 오늘날의 세계는 초강대국인 미국과 함께 EU, 일본, 중국 등 몇몇 강대국이 공존하는 체제 혹은 '단일-다극체제' 하에 놓여 있다. 따라서 지구촌 전체 차원의 의사결정과정이 더욱 복잡하게 되고, 그러한 과정에서 분쟁의 소지가 많아지게 됨에 따라 다자주의의 약화와 함께 쌍무주의와 복수주의에 따른 지역주의 추세가 가속되고 있다. 미국의 경우도 이러한 추세의 예외가 아닐 뿐 아니라, 오히려 지역주의에 앞장서고 있다. 예를 들면 NAFTA 확장과 함께 미주자유무역협정(FTAA)뿐 아니라, 미·칠레 자유무역협정, 미·싱가포르 FTA 등을 추진하고 있다. 최근 들어 미·일 FTA, 한·미 FTA도 추진돼야 한다는 주장이 미국 행정부와 정계 일각에서도 나오고 있는 것이다.

또한 디지털 혁명과 인터넷의 확산, 그리고 정보화 관련 기술의 획기적인 발달과 그 활용으로 세계경제는 깊은 통합 단계로 들어서 있으며, 경제의 세계화, 특히 금융의 세계화 추세가 나날이 심화되고 있다. 따라서 세계경제는 국경 없는 무한경쟁 시대를 맞게 되고, 특히 금융의 세계화 촉진에 따른 세계경제의 체제적 불안이 증폭되는 도전을 맞게 됐다. 이러한 체제적 불안을 줄여줄 수 있는 지구촌 차원의 새로운 국제금융체제의 마련이 필요함에도 불구하고, 이를 추진할 수 있는 세계적 지도력의 부재로 가까운 시일 내에 새로운 국제금융체제의 출현은 기대하기 어려운 실정이다.

또한 정보화 관련 기술의 급속한 발전과 함께 기존의 산업사회에서 지식기반사회 혹은 정보화 사회로의 전환이 가속화되고 있다. 따라서 세계 주요국들은 지식기반 사회의 근간이 되는 지식기반 경제의 기초가 될 하드웨어와 소프트웨어에 많은 투자를 해 오고 있는 것이다. 물론 여기에는 지식기반사회에 적합한 인재 양성을 위한 교육제도의 구축과 계속적인 근로자들의 훈련·재훈련 기회의 제공, 그리고 지식기반 경제에 적합한 법적·제도적 기반의 마련 등이 포함된다. 아울러 기업활동의 활성화에 걸림돌이 될 수 있는 각종 규제개혁과 규제철폐도 물론 포함된다.

세계경제 여건 변화에 우리는 어떻게 대응해야 하나

한마디로 우리나라를 '세계에서 가장 기업하기 좋은 나라'로 만들기 위한 노력을 경주해야 한다. 이를 위해 정부는 무엇보다 먼저, 거시경제를 안정시킴과 동시에 국가 경제가 나아가야 할 중·장기 비전을 제시하고, 아울러 정책의 일관성을 유지함으로써 미래의 기업 여건에 대한 예측 가능성을 제고하려는 노력을 강화해 나가야 한다. 아울러 금융구조 건전화와 금융산업의 경쟁력 제고를 위한 부실 금융기관 처리와 부실채권 해소가 하루속히 이룩되어야 할 뿐 아니라, 미래지향적인 금융기관 지배구조개선, 금융기관의 경영과 재무 현황에 관한 투명성 제고, 그리고 세계적 금융기관들과의 전략적 제휴 등 각종 네트워킹 활용 등 노력이 배가돼야 할 것이다.

또한 방대한 공적자금 투입에 따라 사실상의 공기업화한 시중은행의 정부소유 주식의 매각도 추진되어야 한다. 또한 우리나라를 세계에서 기업하기 가장 좋은 나라로 만들기 위해 세계적 수준에 걸맞은 각종 법과 제도를 마련함은 물론이거니와 이의 운용과 집행이 투명해야한다. 신·구 사회간접자본 시설의 확충과 함께 시장기능의 효율적인 작동에 밑받침이 될 법적, 제도적 기반이 확립되어야 한다. 이와 관련해 현재 논의 중에 있는 기업 도산 관련 3법의 통합이 속히 이룩되어야 한다. 그리고 정부와 정치권의 확고한 결의로 시급히 생산적인 노사관계를 확립하는 한편 법과 질서가 무시된 노사분규는 세계화시대의 이점을 활용하는 데 큰 장애요소임을 명심해야 할 것이다. 현재 가속화되고 있는 세계화 추세는 정보화 관련 기술의 발전과 함께 누구도 거부할 수 없는 현실이다. 따라서 우리는 이런 장점을 최대한 활용하되 이것에 수반된 바람직하지 못한 점을 최소화하려는 정책적 노력이 있어야 할 것이다.

국민교육의 질적 향상과 함께 근로자들의 훈련·재훈련 체제의 강화를 위한 노력도 강화되어야 한다. 지식기반 사회에 대비한 진정한 교육제도의 개혁이 추진되어야 한다. 초·중등 교육 및 고등교육의 내용과 질적 향상을 기할 수 있는 교육제도의 개혁을 위해 반드시 해결해야 할 과제는 충분한 교육재정의 확보다. 국민 조세부담율의 급격한 제고가 어려운 상황을 고려할 때, 교육부문의 민자 활용을 활성화하는 일은 불가피하다.

이러한 차원에서 현재 우리 국민들이 부담하고 있는 엄청난 액수의 사교육비 지출의 제도화, 투명화를 기할 수 있는 기여금 입학제 등 여러 가지 방안에 대한 국민적 공감대 형성이 시급하다. 우리나라도 지역협력에 적극 참여해야 할 뿐 아니라, 한 걸음 더 나아가 지역협력을 위한 리더십을 발휘해야 한다. 특히 세계 금융의 체제적 불안을 감안할 때, 금융과 관련된 지역협력에 참여하는 것은 더욱 중요한 일이다. 이러한 차원에서 볼 때, 최근 ASEAN+3 국가간에 합의된 이른바 치앙마이 이니셔티브에 적극 참여하는 것은 바람직한 일이라고 볼 수 있다. 이에 더해 이러한 금융 면의 지역협력이 IMF를 보완할 수 있는 지역기금으로 발전될 수 있도록 하는 데 우리나라가 리더십을 발휘하는 것도 바람직하다. 통상 면에서도 현재 추진 중에 있는 칠레와의 자유무역협정을 곧 매듭지어야 함은 물론이거니와, 좀 더 긴 안목에서 여타 중소 규모의 나라들뿐 아니라 일본, 중국 그리고 미국 등과의 FTA 체결에 관한 정책적 논의도 적극 추진되어야 할 것이다.

한마디로 국경 없는 무한경쟁시대에 생존할 수 있는 '세계 제일'이 되기 위한 특화, 전문화 노력이 강화되어야 할 것이다. 또한 세계적 수준에 맞는 회계제도와 투명한 경영방식 도입으로 국제금융시장에서의 신뢰도 제고에 힘써야 한다. 기존 산업의 생산성 향상을 위한 기업 경영의 디지털화와 e비즈니스의 활용을 촉진해야 된다.

이와 관련해 e비즈니스의 폭넓은 활용을 위해 선결되어야 할 중요한 과제는 회사 내의 수직적, 수평적 정보 흐름의 원활화를 기할 수 있는 기업 내부 문화 조성과 적절한 경영체제를 마련하는 것이다. 이러한 분야에 우리가 벤치마킹할 수 있는 미국의 사례가 많다. 1980년대 후반에서부터 1990년대에 걸쳐 미국의 기업들은 고통스런 기업 구조조정과 함께 컴퓨터와 정보화 관련 기술에 투자를 크게 늘려온 결과, 엄청난 생산성 향상을 경험하게 되었다. 미국 정부 또한 1980년대 초부터 시작해 항공, 수송, 통신 그리고 금융서비스 등 많은 분야에 적극적인 규제 철폐 및 완화를 통해 민간기업 활동을 최대한 도와주었을 뿐 아니라, 재정적자의 감축과 신축적인 통화정책을 통한 안정된 거시경제 환경을 제공해 왔다.

또한 항공통제사의 불법파업을 강력한 정치적 결단으로 다루는 등 노동시장의 유연성 제고를 위한 노력도 있었다. 미국의 근로자들도 새로운 지식과 전문성 확보를 위해 지속적인 자기계발에 힘써왔다. 1989년 이래 미국의 각 대학 등록 학생 중 35세 이상 학생수가 25퍼센트 이상 증가해온 것은 이러한 추세를 잘 말해주고 있다. 또한 미국의 경우, 여성 소유 기업 수는 1992~1999년간 42퍼센트가 증가했으며, 이들 기업의 고용은 102퍼센트 증가한 것으로 추계되고 있는데, 현재 여성인력 활용이 극히 저조한 우리에게 시사한 바가 크다고 할 수 있다.

미국의 경우, 정보화 관련 기술에 대한 기업부문의 지출은 1970년대부터 연평균 25퍼센트씩 늘어났다. 더욱 중요한 것은 e-비즈니스 등을 통한 기업 운영방식을 개선한 것이다. 현재 e-비즈니스를 활용하고 있는 다수의 미국기업은 소비자 기호에 맞는 제품을 적시에 공급하는 데 성공하고 있을 뿐 아니라, 제품의 배달과 구매에 적어도 10배 이상의 효율을 높이고 있는 것으로 추계되고 있다. 인터넷의 활용으로 디자인, 구매, 제조, 마케팅 그리고 고객 서비스에 이르기까지의 모든 기업 경영과정에 걸쳐 엄청난 생산성 향상이 가능했다. 예를 들면 미국 하니웰은 일부 자사 제품 디자인 시간을 6개월에서 24시간으로 줄였고, 포드자동차는 자동차 부품 구입과 관련된 한 가지 e비즈니스 체제로부터 80억 달러를 첫 몇 년간에 줄일 수 있었으며, 시멕스는 e비즈니스를 활용해 시멘트 배달을 3시간에서 20분으로 단축한 경우도 있다. 이와 같이 기존 산업과 정보화 관련 기술과의 성공적인 접목이 이룩될 때 경제전반에 걸친 생산성 향상이 이룩되고 이른바 신경제의 지속적인 안전 성장이 가능한 것이다.

또한 미국은 세계화의 이점을 최대한 활용하는 데도 크게 성공하고 있다. 기업하기 좋은 여건을 제공함으로써 미국은 최근 들어 세계 각국으로부터 외국인 직접투자(FDI)가 크게 늘어나고 있다. 2000년 미국으로의 FDI는 그 전년에 비해 17퍼센트 증가된 3,209억 달러에 달했다. 1999년에는 전 해에 비해 28퍼센트 증가된 2,750억 달러에 이르렀고, 1998년의 FDI는 2,153억 달러였다.

2000년의 3,209억 달러의 FDI 중 1,448.7억 달러는 439억 달러에 달하는 컴퓨터와 전자관련 제품 생산회사를 포함한 미국의 제조업체를 구매하는 데 쓰였으며, 622억 달러는 정보화 관련 기업, 그리고 441억 달러는 금융관련 업체 구매에 투입되었다. 이러한 FDI의 증가는 미국 근로자들의 일자리를 늘리고, 기술습득 기

회를 제공함으로써 근로자들의 소득향상과 함께 미국경제의 지속

적인 성장에 크게 기여하게 되는 것이다.

문제의 핵심 바로 보자

올 여름에도 예상하지 못한 집중호우로 많은 인명피해와 재산상의 큰 손실을 입었다. 그래서 일기예보의 정확성 문제가 또 시빗거리로 등장한 바 있다. 하기야 뉴욕의 나비 한 마리의 날갯짓이 우리나라를 휩쓸게 될 태풍을 몰고 올 수도 있다는 '카오스이론'과 '나비효과'를 믿는다면 정확한 일기예보를 한다는 것이 얼마나 어려운 건지 충분히 이해할 수 있을 것이다. 그런데 이러한 일기예보에 못지않게 어려운 것이 경기예측이라고 한다면 경기예측과 경제 전망이 흔히 빗나가는 것 자체도 크게 문제 삼을 일은 못 된다고 하겠다. 최근 들어 실물경기가 크게 위축되는 기미를 보이게 되자 국내외 전문 연구기관과 국제기구들은 올해 우리 경제 전망치를 하향 수정 발표함과 아울러 경기회복 시기에 대해 연초보다 회의적인 견해를 밝히고 있다. 이와 관련해 중요한 것은 당초 전망이 빗나가게 된 정확한 분석과 진단에 근거한 적절한 정책대응 방안을 마련하는 일이다.

예견된 경기둔화 도미노

물론 당초 전망이 빗나가게 된 데는 대내외적인 요인이 복합적으로 작용한 것이 분명하다. 먼저 대외적 요인으로 가장 중요한 것은 두말할 것도 없이 미국경제의 가파른 성장둔화다. 지난 2분기의 미국경제가 8년 만의 최저인 0.8퍼센트의 성장에 머물렀다는 것은 이미 잘 알려진 사실이다. 우리의 주종 수출품인 반도체와 컴퓨터 등 이른바 IT 제품 비중이 50퍼센트 이상 되는 대미수출에 차질이 올 것은 자명한 일이다. 그러나 미국경제의 성장둔화는 지난해부터 충분히 예상됐던 일이다. 즉 지난해에 근 5퍼센트에 달하는 고도성장세를 보였던 미국경제가 금년에 들어와서 '상당한' 성장속도 조정이 불가피할 것임은 지난해에 이미 경제전문가들 사이에 중론으로 돼 있었다. 단지 그 조정이 '경착륙' 혹은 '연착륙'이 될 것인지에 대한 논란만 남아 있었던 것이다. 그러나 지난 수년간 지속됐던 미국의 IT 관련 투자붐을 고려할 때 경·연착륙과 관계없이 앞으로 상당 기간 그와 같은 붐은 상상하기 힘들다는 것 또한 중론이었다. 따라서 미국 경기둔화가 특히 우리 경제에 미치게 될 악영향은 예견된 사안이었다고 할 수 있다. 그럼에도 불구하고 우리 경제의 기본 잠재성장률로 볼 수 있는 5~6퍼센트 수준의 성장이 가능하다고 전망한 대전제는 정부의 강력한 의지를 바탕으로 추진될 분야별 구조조정을 통해 우리 경제의 미래에 대한 불확실성을 줄이고, 대내외 신뢰도를 제고할 수 있다는 것이었다고 본다.

그러나 아직도 금융과 기업부문에는 국제적 관심사항이 될 만큼 큼직큼직한 구조조정 사안들이 그대로 남아 있다. 또한 부실정리를 위한 공적자금 투입 결과 사실상의 국영기업화된 주요 시중은행의 자율화와 민영화에 대한 명확한 방안도 나와 있지 않다. 시장기능에 의한 진정한 '상시퇴출제도'는 금융의 자율이 보장될 때 가능한 것이 아닌가. 노동부문은 어떠한가. 무엇보다 먼저 법과 원칙, 그리고 질서를 바탕으로 하는 건전한 노사관계 조성과 노동시장 신축성 제고를 위한 정부의 강한 정책적 의지가 담긴 가시적인 노력이 미진했던 것도 사실 아닌가.

선거용 부양책 남발 안 돼

이러한 점을 고려할 때, 최근 IMF와 OECD가 동시에 내놓은 한국 관련 보고서에서 '미온적 부실정리'와 '느린 구조조정'을 한국경제의 활력 회복에 가장 큰 걸림돌로 꼽고 있는 것은 전혀 새로운 것이 아니지만 문제의 핵심을 제대로 짚은 것임이 분명하다. 이 시점에서 당장 정부가 해야 할 일은 구조조정에 대한 강한 의지를 말이 아닌 행동으로 보이는 것이다. 이렇게 정부정책의 우선순위가 구조조정을 통한 성장잠재력 제고에 있음을 분명히 함과 동시에, 구조조정의 원활화를 위해 불가피한 보완책으로서의 경기보완적인 거시경제정책 운영, 그리고 사회안전망 강화와 근로자 산업 재배치를 위한 재정지출을 적절히 늘려 나가는 것은 물론 바람직스러운 것이다. 그러나 특히 선거철을 앞둔 정치권 주도로 단기적인 경기부양 우선적인 시책들이 남발되는 일은 바람직스럽지 못한 것임을 잊지 말아야 한다.

,

강한 달러 지속되나

"달러는 우리 통화이고, 이것은 당신들의 문제요."

닉슨 행정부 당시 존 코널리 재무장관이 세계를 향해 던진 말이다. 그렇다. 달러는 미국의 돈이나 모두가 이것을 더 많이 갖기를 원하고, 달러 가치 변화는 세계경제에 큰 영향을 미치게 된다. 실제 오늘날 세계에는 공식적으로 달러를 자국 통화로 사용하는 국가들마저 있을 뿐 아니라, 자국 통화량의 30~50퍼센트에 해당하는 달러 표시 예금을 갖고 있는 나라만 20여 개국에 달하고 있는 것으로 알려져 있다. 그 결과 현재 미국 달러 중 70퍼센트 이상이 미국밖에 나가 있다고 추정되고 있다. 즉 4,000억 달러에 달하는 미 연방준비은행권을 외국인이 소유하고 있다는 것이다. 따라서 미국은 달러 수출만으로도 매년 200억 달러(5퍼센트 금리로 추산) 정도의 돈을 벌고 있다고 할 수 있다.

70퍼센트 이상이 외국인 소유

이와 같이 세계 모든 나라가 달러 갖기를 원하는 이유는 무엇일까. 한마디로 달러 가치에 대한 높은 신뢰도가 가장 중요한 이유라고 할 수 있을 것이다. 그리고 이를 뒷받침하는 것은 바로 미국의 '강한 달러' 정책이다. 지난번 클린턴 행정부는 강한 달러가 "미국 국익에 도움이 된다"는 정책적 의지의 천명과 함께, 달러 강세를 이른바 '선의(善意)의 무관심'으로 다뤄 온 것이다. 이러한 정책은 부시 행정부가 들어온 이후에도 지속되고 있다.

이러한 강한 달러 정책은 지난 10여 년간 미국경제가 물가안정 속에서 장기 호황을 지속하는 데 크게 기여해 온 것이 사실이다. 즉 이를 통해 그 동안 미국은 늘어나는 경상수지 적자를 자본수지 흑자로 보전할 수 있었고, 이자율을 낮은 수준으로 유지할 수 있었다. 그 결과 민간소비와 기업투자를 크게 늘릴 수 있었고, 나아가 미국경제의 경기순환을 지연시킬 수 있었던 것이다.

그런데 문제는 이러한 강한 달러 정책을 미국이 무한정 지속할 수 있겠느냐는 것이다. 물론 강한 달러 정책의 가장 큰 문제점으로 부각되는 것은 수출입불균형에서 오는 미국의 경상수지 적자폭의 지속적인 확대다. 올해 미국의 경상수지 적자폭은 미국 GDP의 거의 5퍼센트에 해당하는 5,000억 달러에 육박하게 될 것으로 추산하고 있다. 미국이 아닌 다른 나라였다면 환란을 걱정할 수준이다. 따라서 IMF가 미국의 경상수지 적자는 '지속될 수 없는 수준'

일 뿐 아니라, 가파른 달러 평가절하 가능성마저 있다고 경고하기에 이른 것이다. 게다가 최근 들어 미국 제조업 단체들도 행정부와 의회에 대해 강한 달러정책 포기 압력 로비를 펴기 시작했다. 이들은 최근 수년간 미국 달러화 가치는 주요 외국통화에 비해 적어도 30퍼센트나 절상돼 미국 수출의 경쟁력을 크게 떨어뜨렸고, 미국 기업의 대대적인 감원을 불가피하게 하고 있다고 주장한다. 현재 미국경제는 올 들어 일곱 차례에 걸친 금리인하와 감세조치 등에도 불구하고 경기활성화가 이룩되지 못한 상황에 놓여 있다. 이러한 상황이 지속된다면 달러에 대한 대외 신뢰 또한 흔들리지 않을 수 없을 것이며, 미국 또한 강한 달러만 고집하기 힘들 것이 분명하다.

달러 가치 연착륙 큰 관심

따라서 미국경제의 경기회복이 가까운 시일 내에 가시화하지 않는다면 달러의 약세화는 불가피하다고 보아도 무방할 것이다. 이와 관련해 우리 모두의 관심사는 달러 가치 조정의 '연착륙' 가능성 여부다. 달러 가치의 급락 혹은 '경착륙'은 미국의 주식가격 폭락과 금리인상을 불가피하게 하고, 미국 경기침체를 심화시켜 세계경제 전체의 경기회복을 더욱 지연시키는 악순환을 초래하게 될 것이기 때문이다.

불행 중 다행으로 현재 일본과 EU 경제에 비해 그래도 미국

〈제1장〉 2000년대를 맞은 한국경제의 새로운 도전

경제가 상대적으로 좋기 때문에 1980년대 중반과 같이 달러가치가 단기간 내에 대폭 하락할 가능성은 그리 높지 않다고 볼 수 있다. 그러나 우리 정부와 기업은 급격한 달러가치 조정과 이로 인한 주요통화간의 환율변동에 적절히 대응할 수 있는 대책도 미리 마련해 둬야 한다.

2002.
4. 29.

중앙일보

IT붐 타는 미국경제를 보며

　　금년도 1분기 중 미국경제는 5.8퍼센트의 고성장을 이룩했다는 미 상무부 발표가 며칠 전에 있었다. 미국경제와 같이 방대하고 성숙된 경제가 물가상승 우려 없이 이 정도의 고속성장을 할 수 있다는 것은 정말 놀라운 일이다. 현재 대부분의 경기예측 기관들은 미국경제는 이미 경기 저점을 지나 경기회복기에 들어서 있다고 보고 있다. 실제 미국경제는 지난해 3분기의 마이너스 1.3퍼센트의 후퇴 이후 4분기에는 1.7퍼센트의 성장을 이룩했으니 미국은 2차대전 이후 처음으로 한 분기만의 GDP 마이너스 성장의 경기후퇴기록을 세우게 된 것으로 보인다. 물론 이러한 성장세가 2, 3분기에도 지속될 수는 없지만 중동사태의 악화로 유가가 급격히 상승하는 등 이변이 없는 한 이른바 '더블딥 현상'으로 곧 경기후퇴를 다시 맞는 일은 없을 것으로 보인다.

전 산업 과감한 IT 활용

도대체 미국경제의 성장저력은 어디에서 나오는 것인가. 많은 경제전문가들은 미국경제 전반에 걸친 생산성 향상으로 성장잠재력이 높아졌다는 것을 가장 중요한 요인으로 꼽는다. 최근에 발표된 한 연구 결과에서는 1990년대 후반의 미국경제는 그 이전 20년간의 연평균 1.5퍼센트에 비해 높은 2.5퍼센트의 생산성 향상을 이룩한 것으로 나타나 있다. 동 연구에 따르면 미국경제의 생산성 향상은 이른바 IT부문에만 국한된 것이 아니라 IT의 확산으로 서비스부문을 포함한 경제전반에 걸쳐 일어나고 있다는 것이다. IT의 과감한 활용으로 현재 이른바 신경제의 중심에 서있게 된 소매업체인 월마트는 그 좋은 사례가 될 수 있을 것이다.

그린스펀 FRB 의장도 미국경제의 생산성 향상의 중요성을 강조해 왔다. 얼마 전 워싱턴에서 개최됐던 '삼각회의'에서 그는 IT의 확산에 따른 금융부문 능률향상의 중요성을 특히 강조했다. 그러나 미국경제 전반에 걸친 생산성 향상의 배후에는 80년대 초부터 시작된 노동시장의 유연성 제고와 금융·항공·통신·철도·수송·에너지 부문 등 주요 분야별 규제개혁, 이를 통한 강력한 경쟁촉진 시책이 있었다는 점은 빼놓을 수 없다. 미국경제가 장기 호황을 구가할 수 있게 하는 두 번째 요인으로 미국 금융정책 당국의 선제적 금융정책의 성공을 드는 것이 보통이다. 또한 그린스펀 의장과 함께 이론과 경륜을 갖춘 세계 전문가들로 구성된 금융정책

당국이 한두 가지 경제지표를 중심으로 하는 경직적인 룰에 얽매이지 않고 입수 가능한 각종 통계자료를 기초로 예상되는 여건변화에 실용적이고 신축적인 자세로 미리 대응하는 접근방법을 높이 산다. 최근 들어 미국의 일부 경제전문가들 사이에서 금융정책당국의 정책을 비판하는 소리가 없는 것은 아니다. 그러나 이러한 비판은 사후적으로 보면 어느 정도 수긍이 가는 면도 있으나 그 설득력은 크지 않다.

당국선 미리미리 정책대응

현재 우리나라는 세계에서 IT 확산 면에서 많은 선진국을 앞서 있는 것으로 자부하고 있다. 그러나 중요한 것은 우리의 기존 전통산업과 서비스부문이 이러한 신기술과 인터넷망을 얼마나 잘 활용하느냐 하는 데 있다. 따라서 정부의 강력한 규제개혁을 통한 경쟁촉진과 노동시장의 유연성 제고로 모든 기업이 IT 활용을 통한 원가 절감과 생산성 향상 노력을 가속화하지 않을 수 없도록 하는 시장여건 조성이 중요하다. 아울러 공기업의 민영화와 정부 소유 일부 시중은행 주식의 매각도 서둘러야 한다. 선제적 정부정책과 관련해 지난번 삼각회의에서 그린스펀 의장은 IT 확산에 따라 유용한 각종 통계와 정보를 제때 구해 볼 수 있다는 점을 강조한 바 있다. 그러나 더욱 중요한 것은 이러한 자료를 제대로 활용할 수 있는 전문가 집단과 전문성의 확보다. 따라서 현재 물의를 빚고 있는 우리의 금융통화위원회도 이론과 실무경험을 쌓은 금융전문가들로 구성되고 이들이 제대로 일할 수 있는 여건이 마련돼야 한다는 것은 재론의 여지조차 없는 일이다.

2002.
11. 11.

중앙일보

미국경제, '더블딥' 면하게 될까

미국경제는 지난 3분기 중 3.1퍼센트의 성장을 이룩했다는 미국정부 발표가 며칠 전에 있었다. 그런데 불과 5~6년 전까지만 해도 인플레 위험 없이 미국경제가 이룩할 수 있다고 믿어온 성장률을 상회하는 성장세를 보였음에도 불구하고 왜 많은 사람은 이 발표에 만족하지 못하고 오히려 이른바 더블딥, 즉 다시 경기후퇴를 맞는 것을 우려할까.

더블딥을 우려하는 사람들은 최근 미국경제의 성장 내용에 주목한다. 최근 들어 미국경제는 1990년대 말까지 지속된 이른바 정보기술관련 투자 과잉으로 기업 투자가 부진한 가운데 주로 민간소비에 의해 성장해 왔다 해도 과언이 아니다. 그런데 이 민간소

〈제1장〉 2000년대를 맞은 한국경제의 새로운 도전

비가 주식시장의 침체와 실업의 증가, 테러와의 전쟁과 대 이라크 전의 임박 예상, 그리고 대형 기업 회계부정 사건 등으로 주춤하고 있는 것이다. 기업의 설비투자가 최근 들어 서서히 회복되고 있고, 반도체와 컴퓨터 등 IT 산업의 일부 경기도 호전되고 있는 것은 사실이나, 민간소비가 계속해 위축된다면 그 힘을 잃게 돼 더블딥까지 갈 수 있다고 우려하는 것이다.

'더블딥' 우려 목소리

또한 좀 더 긴 안목에서 미국경제의 앞날을 우려하는 사람들은 현재 GDP의 거의 5퍼센트에 육박하는 미국 경상수지 적자에도 주목한다. 만약 '사실상의 세계적 달러 본위제도' 아래에서 미국이 아닌 다른 나라였다면 그 나라의 통화가치는 급락하고, 대외신뢰도는 크게 추락해 환란을 걱정해야 할 것이다. 그러나 미국의 경우에는 이러한 상황 아래에서도 외국 투자자들이 달러 자산을 갖기를 원해 아직은 문제가 되지 않고 있는 것이다. 그러나 이러한 추세는 무한정 계속될 수 없으며 조만간 달러의 약세와 주요 통화 간의 환율 조정은 불가피하게 될 것이 분명하다.

그런데 결론적으로 말해 이 문제에 관한 세계 전문가들의 중론은 미국경제의 생산성 증가를 감안한 달러 가치 고평가 폭은 그렇게 크지 않아 달러 가치 조정은 경제에 큰 충격을 주지 않는 범위에서 서서히 이룩될 수 있다고 보고 있어 퍽 다행스런 것이다. 따라서 이 시점에서 우리의 주 관심사는 과연 미국경제는 더블딥을 면하고 일시 주춤하다 경기회복세로 돌아설 수 있을까 하는 것이다. 물론 조지 W 부시 행정부는 미국경제의 지속적인 생산성 향상에 따른 기업이윤 증가 추세만 보더라도 더블딥은 면할 수 있을 뿐 아니라 또 다시 장기호황까지도 기대할 수 있다고 주장한다. 그러나 더블딥 여부는 역시 미국 소비자들의 경제에 대한 신뢰 회복에 달려 있다.

그 동안 더블딥의 우려가 없다는 낙관적 자세를 견지해 오던 FRB마저 전문가들의 예상을 깨고 한꺼번에 단기금리를 0.5퍼센트 포인트 인하한 것은 당장 민간소비와 기업투자를 크게 촉진하겠다는 것보다 오히려 소비자들의 소비심리 위축을 어느 정도 불식시키려는 노력의 일환으로 취한 조치로 보아야 할 것이다.

지금부터 부시 행정부의 경제정책 책임자들은 이번의 금리 인하와 함께 가계 실질 소득을 늘리는 데 도움이 될 세금삭감 등 적극적인 재정정책으로 소비위축을 막겠다고 나설 것이다. 그리고 이러한 행정부의 노력은 이번 공화당의 승리를 일궈낸 중간선거 결과로 훨씬 쉬워진 것도 사실이다.

〈제1장〉 2000년대를 맞은 한국경제의 새로운 도전

민간소비 회복이 관건

그러나 미국 주식시장의 침체와 IT 관련 과잉투자 여파가 아직 완전히 해소되지 않고 있을 뿐 아니라 UN 결의안 채택 이후 남은 절차 등을 감안할 때 대 이라크 전을 둘러싼 불확실성은 앞으로도 상당기간 지속될 것으로 봐야 할 것이다. 따라서 가까운 시일 안에 소비심리의 가파른 회복은 기대하기 힘들 것이다. 이런 점들을 고려할 때 내년 상반기까지 미국경제는 경기후퇴를 맞지 않더라도 잠재성장률(3.5~4퍼센트)을 밑도는 비교적 낮은 성장세를 보인 이후 적극적인 재정금융 정책을 배경으로 또 다른 큰 이변이 없는 한 내년 하반기부터 경기회복세가 가속화할 것으로 봐도 큰 무리는 없을 것이다.

세계사적 세 가지 큰 흐름과 한국

오늘날 세계는 세계화, 지역주의 확산, 지식기반 사회화란 세 가지 큰 역사적 흐름 속에 놓여 있다. 이러한 때 한국경제가 나아가야하는 진로를 올바로 설정하는 일은 무엇보다 중요하다. 먼저 세계화란 지구촌화, 즉 세계가 하나의 마을화된다는 것을 뜻한다. 그리고 이것은 기업입지가 국경에 구애받지 않게 된다는 것을 함축한다. 따라서 이러한 때 우리가 해야 할 일은 우리나라가 궁극적으로 세계적 기업활동의 요충이 되기 위해 우리나라 전체를 기업하기 좋은 곳으로 만들려는 강한 전략적 의지와 장기 비전을 바탕으로 일관된 정책이 펼쳐져야 하는 것이다. 특히, 현재 상당기간 고도성장을 지속할 수 있는 유리한 여건을 갖추고 있는 중국경제를 옆에 둔 우리나라는 중국경제의 '이웃효과'를 최대한 활용할 수 있도록 해야 한다. 세계경제의 제조업 중심일 뿐 아니라 세계에서 가장 큰 소비시장이 될 중국경제가 주는 긍정적인 이웃효과는 방대한 것이다.

산업구조조정 서둘러야

무엇보다 먼저 중국보다 한발 앞서 있는 우리는 두뇌 및 지식집약적인 산업고도화를 통해 중국경제와 보완관계를 유지할 수 있도록 산업 구조조정을 가속화해 나가야 한다. 그리고 중국경제가 필요로 하는 금융. 물류 서비스 및 각종 소프트웨어를 제공하는 중심지를 만드는 노력을 해야 한다. 아울러 각종 하드웨어 기반 확충과 글로벌 스탠더드에 맞는 각종 제도와 법규의 정비, 그 운영의 투명성과 형평성을 보장하는 일도 시급하다. 최근 들어 정부는 인천공항 인근지역과 부산 신항, 광양만 배후지역 등을 '경제특구'로 지정하고 여러 가지 아이디어를 내놓고 있어 경제특구는 세간의 화두가 되고 있다. 한마디로 경제특구의 일차적 목표는 외국기업을 최대한 유치하는 것이다. 우리 기업들은 선진경영기법과 기술 등에 관한 여러 가지 긍정적인 '전시효과'를 국내 진출 외국기업을 통해 얻을 수 있다. 또한 국내시장 경쟁 심화를 통해 우리 경제 전체의 능률을 제고하는 등 여타 중요한 간접적 효과뿐만 아니라 특구 입주 외국기업들이 우리 근로자들에게 일자리와 기술향상의 기회를 제공함으로써 우리 근로자들의 소득 향상과 국가경제 전체의 경쟁력 제고에 기여하는 직접적이고 가시적인 효과는 경제특구를 통해 얻을 수 있는 가장 중요한 것이다.

하지만 노동시장 여건이 먼저 달라지지 않는다면 우리 근로자에게 주게 될 고용효과는 크지 않을 수밖에 없을 것이다. 따라서 경제특구를 통해 우리나라를 동북아 비즈니스 중심지로 발전시키려는 정부의 강한 의지가 있다면 법 테두리 내의 생산적 노사관계 확립과 노동시장의 유연화를 위한 흔들림 없는 시책부터 펼쳐나가야 한다는 것은 강조되어야 한다.

동북아 지역 협력에 앞장서야

현재 우리는 세계경제 전체가 하나로 통합되는 '지구촌 경제화' 추세와 함께 지구촌의 이웃끼리 협력을 강화하는 지역화 추세의 가속화를 동시에 경험하고 있다. 유럽의 경우에는 2차대전 이후 시작된 유럽경제공동체 형성 노력이 지속되어 현재 단일통화를 사용하는 EU의 단계에 와 있으며, 북미대륙에서는 미국 주도로 북 NAFTA가 체결돼 미국, 캐나다, 멕시코 경제의 통합이 지속적으로 이뤄지고 있다. 이러한 때 세계 제2의 경제대국인 일본, 머지않은 장래에 경제규모 면에서 미국을 추월할 수 있다는 기대를 모으고

있는 13억 인구의 중국, 그리고 신흥공업국의 선두주자로서 선진
국 진입을 목전에 두고 있는 한국이 자리한 세계경제의 또 다른 중
요한 한 축인 동북아 지역의 공동번영을 위한 다국 간 협력을 제도
화하려는 노력이 절실한 것이다.

'교육대통령'이 필요하다

또한 지식기반사회란 시대적 여건 속에서 가장 중요한 국가
적 과제는 교육부문 전반에 걸친 개혁이다. 따라서 과거 절대빈곤
의 악순환의 수렁에서 벗어나기 위해 경제발전과 안정에 국정 우
선순위가 주어졌고 이를 위한 '경제대통령'이 필요했던 것처럼 이
제 일류 선진 국가 건설을 위해 필요한 교육부문의 진정한 개혁을
추진할 수 있는 안목과 자질을 갖춘 '교육대통령'의 출현을 기대
해 본다.

경제를
망가뜨린
정치

　　2003년은 환란의 여파에 휩싸였던 1998년을 제외한다면 23년 만에 가장 저조한 경제성장을 이룩했던 해로 기록될 것으로 보인다. 더욱이 두 자릿수의 연간 수출증가율을 보였음에도 불구하고 수출이 거의 늘어나지 않았던 2001년보다도 낮은 성장률을 기록한 특이한 해가 될 것 같다.

소비, 기업투자 최악의 한 해

　　이것은 수출호조에 힘입어 경제 전체가 뒷걸음치는 것은 면했지만, 내수가 얼마나 부진했던가를 말해 줌과 동시에 국민들이 느끼는 이른바 '피부경기'는 환란 이래 최악이었음을 말해주는 것이기도 하다. 환란 이후 정부는 경기회복을 위해 민간소비와 부동산경기 부양 관련 각종 조치를 성급히 취해 왔다. 그 결과 가계 부채는 세계 어느 나라에서도 경험하지 못한 높은 증가세로 늘어났다. 특히 현금서비스 이용한도의 폐지 등 신용카드 이용 활성화를 위한 각종 시책에 따른 가계부채 증가속도는 더욱 높았다.

투명하고 효율적인 '선진 신용사회' 구축이라는 중장기적 목표 달성보다는 주로 단기적 소비조장책으로 추진된 근시안적 신용카드 관련 시책들은 현재 문제되고 있는 신용카드사의 부실과 법정 '신용불량자'를 양산함으로써 오히려 신용사회 기반을 약화시키는 결과를 초래하게 되었다.

여하간 이러한 가계부채 증가세는 무한정 지속될 수 없었고, 정부는 작년 하반기부터 가계대출 억제를 위한 적극적인 각종 조치를 취하기에 이른 것이다. 그 결과 금년 2분기부터 민간소비는 전년 동기에 비해 줄어들게 된 것이다. 우리나라 GDP의 60퍼센트에 달하는 민간소비가 줄어들게 되었으니, 경기가 크게 위축될 수밖에 없는 것은 자명한 일이다. 물론 민간소비가 위축되더라도 수출의 호조와 함께 기업투자가 활성화되었다면, 어느 정도 경기진작은 가능했을 것이다.

그런데 기업 설비투자 역시 금년 2분기부터 줄어들게 된 것이다. 설비투자가 저조한 것은 우리 경제의 성장잠재력 자체를 떨어뜨린다는 측면에서 볼 때 더욱 심각한 것이다. 사상 최저 수준의 금리와 풍부한 유동성 공급에도 불구하고 기업 투자가 저조한 것은 주로 경제 외적 요인 때문이었다고 볼 수 있다.

즉 북핵문제를 둘러싼 한반도 안보 불안, 친노조·반기업 성향으로 비친 새 정부의 출범, 각종 집단이기주의에 약하고 인기영합에 급급한 정치권과 정치 불안, 약화된 경제정책 조정기능에 따른 정책의 혼선과 일관성 결여, '강경 노조 공화국'이란 말을 들을 정도의 전투적 노사풍토와 노동시장의 경직성 등 정부와 정치권이 상당부분 함께 책임져야 할 요소들이 기업투자의 걸림돌이 된 것이다.

대통령의 리더십도 바로 서야

따라서 우리 경제를 활성화하고 성장잠재력을 키워나가기 위해 시급한 것은 바로 이러한 요소들을 제거하거나 호전시켜 나가는 일이라고 할 수 있다. 그러기 위해 정치권이 달라져야 함은 두말할 여지도 없다. 아울러 대통령의 리더십이 바로서야 한다. 국가의 명운을 좌지우지할 수 있을 정도의 강력한 대통령책임제를 하는 나라 대통령이 스스로 "대통령직 못해먹겠다", "시민혁명" 운운하는 판국에 정부가 제 기능을 할 수 있겠는가. 2004년에는 경제가 회복되고 이민박람회에 큰 인파가 몰려드는 서글픈 나라 현실에서 벗어날 수 있도록 정부와 정치권이 환골탈태하는 것을 기대해 보는 것은 무리일까.

한국경제의 밝은 내일을 위해

우리 경제는 1997년 말에 환란을 맞게 되었고 1998년에는 ~5.8퍼센트로 곤두박질쳤다. 그러나 1999년부터 놀라운 속도로 회복하기 시작해 2002년에도 6.3퍼센트의 비교적 높은 성장세를 유지했다. 이러한 빠른 경기회복은 우리나라 GDP의 약 60퍼센트를 점하고 있는 민간소비의 빠른 증가에 의해 가능했다. 그리고 이 민간소비의 증가는 환란 이후 시작된 금융권 구조 개편에 따른 은행 등 금융기관의 대출 행태 변화에도 기인한 것이지만, 정부의 지나칠 정도의 소비조장 시책과 이에 따라 크게 늘어난 가계대출에 의해 가능했었다는 점을 유의해야 한다. 그런데 그 동안 우리 경제의 고속성장을 주도해 오던 이 민간소비가 2002년 4분기부터 그

〈제1장〉 2000년대를 맞은 한국경제의 새로운 도전

증가세가 크게 떨어지기 시작해 급기야 2003년 2분기부터는 오히려 전년 동기에 비해 줄어들게 되었다. 민간소비가 크게 위축됨에 따라 2003년 2분기에 우리 경제는 1980년 이래(환란 직후인 1998년 제외) 가장 낮은 1.9퍼센트의 성장을 이룩하게 된 것이다.

저조한 민간소비와 기업투자

더욱이 민간소비 감소와 함께 기업투자마저 저조해 우리 경제의 성장 활력은 더욱 크게 떨어지게 된 것이다. 2003년 2분기부터 마이너스로 돌아선 기업설비투자는 3분기에는 더욱 큰 폭으로 떨어졌다. 사상최저의 금리 수준과 풍부한 유동성의 공급에도 불구하고 기업들이 투자를 않는 이유는 경제 외적 요인에서 찾아야 할 것이다. 한반도 핵 문제를 둘러싼 이른바 지정학적 위험요소의 상존과 함께, 한·미 동맹관계의 약화, 그리고 계속되는 정치 불안과 정책의 혼선에 따르는 미래에 대한 불안감 등이 바로 그러한 요인들이다. 이에 더해 생산성을 초과하는 임금상승과 대립적이고 비협조적인 노사관계는 우리 기업들의 해외진출을 재촉하고 있을 뿐 아니라, 외국인 직접투자 또한 2002년 4분기 이래 계속 줄어들게 하는 가장 중요한 요인이 되고 있는 것이다. 이러한 내수의 위축으로 2003년 GDP는 수출의 놀라운 증가에도 불구하고 3퍼센트 수준에도 못 미치는 정도의 성장에 머물렀던 것으로 추정되고 있는 것이다. 이러한 상황 하에 있는 우리 경제가 2004년에는 어떤 모습을 보이게 될까. 우선 국제 경제 여건부터 살펴보면, 미국경제는 당초 예상했던 것보다 높은 성장세를 보일 것으로 전망되고 있으며, 현재 우리의 가장 큰 수출시장이 되어 있는 중국경제 또한 고속 성장세를 유지할 것으로 전망된다. 또한 오랫동안 침체를 경험해 온 일본경제와 활력을 잃은 EU 등 여타 세계경제 또한 2004년에는 전년도에 비해 다소 좋아질 것으로 전망되고 있어 우리 경제의 수출 여건은 그만큼 더 호전될 것이 자명하다.

기업투자 활성화가 관건이다

따라서 내년도 경기회복의 속도는 내수의 회복 여부에 달려 있다고 할 수 있을 것이다. 그러나 크게 늘어난 가계부채와 신용불량자 문제, 카드대출 부실에 따른 금융기관의 부실 문제의 미해결 등에 따라 민간소비가 크게 늘어날 것으로 기대하기는 어렵다. 그래서 설비투자의 활성화 여부가 관건인 것이다. 그런데 계속되는 수출호조에 따른 제조업 가동률의 상승으로 일부 기업 설비투자는 2004년에는 늘어나게 될 것으로 예상되지만, 현 상황 하에서 본격적 기업투자 활성화가 곧 이룩될 것으로 기대하기 힘들다. 따라서 정부의 기업투자 활성화를 위한 제반 시책을 펴는 데 정책의 우선순위가 주어져야 할 것이다. 이와 관련해 꼭 강조되어야 할 것은 기업투자의 활성화는 단기적 경기진작책으로도 중요하지만 우리 경제의 지속적인 성장과 번영을 위해 무엇보다 중요하다는 점이다. 따라서 현재 기업투자 활성화에 걸림돌이 되고 있는 앞에서 지적된 각종 비경제적 요인들의 제거 내지 완화를 위한 근본대책 마련을 서둘러야 하는 것이다. 결론적으로 말해 2004년도의 우리 경제는 주로 해외 수출 여건의 호전에 따라 경기가 침체되었던 2003년에 비해 그 성장세가 상당히 높아질 것으로 전망된다. 최근 한국은행은 2004년 경제성장 전망치 5.2퍼센트를 내놓은 바 있다. 현재 시점에서 볼 때 국내외에 큰 이변이 없는 한 5퍼센트대의 성장과 경기회복이 불가능할 것으로는 보이지 않는다. 그러나 내수활성화가 없는 수출주도 성장으로 우리 국민 모두가 느끼는 이른바 '피부경기'는 크게 좋아질 것으로 기대할 수 없을 것이다.

우리 경제성장잠재력 향상에 전력경주 해야

그리고 문제는 우리 경제가 중진국의 울타리를 넘어 빠른 시일 내에 일류 선진국 대열에 합류하기 위해서는 적어도 연평균 6퍼센트 내외의 성장세를 앞으로 상당기간 지속해야 한다는 데 있다. 그러기 위해 현재 크게 잠식되어 있는 우리 경제의 성장잠재력을 그 수준으로 기르는 데 모든 국력을 경주해야 한다. 우리 경제의 성장잠재력을 기르기 위해 국가 전체 차원에서 해야 할 일이 많다. 무엇보다 먼저 올바른 인력양성을 위한 교육개혁과 함께 기업하기 좋은 여건을 조성해 기업설비투자와 기술개발투자를 활성화할 뿐 아니라, 우리 경제의 한 단계 높은 구조전환을 위해 필요한 기술과 경영기법, 그리고 판매망을 가진 세계적 기업의 유치에 힘써야 한다.

아울러 북핵문제의 해결과 한반도 안보 확보를 위한 정부의 외교적 노력은 물론 중요하다. 또한 국내 정치안정과 법치 기반의 확립과 함께 각종 행정제도의 선진화 및 투명화, 건전한 노사관계의 확립과 노동시장의 유연성 확보, 경제정책 조정기능 강화를 통한 정책의 일관성 유지와 예측가능성 제고가 필요 없는 정부의 각종 규제와 간섭을 과감하게 철폐하는 일 등을 하루속히 이룩해내야 하는 것이다.

경제는 진공 속에서 자라나는 것이 아니다. 따라서 정치를 포함하는 우리 사회 모든 분야에 걸친 제도와 그 운영의 선진화가 이룩되어야 함은 아무리 강조해도 지나침이 없을 것이다. 특히 '돈 적게 드는 정치'가 가능하도록 하는 정치개혁은 경제를 활성화하고 우리 경제의 국제경쟁력 제고를 위해서도 시급한 것임을 잊어서는 안 된다. 오늘날 경제적으로 성공하고 있는 모든 나라는 이러한 기업하기 좋은 여건 만드는 경쟁에 이긴 나라들이라는 점을 명심해야 한다.

교육개혁에 국정 우선 둬야

이미 세계는 지식기반 경제시대에 돌입해 있다. 이 시대에 가장 중요한 전략적 자원은 사람에게 체화되어 있는 지식이다. 그런데 이 지식의 함양은 유전적 요소와도 유관한 것이지만 더욱 중요한 것은 올바른 교육을 통해 이룩될 수 있다. 따라서 올바른 교육개혁이 이 시대의 우리에게 주어진 우리의 가장 중요한 국정과제라고 보는 것이다. 그런데 다행히 우리는 풍부한 인적자원을 갖고 있을 뿐 아니라, 세계에서 가장 높은 교육열을 갖고 있다. 따라서 지식기반 경제시대에 걸맞은 인적자원 배출을 위한 교육개혁만 이룩해 낼 수 있다면 우리나라의 미래는 어느 때보다 밝다고 할 수 있을 것이다.

도전과 기회의
중국의 재부상

사공 일 세계경제연구원 이사장은 국내는 물론 해외에서 이름이 더 잘 알려진 경제학자다. 세계경제의 큰 흐름을 읽고 한국경제에 주는 함의를 짚어 줄 최적임자로 꼽힌다. 사공 이사장은 잦은 해외세미나, 정책자문, 연구생활로 재무부 장관 재직 때보다 더 바쁘면서도 "도대체 '한국경제호(號)'가 지금 어디로 가고 있는지, 어디로 가야 할지를 짚어 달라"는 요청에 기꺼이 시간을 할애해 주었다. 특히 중국의 급부상이 한국의 운명에 미칠 영향에 대해서는 격정적인 목소리로, 통찰력 있는 견해를 제시해 주었다.

귀국하시자마자 피로하실 텐데 시간을 내주셔서 감사드린다. 최근 근황에 대한 말씀을 부탁드린다.

"중요한 국제회의 사회자나 연설자로 초청받는 기회가 많다. 가끔 정부정책 자문에도 응하고 있으며 고려대학교 석좌교수도 맡고 있다. 엊그제는 방콕에서 열린 ASEM 경제협력 태스크포스 회의에 갔다 오는 길이다. 유럽과 아시아의 비중 있는 사람들이 참석했는데 이런 회의에 참석하는 일이 많다. 다음 이 회의는 프랑크푸르트, 도쿄, 바르셀로나에서 열린다. 그전에도 ASEM 비전그룹, 국제금융체제개혁그룹 등의 의장으로 보고서 작성하느라 바빴는데, 앞으로도 많은 국제회의 일정이 계속 잡혀 있다. 그러다 보니 공부도 계속해야 하고 항상 바쁘게 지낸다."

이사장님은 한국의 경제학자 가운데 미국 워싱턴 정가나 뉴욕 월가를 포함해 해외에 가장 많이 알려져 있는 분이다. 최근 해외 석학이나 이코노미스트들은 한국경제에 대해 어떻게 보고 있는가.

"한국경제가 단기적으로 어려움을 겪고 있지만 긴 안목에서 상당히 긍정적인 평가가 많다. 그러나 워싱턴 정책 서클이나 IMF 등 국제기구의 긍정적인 평가는 우리가 그것을 잘 새겨들어야 한다. 그 사람들이 잘한다는 것은 개발도상국 혹은 이머징마켓 경제치고는 잘한다는 경우가 많다는 것을 알아야 한다. 인도네시아나 태국 혹은 아르헨티나보다는 잘한다는 뜻이다. 한국은 다른 환란을 겪은 많은 나라에 비해 잘하고 있는 것이 사실이다. 또한 한국은 환란 이후 일본이 아직 못하고 있는 것도 여러 가지 구조조정도 해낸 바 있다. 이런 칭찬에 우리는 만족할 수 없다. 개도국 수준에 맞춰 잘한다는 것은 OECD 회원국인 우리로서는 불만스러운 것이 아닌가."

이사장님은 일전에 한국이 다시 중국의 변방이 될지 모른다는 내용의 칼럼을 쓰신 적이 있다. 역사적으로도 대단히 의미 있고 시의적절한 지적이라고 보인다. 또 누군가 해야 할 말이다. 중국경제의 저력과 최근 움직임, 그리고 한국경제에 미칠 파장 등에 대한 말씀을 부탁드린다.

"한마디로 중국의 급성장을 보며 한국의 지도층을 비롯한 우리 국민 모두가 단단히 정신 차려야 한다. 한국은 2000년 넘게 중국의 변방 소국이었다. 그러나 우리는 현재 역사상 처음으로 경제적으로 중국보다 앞서 있다. 현재 중국경제가 세계에서 차지하는 비중은 3~4퍼센트에 불과하지만 중국경제는 1820년까지만 하더라도 세계경제 전체 GDP의 33퍼센트에 달하는 경제 초강대국이었다. 현재 미국 GDP가 차지하는 비중보다 더 컸던 것이다. 이렇게 중국은 저력을 가진 나라다. 앞으로도 매년 7퍼센트 이상 성장하면

〈제1장〉 2000년대를 맞은 한국경제의 새로운 도전

매 10년 이내에 GDP가 두 배씩 늘어난다. 2020년이면 2010년의 2배 이상, 2030년이면 또 그것의 2배 이상이 된다. 2030년이면 미국경제보다 더 커질 수 있다고 추정된다."

중국경제에도 문제가 많다는 지적이 있다. 과연 세계 초강대국으로 부상할 잠재력이 있다고 보는가.

"물론 중국에도 문제가 많다. 국영기업들의 비능률과 국영은행의 부실채권, 지역 간의 소득격차, 시장경제체제와 사회주의체제 간의 모순 등 어려움이 많다. 그러나 앞으로 상당기간 경제는 잘 되어 갈 것으로 보인다. 중국 사람들 적어도 지도자들은 중국이 세계를 군림했던 옛 영광을 되찾아야 한다는 굳은 심지가 있기 때문이다. 여러 가지 어려움을 그것으로 잘 헤쳐 나갈 수 있다고 본다. 따라서 중국의 세계, 특히 이 지역에서의 정치, 외교, 국방, 경제, 문화 등 각 분야에서의 영향력은 더 커질 것이다. 정신 차리지 않으면 또다시 우리는 중국 변방의 약소국으로 전락하게 된다. 중국 발전의 원동력을 보면 외국인의 직접투자가 매우 크다. 수출의 50퍼센트 이상이 외국인 투자기업에서 이뤄진다. 세계 500대 기업이 중국에 거의 다 들어가 있다. 한국도 내로라하는 기업들이 다 들어가 있지 않은가. 전체 평균은 한국에 뒤처져 있지만 머지않아 분야별로 한국보다 앞서는 분야가 많이 생겨날 것임을 알아야 한다."

한국은 중국 변수를 어떻게 활용할 수 있는가.

"중국은 우리에게 큰 도전인 반면 큰 기회다. 베이징과 상하이에서 서울까지는 비행기로 2시간 반 거리다. 중국 내에서도 베이징과 상하이에서 2시간 반 만에 못가는 곳이 얼마나 많은가. 그렇게 보면 서울은 중국의 중심부에 있는 것 같은 지리적 이점을 갖고 있다. 아직은 제도적인 면에서나 인적자원 면에서 중국이 제공할 수 없는 많은 여건을 한국은 갖고 있다. 따라서 기업하기 좋은 여타 여건만 만들어 주면 중국을 겨냥한 외국투자자들이 얼마든지 한국에 들어올 수 있다. 금융서비스, 물류, R&D, 교육, 의료 등이 대표적이다. 한국이 현명하다면 중국의 이웃효과를 충분히 활용할 수 있다. 중국의 부상을 부정적인 시각이 아니라 긍정적인 시각에서 활용해야 한다."

한국의 통일에 대한 견해도 부탁드린다.

"6자회담을 역사적인 시각에서 한번 보자. 중국, 미국, 일본, 러시아가 모두 당사자인 남·북한과 함께 앉아 한반도 문제를 다루는 것 아닌가. 통일의 기회가 오더라도 우리 마음대로 할 수 있을지 잘 생각해야 한다. 빌리 브란트가 베를린 장벽이 무너지기 한 달 전인 1989년 9월 한국에 와서 통독이 언제 되겠느냐는 질문을 받고 '아마 한국이 통일되기 전까지는 힘들 것이다'고 말했다. 주변 강대

〈제1장〉 2000년대를 맞은 한국경제의 새로운 도전

국 반대가 한국보다 더하다는 것이다. 그렇지만 독일은 해냈다. 독일 역사는 콜 수상을 대단한 사람으로 평가할 것이다. 콜 수상은 미국과 외교를 잘했다. 그래서 미국이 통독을 적극 지지했고, 프랑스와 영국이 강하게 반대하지 않았다. 그러면 강한 통일한국을 중국이 원하겠는가, 일본이 원하겠는가. 그렇다면 우리의 통일을 도와줄 나라는 미국밖에 누가 있겠는가. 실리적으로 생각해야 한다. 요즈음 우리 사회를 풍미하고 있는 무조건적인 반미 감정은 이러한 실리적인 측면에서도 우려할 측면이 있는 것이다. 우리가 처한 역사적인, 지정학적인 입장을 잘 알아야 한다. 또 중국이 어떻게 변하는지 알아야 한다."

최근 세계의 흐름을 보건대 어떻게 하면 한국경제, 나아가 한국이 발전할 수 있을까. 국민들은 총론에서는 찬성하다가 각론에 들어가면 각자의 이해관계를 내세워 반대하는 일이 비일비재하지 않은가.

"국정의 우선순위가 무엇보다 중요하다. 저는 지난번 대통령 선거 때도 교육대통령을 뽑자고 주장했다. 교육에 국정의 우선순위를 두는 국가 리더십이 필요한 때기 때문이다. 오늘날 우리는 지식이 모든 경제활동과 국가의 전략적 자원인 시대에 살고 있다. 한국은 역사상 이렇게 유리한 고지에 있어본 적이 없다. 농경화시대에 땅이 넓지도 비옥하지도 못했다. 산업화시대에는 자본이 없었다. 그러면서 늘 우리는 가진 것은 사람밖에 없다고 말해왔다. 그러나 이제 이 사람이 가장 큰 자산인 때가 왔으니 말이다. 지식은 사람에게 체화된 것이기 때문이다. 게다가 한국인이 세계에서 가장 유능하다고는 말할 수는 없지만, 지식을 갈구하는 강도는 세계에서 최고다. 그래서 우리는 교육의 초과수요가 문제가 되는 나라다. 법으로 공부 못하도록 막는 나라, 교육을 위해 이민을 가는 나라다. 지식기반 경제시대에 맞는 창의력 있고 '남과 살 줄 아는 지혜'를 갖춘 인력을 양성할 수 있는 교육개혁이 무엇보다 시급하다."

국가발전의 전략에 대해 구체적인 수단이 있다면.

"우리가 어떤 시대에 살고 있는지만 알면 해답이 다 나온다. 오늘날 우리는 크게 보아 두 가지 물결, 즉 세계화와 지식기반 경제시대의 큰 흐름 속에 살고 있다. 세계화는 지구촌화로 번역하면 금방 이해가 된다. 이것은 경제에 관한 한 국경이 큰 의미가 없다. 따라서 일하기 좋은 곳이 있으면 그곳으로 기업이 몰리고, 그 결과 일자리가 몰리게 된다. 그렇지 못하면 일자리가 떠나게 되는 것이다. 경제정책의 궁극적인 목표가 무엇인가. 국민의 복지향상 아닌가. 따라서 일할 능력과 의욕이 있는 모든 국민이 생산적인 일자리를 가질 수 있도록 하는 것이 무엇보다 중요하다. 우리나라를 기업

〈제1장〉 2000년대를 맞은 한국경제의 새로운 도전

하기 좋은 곳으로 만들려면 우선 안보, 정치가 안정되고 법치가 이루어지도록 해야 하며, 노사관계가 개선되어야 한다. 물론 사회간접시설을 확충하고 세율도 상대적으로 낮아야 하지만 이런 것들만으로 충분하지 않다."

새 정부 들어 정책의 일관성이 없었다는 지적이 많다. 정부의 조직개편부터 해야 한다고 주장해 오셨는데 내용에 대한 소개를 부탁드린다.

"지금이라도 빨리 정부 조직개편을 해야 한다. 재경부와 기획예산처 금감위를 합쳐서 2개 부처로 만들어야 한다. 지금 중요한 것은 정책의 기획조정기능이다. 경제 전체를 보고 기획, 조정하는 부서에 예산이 가야 한다. 지금 부총리제가 있지만 제도적으로 힘이 실려 있지 않다. 과거 5개년 개발계획식이 아니라 국가의 비전을 제시하고 전체를 보는 안목에서 정책을 기획, 조정하는 기능이 반드시 강화되어야 한다. 정부는 조직을 통해 일한다. 조직은 목수가 집을 짓는 데 비유하면 연장이다. 아무리 좋은 설계와 좋은 목수가 있어도 연장이 좋아야 한다."

지난해 한국경제는 기대에 못 미쳤다. 내수경기침체가 장기화될 것이라는 전망도 나오고 있다. 원인을 찾는다면 무엇이 있겠는가?

"우선 환란 이후 우리 경제의 성장률부터 한번 살펴보자. 성장률은 98년 6.7퍼센트, 99년 10.9퍼센트, 2000년 9.3퍼센트, 2001년 3.1퍼센트, 2002년 6.3퍼센트, 2003년은 3퍼센트 내외로 추정하고 있다. 크게 보아 환란 직후 우리는 해외 여건의 호전으로 수출이 잘 되었고 경기회복도 빨랐다.

그 이후 세계 경기의 침체와 함께 내수 특히 민간소비 조장을 위한 신용카드 시책 등 각종 시책을 펴 왔다. 그 결과 가계부채가 사상 유례 없이 늘어 왔다. 이에 힘입어 우리 GDP의 거의 60퍼센트에 달하는 민간소비가 급속히 늘어났고, 너무 크게 늘어난 가계부채가 문제가 되기 시작했다.

그래서 2002년 하반기부터 정부가 가계대출에 대한 브레이크를 걸게 되었고 지나친 가계부채 때문에 민간소비가 줄어들게 된 것이다. 그 결과 작년 4분기부터 가계소비가 계속 마이너스로 돌아섰고 아직도 줄어들고 있다. 게다가 기업의 설비투자마저도 작년 2분기 이후 계속 줄고 있다. 그나마 다행인 것은 수출이 잘 되고 있다는 것이다. 따라서 현재 우리 경제의 가장 큰 문제는 기업투자 여건을 개선해 기업투자를 늘이는 것이다."

〈제1장〉 2000년대를 맞은 한국경제의 새로운 도전

탄핵이다 총선이다 해 나라가 온통 시끄럽다. 이 변수들이 한국경제에 미치는 영향은 어떤 것인가.

"탄핵 자체보다 국론분열이 더 문제다. 장기화되면 경제를 어렵게 만들 것이다. 기업 입장에서 볼 때 이것은 투자에 가장 불리한 여건이다. 그렇지 않아도 CNN 등에는 한국의 각종 격렬한 노사관계 시위 장면만 자주 비치는데 이제 국론분열에 따른 정치적 시위 등으로 나라가 어수선하게 되면 투자가 늘어날 수 없다. 이번 탄핵정국도 국민들이 성숙된 시민의식의 발휘로 잘 대처해 민주헌정제도가 작동되는 나라라는 이미지를 보여준다면 오히려 전화위복의 계기가 될 수도 있다. 언론에서 차분하게 다뤄줬으면 좋겠다."

최근의 경제상황을 골프에 비유한다면.

"한국의 현 위치는 골퍼에 비유하면 핸디캡 18정도 즉, 보기 플레이어 수준이다. 그게 바로 신흥공업국의 선두주자면서 막 OECD에 가입한 한국경제의 현주소다. OECD 수준인 싱글 핸디캡 플레이어가 되려면 계속해 피땀나는 노력을 하지 않으면 안 된다. 그렇지 않으면 만년 보기 플레이어나 거꾸로 갈 수도 있다. 현재 우리 경제 상황은 잘 나가다가 헤저드나 러프에 들어간 형국이다. 이럴 때일수록 흥분하지 말고 기본을 지켜 정도로 가야 한다. 흥분해 무리하면 골프 게임 전체를 망칠 수 있다."

최근에도 활발한 활동을 벌이시는데 건강은 어떠신지, 산에 가시는 것을 좋아하신다고 들었는데 건강 비결이 있다면 동문들에게 소개를 부탁드린다.

"건강은 비교적 좋은 편이다. 운동을 많이 한다. 주말이면 골프하고, 청계산에도 자주 간다. 옛골로 매봉까지 2시간 반이나 3시간 걸린다. 국선도, 즉 단전호흡을 오래했다. 재무장관 재직시에 시작했으니 근 20년 정도 되어간다. 10년 정도 도장에 나갔는데 요즘은 도장에는 나가지 않고 집에서 한다. 준비운동 10~15분 한 뒤 호흡은 조금만 하고 정리운동 10~15분 정도 한다. 골프 핸디캡은 14인데 요즘은 85에서 90 사이 치면 만족한다."

지금 몸담고 계시는 세계경제연구원에 대해서도 소개를 부탁드린다. 국제적인 행사를 많이 개최하고 있는 것으로 알고 있다. 다음 달에도 중요한 행사가 많이 잡혀 있을 것 같다.

"장관을 그만두고 나니 정부 산하기관이나 국책연구기관 등을 맡지 않겠느냐, 정치를 하지 않겠느냐 등 여러 가지 권유가 있었다. 그러나 저의 학계와 정부 경험을 살려 우리 사회에 기여할 수 있는 분야가 있다고 생각해 세계경제연구원을 만들었다. 그때만 해도 세계화란 말이 널리 사용되지 않던 시기다. 이 세계화의 흐름을 국내에서 정책하는 사람들, 기업의 톱매니지먼트들, 그리고 우리 국민모두에게 알리고 제대로 대응하게 해야겠다는 생각이 절실했다. 내가 신문에 글 쓰고 하는 것도 중요하지만 세계적인 석학, 정계, 업계, 언론계의 리더들을 초청해 세계가 어떻게 변하고 있으며 그것이 한국에 어떤 함축성이 있다는 것을 알려줄 수 있는 기회를 마련하기 위해 특별강연회와 국제세미나 등을 열고 있다. 작년에 10주년 기념행사를 했다. 4월 7일에는 북한 경제에 대해 최근에 또 다른 책을 출간한 마크 놀란드 박사가 연설하게 되어 있다. 또한 우리에게 잘 알려져 있는 세계적 석학이며 전 IMF 부총재 스탠리 피셔가 5월 13일 조찬강연을 할 예정이다."

세계경제연구원은 비영리 기구로 알고 있는데
어떻게 운영되고 있는가.

"비영리기관으로 정부나 기업의 용역은 받지 않고 있다. 첫째는 독립성을 유지하기 위해고 둘째는 후배들에게 신세지기 싫어서다. 세계 유명 회사들이 자문해 달라는 주문도 많이 있지만 영리 목적의 일을 하지 않고 있다. 회원제로 운영되는데 법인회원 1년에 300만 원, 개인회원 20만 원이다. 강연회를 하면 대기업 임원들과 주요 금융기관에서 많이 참석한다. 외환위기 이후 법인회원 수가 줄어들고 있어 재정이 많이 어렵다."

투자만이
성장의 길이다

2004.
6. 7.

midas
인터뷰

한국경제는 현재 고유가와 중국의 긴축 정책, 미국의 금리 인상 가능성 등의 해외 트리플 악재로 주가가 연일 폭락하는 등 어려운 상황을 맞고 있다. 수출이 버텨주고 있지만 중국의 긴축이 본격화되면 앞으로도 호조를 지속한다고 장담하기가 힘든 데다 내수는 좀처럼 살아나지 않고 있어 정부가 목표로 내세운 5퍼센트대 성장이 가능할 것이냐는 우려가 커지고 있다. 탄핵의 부담에서 벗어난 노무현 대통령도 이 같은 상황을 심각하게 인식해 지난 5월 15일 대국민 담화에서 경제를 국정의 최우선 과제로 삼아 민생 안정에 혼신의 힘을 쏟겠다고 다짐했다. "경험보다 귀중한 것은 없다"는 말도 있지만 지금이야말로 현인들의 고견을 귀담아 들을 때다. 사공 일 세계경제연구원 이사장은 "현 단계에서는 기업들의 투자를 활성화하는 것 외에 경제를 살릴 수 있는 방법이 없다"고 잘라 말했다. 사공 일 이사장은 따라서 "외환위기 이후 기업 지배구조가 상당부분 개선된 만큼 출자총액제한 등 기업 관련 규제도 완화해야 한다"고 처방했다. 그는 참여정부 2기에 대해 "정책의 일관성을 유지하기 위해 경제 부처 간 기획 조정 기능을 강화하고 경제 관료들에게 힘을 실어줘야 한다"고 주문했다. 서울대 출신인 사공 일 이사장은 미국 UCLA에서 석·박사학위를 마치고 4년간(1969~1973) 뉴욕대 교수로 재직했으며 이후 KDI 부원장, 산업연구원장, 대통령경제수석비서관(1983~1987)을 거쳐 재무부 장관(1987~1988)을 역임한 뒤 1993년부터 세계경제연구원 이사장으로 재직하고 있다.

경제가 내수 위축과 정책 추진의 혼선, 고유가, 중국의 긴축, 미국의 조기 금리인상 가능성 등 안팎의 악재로 어려움을 맞고 있다. 원인이 무엇이라고 보는가.

"사상 유례 없는 수출 호조에도 불구하고 내수가 꽁꽁 얼어붙어 있는 게 우리 경제의 현실이다. 이는 기본적으로 환란을 극복하는 과정에서 정부가 과도하게 민간소비를 진작시킨 데 원인이 있다. 그러다 보니 가계에 너무 많은 부채가 쌓였고 신용불량자가 급증했다. 부채가 많아지면서 가계가 스스로 소비를 줄이고 있는 추세다. 그러나 한편으로 정부와 금융회사는 더 이상의 부실을 막기 위해 대출을 제한하지 않을 수 없는 입장이다. 그 때문에 GDP의 50~60퍼센트를 차지하는 민간소비가 계속 살아나지 않고 있는 것

〈제1장〉 2000년대를 맞은 한국경제의 새로운 도전

이다. 지금 우리 경제는 지수경기와 체감경기가 어떻게 다른가를 가장 잘 보여주고 있다. 일부 품목을 중심으로 수출이 잘 되고 있지만 정작 국민이 피부로 느끼는 경기는 나빠 소비가 위축되고 있다. 민간 부채가 높은 상황에서 소비를 진작할 수 있는 대책은 없다. 소비는 서서히 회복될 것이다. 소비를 늘리기 위한 단기 대책은 효과도 의문시되고 경제의 건실화에 바람직하지도 않다. 방법은 투자 활성화밖에 없다. 이는 단기적인 경기 활성화뿐 아니라 우리 경제의 성장잠재력을 키우기 위해서도 절대적으로 필요하다."

기업의 투자심리가 좀처럼 살아나지 않고 있는데.

"금리가 매우 낮고 유동성도 풍부해 투자 여건은 마련돼 있다. 비경제적 요인이 문제다. 북핵문제와 관련한 지정학적 위험과 정치 불안정, 정책의 일관성 부족, 노사불안정이 불확실성을 키우고 있다. 이 같은 비경제적 요인들을 제거해야만 투자가 살아날 수 있다. 일단 대통령 탄핵문제 정리로 정치적 불안정은 해결된 셈이다. 북핵문제는 앞으로 6자회담이 예정돼 있어 순조롭게 풀릴 것으로 기대한다. 그러나 노사문제는 여전히 중요한 과제로 남아 있다. 외국 금융기관 대표들이 누차 강조하듯이 노동시장의 유연화가 가장 시급한 문제다. 또 하나는 정책의 일관성 유지다. 경제부처 간의 혼란을 앞으로 대통령이 조율해야 한다."

참여정부 2기 출범과 함께 성장이 먼저냐, 분배가 우선이냐는 해묵은 논란이 새삼 일고 있는데.

"논란 자체가 유용하지 않고 비생산적이다. 우선 성장을 왜 하는 것인지 살펴봐야 한다. 일자리를 창출해 골고루 잘살자는 것 아닌가. 다만 성장을 하면 성장의 혜택을 못 보는 계층이 있기 때문에 사회안전망을 통해 이를 보완하면 된다. 개혁도 살펴보자. 세계화시대를 맞아 지속 가능한 성장의 기반을 만들려면 제도를 개혁하는 것은 당연하다. 개혁 자체가 목적일 수는 없으며 성장을 위한 수단으로 봐야 한다. 장기적으로 꾸준히 추진해야 할 과제인 셈이다. 성장과 개혁은 결국 조화를 이루어야 한다. 그 두 가지를 정태적이 아니라 동태적으로 봐야 한다. 성장 없이 분배만 강조하면 파이는 작아지는데 그것을 갈라봐야 얼마나 가져가겠는가. 외국에서는 이미 실패한 사례가 수두룩하다. 사회주의 종주국인 러시아와 중국이 성장을 위해 시장경제 논리를 대거 도입한 것이 가장 좋은 예가 아닌가. 우선 성장을 이룬 뒤 그 과실을 형평성 있게 나누고 일자리를 창출하는 것이 가장 좋은 분배 정책이다."

〈제1장〉 2000년대를 맞은 한국경제의 새로운 도전

출자총액제한 등 재벌개혁이 이슈로 부각하고 있다.
일부 정책은 정부 내에서도 이견이 있고 해당 재벌들이
강력하게 반발하고 있다.

"출자총액제한 등 기업 지배 구조 관련 규제를 만들 때는 당시의 논리와 당위성이 있었다. 당시에는 투명성이나 소액주주 보호 측면에서 기업 지배구조가 오늘날처럼 강력하지 못했다. 그러나 지금은 많이 달라졌다. 출자총액제한 제도는 과거 시점에서 필요한 제도라고 하더라도 외환위기 이후 상당히 많이 개선된 만큼 오늘날의 달라진 여건을 고려해 정책의 완급을 조절해야 한다고 본다. 아직도 더 개선할 면이 남아 있지만 적어도 개선된 정도만큼은 규제를 풀어줘야 한다. 투자를 활성화하려면 정부의 불필요한 규제와 간섭을 줄여야 한다. 기업인들도 과거와는 확실히 달라진 모습을 정부에 보이고 규제 완화를 요구해야 한다."

국회의 탄핵안이 기각되면서 국정의 중심으로 복귀한
노무현 대통령에게 가장 먼저 조언하고 싶은 것은.

"좋은 경제정책이 나오려면 정부 내에서 정책의 기획·조정이 제대로 이뤄져야 한다. 경제정책이라는 것은 제한된 자원을 배분하는 것이기 때문에 항상 우선순위에서 밀리는 쪽이 있을 수밖에 없고 그 때문에 조정이 불가피하다. 제도적으로 기획·조정 기능을 강화해야 한다. 필요하다면 기획조정부를 만들어야 한다. 중·장기적이고 거시적인 안목에서 정책을 기획하고 조정하는 작업이 시급하다고 본다. 칠레와의 FTA나 한·중 마늘분쟁과 부작용은 정부의 기획·조정 기능이 제대로 작동되지 않았기 때문이다. 기획·조정 기능을 강화해 정책의 일관성을 유지하고 정책의 불확실성을 줄여야 한다. 또 경제 각료들에게 힘을 실어주고 한번 기용하면 오랫동안 써서 정책을 제대로 실행할 수 있는 여건을 만들어줘야 한다."

〈제1장〉 2000년대를 맞은 한국경제의 새로운 도전

아시안 리더십 강화 필요하다

2005.
3. 2.

조선일보

아시아인들은 1997~1998년의 '아시아 금융위기'를 통해 이웃의 문제가 곧 자기의 문제가 될 수 있는 시대에 살고 있다는 사실을 깨달았다. 또한 전번의 초대형 지진해일사태를 통해 이들은 대자연의 섭리와 큰 힘 앞에 너무나 보잘것없고 무기력한 인간상을 다시 한 번 절감하게 되었다. 이러한 일련의 사태가 이웃과의 협력에 대한 아시아인의 생각을 다시하게 하는 계기가 된 것이 분명하다. 그래서 이미 한·중·일 3국과 동남아 국가연합이 참여하는 'ASEAN+3 정상회의'가 시작되었고 이를 중심으로 동아시아 차원의 각종 금융협력방안이 구체화되고 있다. 또한, 역내 각국 간의 FTA 체결도 가속화되고 있다. 그리고 지진해일 피해 복구 차원의 이웃간 협력도 과거에 보기 힘들 정도로 활발히 이루어지고 있는 것이다.

그러나 유럽이나 남·북미 대륙 등 여타 지역 내 국가간 협력체제에 비추어 볼 때, 집단안보 등 비경제분야는 논외로 하더라도, 이들 협력체제는 시작에 불과한 수준에 있다고 할 수 있다. 특히 아직도 과거의 역사적 유산에 얽매여 있는 한·중·일 3국이 속한 동북아 지역의 협력체제는 더욱 유치한 단계에 있다. 따라서 이 지역 사람들이 이웃 간 협력의 필요성을 절감하고 있는 이때, 과거의 틀을 깨고 미래지향적인 협력체제 구축에 도움이 될 수 있는 강한 리더십의 출현을 이 지역은 더욱 필요로 하는 것이다.

이번 '아시안 리더십' 회의에는 세계적으로 널리 알려져 있는 정치지도자들과 세계 굴지의 기업 경영인들이 대거 참여할 것으로 예정되어 있다. 따라서 기업과 국가 차원에서 불확실한 미래에 적절히 대응하고, 미래의 불확실성을 최대한 줄여줄 수 있는 지역협력체제 구축에 관한 좋은 의견들이 제시될 수 있을 것으로 기대해 본다.

또한 이 회의에는 세계적 중국전문가들이 많이 참여해 중국의 장래에 대한 논의를 펼치게 될 것에 유의할 필요가 있다. 이제 이 지역뿐 아니라 지구촌 전체 차원에서 중국의 재부상과 그 위상을 고려하지 않고 미래를 내다본다는 것은 무의미한 일임이 엄연한 현실이다. 특히 중국과 바로 접하고 있는 우리는 중국의 재부상이 가져올 각종 도전을 지혜롭게 이겨냄과 동시에, 우리에게 제공될 각종 기회를 최대한 활용하지 않으면 안 되는 절체절명의 처지

〈제1장〉 2000년대를 맞은 한국경제의 새로운 도전

에 놓여 있다. 그래서 중국의 장래에 대한 올바른 이해는 무엇보다 중요한 것이다. 이번 회의가 중국의 재부상과 그 함축성을 우리 국민 모두에게 일깨워주는 계기가 되기를 기대해 본다.

　　미래는 언제나 불확실한 것이다. 그러나 디지털혁명에 따른 정보화사회로의 급진전과 비단 경제뿐 아니라 우리 생활 주변 모든 분야에 걸친 세계화 추세가 가속화되고 있는 현재 시점에서 내다보는 미래는 그 불확실성이 더욱 높다. 그래서 혜안을 갖춘 리더십이 과거 어느 때보다 중요한 것이다. 이는 기업이나 국가 차원뿐 아니라, 일정지역이나 지구촌 전체 차원에서도 마찬가지다. 이러한 측면에서 볼 때, 금번 '아시안 리더십' 회의의 의의가 크다고 하겠다. 더욱이 이 회의가 올바른 리더십을 통한 아시아지역 내 협력 강화에 초점이 맞추어진 것은 더욱 큰 의의가 있다고 본다.

한국경제의
오늘과 내일

　　박사님께서는 최근 세계적으로 널리 알려져 있는 정치 지도자들과 세계 굴지의 기업 경영인들이 대거 참여한 '아시안 리더십' 회의에서 기조연설을 하시는 등 매우 바쁜 일정을 보내고 계시는 것으로 알고 있다. 박사님은 국내는 물론 해외에서도 저명한 경제학자로서 항상 세계의 석학, 이코노미스트 및 정치 지도자들과 세계 현안에 대해 긴밀하게 의견을 교환하시고 계시는데 여러 모로 바쁘신 데도 월간 《우리 길벗》 독자들을 위해 시간을 내주셔서 감사드린다. 우선 박사님의 최근 근황과 현재 몸담고 계시는 세계경제연구원에 대해 말씀을 부탁드린다.

　　"세계경제연구원은 1993년 창립된 비영리법인체로서 세계 변화의 흐름을 정치지도자들과 정부정책담당자들, 그리고 기업의

톱매니지먼트와 우리 국민 모두에게 알릴 수 있는 기회를 마련함
으로써 국가적 차원과 기업 차원에서 적절한 대응책을 마련하는 데
도움이 되고자 노력하고 있다. 내가 신문에 글을 쓰고 강연을 하는
것도 중요하지만, 세계적인 석학, 정계, 업계, 언론계의 리더들을 초
청해 그들의 입을 통해 세계가 어떻게 변하고 있으며 그것이 한국
에 어떤 함축성을 갖고 있다는 것을 알리기 위해 각종 특별강연회
와 국제세미나 등을 개최하고 있다. 금년 들어 이미 미국의 세계적
경제예측 전문가인 앨런 사이나이박사의 미국과 세계경제 전망에
관한 특별강연이 있었고, 일본 도쿄대의 한국경제전문가인 후카가
와 유키코 교수의 '일본의 시각에서 본 한국경제의 활로'라는 초청
강연이 예정되어 있다.

　　조만간 IMF의 수석 부총재이며 세계적 석학인 앤 크루거 박
사의 특별강연도 예정되어 있다. 개인적으로는 주요 국제회의 참
석, 국내 주요 대학과 각종 단체 초청 특강, 신문기고 그리고 고대
석좌교수로서 후학들을 만나는 등 바쁘게 지내고 있다."

　　박사님께서는 일찍이 세계경제의 글로벌화, 정보화
사회의 급진전 등 세계가 급변하고 있으나 우리의 경제 주체
들은 대내지향적이고 자기중심적 사고에 젖어 이에 대비하
는 것을 소홀히 하고 있는 것이 아닌지 반성해 볼 필요가 있

다는 내용의 칼럼을 쓰신 적이 있다. 한국경제를 둘러싼 최근 세계경제질서의 변화 내용에 대해 설명을 부탁드린다.

"사실 '세계화'라는 단어가 보편화된 지는 얼마 되지 않았으나 정보화 관련 기술의 눈부신 발달로 우리가 살고 있는 이 지구가 빠른 속도로 하나의 '지구촌화' 되어가는 세계화 속에서 우리는 생활하고 있다. 이러한 추세는 여러 가지 의미를 함축하고 있다. 우선 지구촌 시대에는 기업의 입지가 자유로워진다는 중요한 함축성을 갖고 있다. 이제 기업은 '기업하기 좋은 여건'만 있으면 그리로 몰리고 또 기업하기 불리한 여건이 있으면 쉽게 다른 곳으로 입지를 옮기게 된다. 자본과 기술, 새로운 경영기법과 다양한 마케팅 채널 등을 가진 기업들이 국경을 넘어 경쟁하는 시대가 바로 지금의 세계화시대다. 따라서 세계화시대는 '일자리'가 국경을 넘나드는 시대라는 중요한 함축성을 갖고 있다.

그러므로 이러한 '세계화'라는 큰 흐름의 함축성만 잘 이해해도 국가와 기업, 그리고 우리 국민 개개인이 해야 할 일이 무엇인지 쉽게 찾을 수 있을 것이다. 한마디로 이러한 시대에 국가적인 차원에서 해야 할 일은 우리 근로자들을 위한 일자리 확보와 일자리 유치를 위해 국내외 기업을 막론하고 기업하기 좋은 여건을 만드는 것이다. 실제 오늘날 경제적으로 성공하고 있는 나라들은 이러한 세계화의 장점을 최대한 활용하고 있는 나라들이다. 중국은 그 좋은 예가 되겠다. 중국은 작년 한 해 동안 610억 달러에 달하는

〈제1장〉 2000년대를 맞은 한국경제의 새로운 도전

외국인 직접투자를 유치해 수많은 일자리 창출과 함께 국가발전의 기틀을 쌓았다. 그 정반대의 경우가 세계화 추세를 외면하고 국민의 대다수가 굶주리고 있는 북한이다. 기업하기 좋은 여건을 만드는 것이 세계화시대에 잘사는 유일한 길임을 우리 국민 모두가 깊이 인식해야 하겠다."

냉전 붕괴 후 지구촌 전체 차원의 의사결정이 더욱 복잡해지고 그러한 과정에서 분쟁의 소지가 많아지게 되었다. WTO로 대표되는 다자주의는 최근 이해 당사국간의 대립으로 그 진전이 다소 담보되는 모습을 보이고 있다. 반면 FTA 등 지역경제협력의 움직임은 보다 활발해지는 양상이 나타나고 있다. WTO를 중심으로 한 세계 교역의 자유화 움직임, 지역 FTA 추진 등 세계경제질서 재편에 대해 우리의 대응이 어떠해야 하는가?

"무엇보다 먼저 상대적으로 힘이 약하고 작은 나라일수록 다자주의 체제가 더 유리하다. 다자주의 체제 하에서는 뜻을 같이 하는 다른 나라들과 힘을 합칠 수가 있기 때문이다. 따라서 우리나라는 WTO 체제 강화와 그 유지에 적극 참여할 필요가 있다. 돌이켜 보면, 오늘날 우리가 소득 1만 달러 수준까지 올 수 있었던 배경에는 WTO의 전신인 GATT 체제 하의 세계적 자유무역 여건이 있었고 이를 우리가 최대한 활용할 수 있었다는 점을 명심해야 한다. 그런데 현재 세계는 다자주의체제의 강화보다는 오히려 적극적인 지역주의와 쌍무주의적인 체제구축에 열을 올리고 있는 것이 사실이다. 따라서 우리는 다자주의체제의 강화에 적극 참여하는 한편 주요국들과의 FTA 체결 등을 통해 세계적, 지역주의적 추세에도 소외되어서는 안 될 것이다."

최근 동아시아 경제 구도에 있어 중국경제의 재부상은 그 막대한 흡인력으로 인해 세계경제의 최대 현안이 되고 있다. 박사님께서는 우리가 정신을 바짝 차리지 않을 경우 자칫 중국의 변방으로 전락할지도 모른다는 경고를 늘 강조하고 계신다. 중국경제의 부상이 우리 경제에 함축하는 의미와 우리의 대응 자세에 대해 한 말씀 부탁드린다.

"무엇보다 먼저 우리는 중국의 성장잠재력이 대단한 나라임을 재인식해야 한다. 중국은 2000년 넘게 세계 전체에서 가장 큰 경제대국이었다 해도 과언이 아니다. 최근의 어느 추계를 보면 청대(淸代)인 1820년의 중국 GDP는 세계 전체 GDP의 3분의 1이었다는 것을 알 수 있다. 이는 현재 세계 제일의 경제대국인 미국경제가 차지하는 비중보다 큰 것이다. 물론 지금 중국의 GDP는 세계에서 4퍼센트 정도에 불과하지만, 현재 보이고 있는 높은 성장세

〈제1장〉 2000년대를 맞은 한국경제의 새로운 도전

를 유지해 나간다면 머지않아 이 지역뿐 아니라 세계 전체 차원에서 보더라도 그 함축성은 어마어마한 것이다. 일부 전문가들은 향후 몇 년 내 중국경제가 그 규모면에서 영국과 프랑스를 따라잡고, 6~7년 후엔 독일, 2010년대에는 일본, 그리고 2020년대에 가서는 미국까지 따라잡을 것이라고 추정하기도 한다. 물론 앞으로 중국이 풀어야 할 과제는 너무나 많다. 시장경제체제와 사회주의 정치체제의 조화, 연안과 내륙지역 국민 간에 벌어진 소득 격차의 해소, 국영기업의 민영화와 국영 은행의 대량 부실 채권 정리 등등의 문제가 있다. 그러나 중국 국민과 지도자들이 다함께 과거의 영광을 되찾고자 하는 심지가 굳기 때문에 제가 보기엔 1인당 국민소득 4,000~5,000 달러의 수준에 이르기까지는 상당한 속도의 경제성장을 지속해나갈 수 있을 것으로 본다.

물론 중국의 재부상은 우리에게 도전이자 기회이기도 하다. 베이징과 상하이에서 서울까지는 비행기로 2시간 반 거리다. 중국 내에서도 베이징과 상하이에서 2시간 반 만에 못 가는 곳이 얼마나 많은가. 그렇게 보면 서울과 우리나라 전체는 중국의 중심부에 있는 것과 같은 지리적 이점을 갖고 있다. 따라서 우리나라를 이 지역에서 가장 기업하기 좋은 여건만 마련한다면 중국을 겨냥한 세계적 기업들이 일자리를 갖고 우리나라로 모여들게 할 수 있을 것이다. 이들 세계적 기업들과 손을 잡고 함께 일한다면 우리나라는 금융과 물류는 물론이며 의료·보건 분야 및 R&D와 교육 허브도

될 수 있다.

　이미 중국에는 세계적 기업이 거의 다 들어가 있다. 앞으로 중국과의 경쟁은 이들 세계적 기업들과의 경쟁이라 해도 과언이 아니다. 지난 5000년 역사를 통해 우리가 중국보다 경제적으로 앞선 것은 기껏해야 지난 50여 년뿐이다. 따라서 우리는 중국의 재부상이 갖고 올 '이웃효과'를 선택과 집중 전략으로 최대한 활용함으로써 앞으로 계속해 경제적인 측면에서 앞서나가야 한다. 그렇지 못하다면 우리는 또 중국의 큰 그늘에서 벗어나지 못할 것이다. 정신 바짝 차릴 때다."

　　최근 한국경제는 성장 단계가 초기적 단계에서 후기적 성장 단계로 이행해 나가는 전환점에 놓여 있는 것으로 보인다. 인구 구조의 급속한 노령화, 그에 따른 소비 및 투자 행태와 사회 환경의 변화는 우리 사회에 큰 도전으로 다가오고 있다. 한편 경제 사회적으로는 지식과 기술, 개인의 창의력이 가장 중요시되는 정보화 사회로의 전환이 가속화되고 있다. 그러나 정보화 사회의 빠른 진전은 경제 주체가 이의 변화에 쉽게 적응하지 못할 경우 심각한 실업 문제가 발생할 위험도 내재되어 있다. 박사님께서는 평소 우리나라가 일류 국가로 발돋움하기 위해서는 교육개혁이 무엇보다도 중요하다고 강조하신다. 정보화 사회의 도래를 선진국 도약의 기회로 활용하면서 그 부작용을 최소화할 수 있는 교육 개혁 전략에 대한 견해를 말씀 부탁드린다.

"오늘날 우리는 지식이 무엇보다 중요한 전략적 자원인 지식 기반 경제 시대에 살고 있다. 앨빈 토플러식으로 인류 역사를 살펴본다면 제1의 물결이라 일컬어지는 농경화시대에는 넓은 국토와 좋은 기후 조건의 나라가 경쟁우위를 누렸다. 따라서 우리나라는 상대적으로 불리한 처지에 있었다. 제2의 물결시대, 즉 산업화시대에는 자본 축적여력이 많은 나라가 경쟁우위를 갖게 되었다. 이때 역시 우리는 불리한 위치에 있었다. 그러나 제3의 물결 시대인 지식기반 경제시대를 맞은 오늘날 우리나라는 역사상 처음으로 유리한 국제경쟁고지에 서게 되었다. '지식'이란 결국 사람의 몸속에 체화된 것이기 때문에 사람이 중요한 시대가 곧 이 지식기반 경제시대다. 그런데 다행히도 우리나라 사람들은 지식을 함양하기 위한 교육열을 갖고 있다. 실제 우리나라는 국민들이 너무 배우려고 해 문제가 되는 나라 즉 교육에 관한 한 초과 수요가 문제가 되는 나라다.

따라서 우리가 해야 할 일은 올바른 교육 개혁을 통해 우리 국민 모두에게 올바른 교육을 공급해주는 것이다. 불행히도 오늘날의 한국은 자식 교육 때문에 이민을 가는 상황까지 벌어지고 있다. 교육개혁에 우리 국정의 우선순위를 두고 교육개혁에 범국가적 에

너지를 하루속히 집중해야 한다. 내가 지난번 대통령 선거 때 '교육 대통령'을 뽑자고 얘기한 것도 바로 그런 이유에서다. 지식기반 경제시대가 요구하는 개개인의 창의력을 최대한 살려주고 세계화시대에 필요한 '남과 더불어 살 줄 아는 지혜'를 갖춘 인력을 양성할 수 있는 교육 개혁이 무엇보다 시급하다. 우리의 교육개혁은 초·중등 교육의 질적 개선과 대학 및 고등교육의 경쟁력을 살리는 것이어야 한다. 그리고 근로자들의 평생교육체제도 강화되어야 한다.

그런데 결국 교육개혁도 재원 확보 문제와 직결되어 있다. 현재 우리나라는 GDP의 5퍼센트 정도의 교육재정을 갖고 있다. 반면에 우리 국민 모두가 지불하고 있는 사교육비가 이것에 못지않게 크다는 것은 모두가 알고 있다. 따라서 이러한 민자를 잘 활용한다면 공교육의 개혁에 필요한 재원은 쉽게 확보할 수 있을 것이다. 그리고 교육 개방도 필요하다고 본다. 이러한 교육개혁은 우리 국민 거의 모두의 직접적인 이해관계가 얽혀 있어 추진하기가 무엇보다 힘든 것이 분명하다. 따라서 교육개혁이야말로 우리사회지도층 모두와 정부와 정치권의 강한 리더십 발휘가 무엇보다 중요한 것이다. 우리 국민 모두의 교육에 관한 발상의 전환이 필요한 때다."

최근 한국경제는 지표상 소비회복 징후가 나타나는 등 경기회복에 대한 기대가 점차 높아지고 있다. 다만 여전히 기업투자 회복이 미흡한 등 아직은 경기회복을 확신하기에는 이른 감이 있다. 백사님께서는 지난 2002년 우리 경기가 호조를 보이던 시절 소비진작 위주의 경제정책 운용의 위험성을 이미 지적하신 바 있다. 지난 2년여 동안 우리 경제가 어려움에 처하게 되었던 주된 배경과 경제를 되살리기 위한 정책 처방에 대해 말씀 부탁드린다.

"우선 환란 이후 우리 경제의 궤적을 한번 살펴보자. 우리 경제는 1997년 11월에 환란을 맞아 1998년엔 6.7퍼센트의 마이너스 경제성장률을 기록하게 되었다. 그 이후 다행히 빠른 속도로 회복에 들어갈 수 있었던 배경에는 세계적 IT붐에 따른 미국을 위시한 경제 호조가 있었다. 이러한 여건을 잘 활용해 1999년에 9.5퍼센트, 2000년에는 8.5퍼센트라는 높은 성장세를 기록할 수 있었다. 그런데 2001년에는 미국이 경기 불황을 겪었던 해로 우리와 함께 아시아의 네 마리 용이라고 불리던 대만, 홍콩, 싱가포르 경제는 제자리걸음 내지 마이너스 2퍼센트 이상 저조했다. 반면에 우리나라가 비교적 높은 성장세를 유지할 수 있었던 것은 민간소비를 중심으로 한 내수 진작이 있었기 때문이다. 아시다시피 이 시기에 신용카드 붐이 일었고 가계 부채가 사상 유례 없이 큰 폭으로 늘어나게 되었다. 그러나 결국 이것은 신용불량자의 양산과 금융기관의 부실

문제로 연결되었고 거의 모든 가계가 빚 갚을 걱정을 하게 된 것이다. 그 결과 2003년 2분기부터는 민간소비가 마이너스로 돌아서게 되었고, 그러한 현상은 오늘에까지 지속되고 있는 것이다.

　　최근 들어 민간소비가 차츰 늘어나는 징후가 보이고 있다. 그러나 민간소비는 고용이 늘어나고 소득이 늘어날 것이 내다보일 때 정상을 되찾을 수 있을 것이다. 이러한 때 기업투자가 활성화된다면 수출호조와 함께 경제성장의 주 견인차 역할을 할 수 있을 것이다. 특히 설비투자는 최근 들어 조금 늘어나고는 있으나 일부 대기업에 국한된 것일 뿐 아니라 우리의 GDP 대비 설비투자는 아직도 10퍼센트 이하의 낮은 수준에 있으니 문제다. 현재 낮은 금리 수준이나 상대적으로 풍부한 유동성 공급 등을 고려할 때 기업투자 활성화를 위해 필요한 것은 비경제적 측면의 기업투자 여건을 개선해나가는 일이다. 이를 위해 우선 정치가 안정되어야 하고, 정부와 정치권이 함께 우선순위를 경제에 둔 국정운영을 해나가야 할 것이다. 아울러 정부정책의 일관성 유지를 위한 경제정책 조정기능의 강화와 생산적이고 협조적인 노사관계의 확립, 필요 이상의 각종 정부규제와 간섭을 철폐해야 할 것이다."

상당수 경제전문가들은 올해 경기회복에 노사관계를 중요한 변수로 보고 있으며 일본, 독일 등의 최근 사례에 비추어 우리나라의 노사관계가 전환점을 맞을 가능성이 크다고 예상하고 있다. 성숙한 노사관계의 정립은 경기회복뿐 아니라 우리 경제의 사활이 걸린 문제라고 생각된다. 우리나라의 바람직한 노사관계에 대해서도 견해를 부탁드린다.

"건전하고 생산적인 노사관계가 유지되지 않는 곳에 기업투자가 활성화될 수 없는 것은 자명하다. 오늘날과 같은 세계화시대에는 더욱 그렇다. 그래서 노조의 천국이라 불려 온 프랑스나 독일의 좌파 정부마저 노사관계개선과 노동시장 개혁을 추진하고 있는 것이다. 노사관계 개선은 결국 일자리와 직결되어 있기 때문에 노와 사 양측이 힘을 합쳐 해결해 나가야 할 과제다. 근로자들도 일자리가 없어신다면 노조의 설자리가 없다는 것을 알고 사측과 협력해야 하며 사측도 투명경영을 통한 신뢰기반 구축으로 근로자들의 협조를 얻어야 한다. 현재 한국에서 큰 노사문제 없이 경영을 잘 하고 있는 어느 외국기업 대표는 모든 공을 '투명경영'에 돌릴 수 있다고 주장해 우리의 눈길을 끈 바 있다.

현재 우리나라의 경우 노조결성률은 12~13퍼센트밖에 안되지만 많은 외국기업인들은 우리나라를 강성 노조가 지배적인 나라라는 강한 이미지를 갖고 있다고 알려져 있다. 노사가 힘을 합쳐 하루속히 이러한 부정적 이미지를 쇄신해가야 하겠다."

우리 사회에는 정치가 경제의 발목을 잡는다는 비판이 많다. 또한 우리 사회에 팽배해 있는 각종 이익집단 간 갈등으로 원활한 정책수행이 곤란하다는 지적도 있다. 원로로서 경제발전을 위한 바람직한 정치리더십과 대내외 여건 변화에 직면한 국민들의 의식 구조 전환에 대한 견해를 말씀 부탁드린다. 아울러 백사님의 향후 주요 활동 계획도 궁금하다.

"우리나라는 지정학적으로나 지경학적 측면에서 볼 때, 세계적 열강들의 틈새에 자리하고 있어 태생적으로 국제적 안목 있는 리더십을 항상 필요로 하는 나라다. 이 시점에서는 현재 세계경제 질서변화의 세 가지 큰 흐름, 즉 가속화 되고 있는 세계화 추세, 지식기반 경제시대의 도래, 그리고 중국의 재부상의 참뜻과 그 함축성을 파악하고 이에 적절히 대응할 수 있는 리더십이 무엇보다 중요한 것이다.

올바른 리더십 발휘를 위해 세계 속에서 우리 위상과 앞으로의 세계 정세변화를 내다볼 수 있게 하는 범국가적 차원의 대국민 교육도 필요하다고 본다. 각종 이해집단이 참가하는 건전한 토론문화를 길러나가야 한다. 이를 위해 TV를 위시한 언론의 역할이 중요한 것이다. 아울러 올바른 교육개혁을 통해 다음 세대가 필요로 하는 리더십 자질과 미래지향적 사고를 길러 주는 것도 큰 과제라 하겠다.

〈제1장〉 2000년대를 맞은 한국경제의 새로운 도전

미국의 9·11 테러 당시 뉴욕 시장이었던 루돌프 줄리아니가 쓴 《리더십》이란 책에 "리더십은 그냥 생기는 것만이 아니라, 가르칠 수도, 배울 수도, 스스로 개발할 수도 있다"는 말을 기억할 필요가 있다. 한 번 더 강조하지만 우리는 역사상 처음으로 유리한 고지에서 국제경쟁에 임하게 되었다.

올바른 교육개혁과 우리나라에 기업하기 좋은 여건을 만들어 중국 재부상의 효과를 우리가 최대한 활용할 수 있는 리더십이 발휘될 때 우리나라는 가까운 시일 내에 일류 선진국으로 발돋움할 수 있을 것이다. 모든 것은 우리 손에 달려 있다. 저는 그 동안 국정의 우선순위를 바로하고 기업 차원의 올바른 전략수립에 미력이나마 도움이 되고자 최선을 다해 노력해 왔다고 자부하고 있다. 그래서 앞으로도 힘 닿는 데까지 현재 하고 있는 일들을 계속 해나갈 것이다."

2006.
9. 30.

CEO NEWS

세계화시대의 장점 최대한 잘 활용해야

세계경제연구원은 1993년에 비영리법인으로 설립되었다. 당시 세계화란 용어가 다소 생소하게 들릴 때쯤에 세계화시대에 우리나라가 국가경쟁력을 향상시키고 우리 기업이 세계시장에서 경쟁력을 지켜나가기 위해 무엇을 해야 할 것인가 하는 것을 모색 하기 위한 주목적을 갖고 설립되었다.

이러한 설립목적을 효율적으로 달성하기 위해 세계경제연 구원은 세계적인 석학, 주요국의 정책결정자 및 기업지도자, 언론 인, 그리고 주요 국제기구 최고책임자 등을 초청해 그들의 고견을 듣고 언론매체에 보도함으로써 우리 국민 다수에게 알리는 일을 주로 해오고 있다.

이 연구원의 사공 일 이사장은 "세계화는 누구도 거역할 수 없는 추세이며, 세계화시대의 장점을 최대한 잘 활용하는 나라와 기업만이 계속 번영할 수 있으며 따라서 앞으로도 지금까지 해오던 것을 계속해 우리 국민 모두의 국제적 안목을 키워나가는 데 기여코자 한다"고 밝혔다.

가장 큰 문제는 '성장잠재력 약화'

사공 일 이사장은 현재 우리 경제가 당면한 가장 큰 문제는 한마디로 '우리 경제의 성장잠재력이 계속 약화'되는 데 있다고 한다. 우리 인구의 노령화와 근로시간 단축 등을 고려할 때 노동력 투입이란 측면에서 성장잠재력은 불가피하게 줄어들게 되어 있고, 따라서 기업 투자의 활성화와 우리 경제의 전반적인 효율성 향상이 무엇보다 시급한 일이라고 한다. 따라서 기업하기 좋은 여건 마련을 위해 국가 안보를 튼튼히 하고 정치를 안정시키며, 정책의 일관성 유지와 노사관계의 안정, 그리고 지나친 정부규제와 간섭의 철폐 등의 일들이 무엇보다 중요한 과제이며 현재에도 금리수준은 사상 유례 없이 낮은 수준에 있으며 시중유동성은 풍부할 뿐 아니라 많은 대기업의 경우 큰 사내유보금을 쌓아두고도 설비투자는 부진한 실정이니 이러한 비경제적 요인들을 개선해 나가는 것이 시급하다고 한다.

모든 분야에 걸쳐 '혁신' 필요

오늘날 세계는 이른바 '정보화혁명' 혹은 '디지털혁명'으로 과거 어느 때보다 빠르게 변화하고 있으며 따라서 이러한 변화에 잘 적응할 뿐 아니라 한걸음 더 나아가 이를 잘 활용하려면 사공 일 이사장은 "우리의 사고에서부터 모든 분야에 걸쳐 혁신이 필요한 것"이라고 강조하며, 즉 국제환경 변화 혹은 새로운 패러다임에 맞는 미래지향적인 제도와 정책을 마련하기 위한 개혁과 혁신이 필요한 것이라고 말했다. 이에 사공 일 이사장은 "한 번 더 강조하지만 개혁을 위한 개혁이 아닌 목적의식을 가진 올바른 방향의 개혁과 혁신이 필요한 때"라고 강조했다.

사공 일 이사장이 밝히는 현 CEO들의 경영 키워드는 다음과 같다.

오늘의 세계는 세계화란 큰 변화의 물결과 함께 지식기반 경제시대의 도래라는 또 다른 큰 변화의 물결 속에 놓여 있다. 사람에게 체화되어 있는 지식이 무엇보다 중요한 시대가 온 것이다. 그래서 국가나 기업 차원에서 해야 할 가장 중요한 일은 올바른 지식을 구비한 인재를 확보하고 양성하는 것이다. 특히 세계화시대에 걸맞은 국제적 안목과 남과 네트워킹을 하고 전략적 제휴를 할 수 있는 남과 더불어 살 줄 아는 유연한 인재를 길러야 한다. 따라서 이 시

〈제1장〉 2000년대를 맞은 한국경제의 새로운 도전

대의 CEO의 리더십과 경쟁 키워드는 '유능한 인재 확보·양성'과 '적재적소' 인사라고 할 수 있다. 그리고 CEO 스스로의 리더십 확립을 위해 모든 조직원이 수긍하고 따를 수 있는 비전의 제시와 함께 자기분야 최고의 전문성 확보를 위한 부단한 노력이 있어야 할 것임은 두말할 필요도 없다.

세계경제연구원은 사실 우리 사회가 필요로 하는 공공재를 생산하는 비영리법인이기 때문에 우리 정책 당국과 기업 그리고 우리 국민 모두가 우리 연구원의 활동을 최대한 활용해 주는 것이 무엇보다 중요하다고 한다. 세계경제연구원이 주관하는 모임에 많은 분이 참석하는 것도 중요하며, 연구원 활동이 언론 매체에 많이 보도되어 전 국민에게 알리는 일 또한 더욱 중요하다며 세계경제연구원은 법인과 개인 후원회원이 보내주시는 연회비로 운영되기 때문에 더욱 많은 기업과 개인이 연구원 후원회원으로 가입해 주시길 기대하며, 그렇게 해야 계속 좋은 연사를 초청하고 좋은 보고서를 낼 수 있어 우리 사회에 더욱 기여할 수 있게 될 것이라고 한다.

사공 일 이사장은 "우리나라는 지정학적으로나 지경학적으로 볼 때 태생적으로 바깥세상 돌아가는 것을 남보다 빨리 이해하고 이에 민첩하게 대응하지 않으면 살아갈 수 없는 나라"라고 강조한다. 이것을 잘못해 19세기에서 20세기로 넘어 올 때 우리는 나라까지 남에게 빼앗기는 역사적 수모를 겪었으며 그래서 우리가 이러한 과오를 범하지 않기 위해서도 "바깥세상 돌아가는 것을 잘 알고 이에 대처해야 한다"고 강한 어조로 말했다.

2006.
11. 7.

문화일보
인터뷰

고교평준화 정책 재검토, 대학에 자율권 부여해야

지난 2월 청와대 홈페이지에 '압축성장, 그 신화는 끝났다'는 제목의 글이 실렸다. 이 글은 "과거 정부의 경제개발 계획은 압축성장을 통해 '한강의 기적'을 낳았지만 양극화 심화의 역사적 뿌리가 됐다"면서 "과거 정부의 불균형 성장 정책을 이론적으로 뒷받침한 서강학파를 대체할 새로운 경제발전 이론이 나와야 할 때"라고 주장했다. 참여정부가 임기 말 역점 과제로 뽑은 양극화 해소를 강조하면서, 그 '원죄'를 박정희 전 대통령 시절 경제정책을 주도했던 '서강학파'에 돌린 것이다.

서강학파는 1970년대 경제정책 수립과 집행에 참여한 인사들을 지칭하는데, 서강대 교수 출신이 많아 그런 이름이 붙었다. 사공 일 세계경제연구원 이사장도 1970년대와 1980년대의 경제정책에 적극 참여했고, 서강학파와 같은 시각을 지녔다. 그렇다면 사공 일 이사장은 성장론이 양극화를 낳은 주범이라는 주장을 어떻게 받아들이고 있을까. 그는 지난 3일 인터뷰에서 "한마디로 사실관계에서 틀린 얘기"라고 일축했다. 그는 "1970년대 세계은행이나 국제기구의 통계조사를 보면 당시 개발도상국 중 한국은 소득 격차가 가장 작은 국가 중 하나였다"고 반박했다.

그는 "오늘날 소득의 양극화 문제는 세계적인 현상"이라고 지적했다. "현재의 지식기반 경제시대에선 산업화 시대와 달리 지식이 창출할 수 있는 부가가치가 월등히 크고, 지식의 유무에 따라 소득격차가 더 크게 벌어진다"는 것이다. 그는 "지식기반 경제에서 소득 양극화를 완화할 수 있는 방법은 바로 교육"이라며 "공교육이 무너진 교육정책부터 개혁해야 한다"고 강조했다. 그는 "공교육이 살아있던 과거에는 세대간 부의 재분배가 교육을 통해 이뤄졌지만, 사교육 의존도가 높은 지금은 소득이 대물림되는 현상이 빚어지고 있다"면서 "산업화 시대의 고교평준화 정책을 재검토하고, 대학에도 자율을 부여해야 한다"고 지적했다.

사공 일 이사장은 지난 1993년 세계경제연구원을 설립했다. 이후 세계적 변화의 정책적 함의를 전달하고자 세계적 석학, 국제기구의 정책담당자, 세계적인 기업인 등을 초청, 포럼을 지속적으

〈제1장〉 2000년대를 맞은 한국경제의 새로운 도전

로 개최하고 있다. 미국 워싱턴의 고위 정책그룹이나 경제 석학들
과 개인적 친분으로 형성된 인적 네트워크가 폭넓다.

일관된 정책방향, 기업하기 좋은 제1조건

"경제 전반의 효율성을 높이는 국정의 최우선 순위는 기업하기 좋은 여건을 만드는 것이다."

5공화국 시절 역대 최장기(4년) 청와대 경제수석을 지냈고, 5공화국의 마지막과 6공화국의 첫 재무장관을 역임한 사공 일 세계경제연구원 이사장. 지난 3일 서울 삼성동 무역센터의 사무실에서 그를 만났다. 그는 난마처럼 얽힌 한국경제의 해법을 묻자마자 간명하게 '기업하기 좋은 여건'을 첫손에 꼽았다. 역사 속으로 흘러간 '구식 성장론'을 펴려는 것일까. 그러나 사공 일 이사장은 즉시 "이제 성장이냐, 분배냐를 놓고 논란을 벌이는 것은 시대착오적"이라고 되받았다. 그는 "시대의 중심적 흐름을 읽어야 제대로 된 정책 목표와 수단을 선택할 수 있다"면서 "세계화와 지식기반 경제를 올바르게 이해하고 대응해야 한다"고 주문했다. 시종 낮지만 무게가 실린 목소리로 한국경제의 문제를 조목조목 짚어낸 그는 "한국은 일본형의 장기불황이 아니라 독일형의 장기 침체를 경계해야 한다"며 "독일은 이제 기업친화적인 정책을 추진하고 있는데, 한국은 독일과는 반대방향의 정책을 펴면서 침체의 수렁을 향해 가고 있다"고 비판했다.

최근 경기 둔화를 우려하는 목소리들이 늘고 있다.

"얼마 전 한국은행이 발표한 3분기 성장률이 현재 우리 경제의 성장잠재력(5퍼센트 수준)보다 낮은 4.6퍼센트에 불과했을 뿐 아니라 지난 1분기부터 계속 떨어지고 있어 걱정하는 것은 당연하다. 그런데 문제는 현재의 성장잠재력 자체도 만족스러운 수준이 아니라는 데 있다. 성장잠재력 자체도 고정된 수치가 아니라 정부의 제반 정책과 제도를 바꿔 높일 수 있는 것이다. 따라서 경기진작도 성장잠재력 자체를 높이는 쪽으로 이뤄져야 함을 잊어서는 안 된다."

권오규 경제부총리도 "인위적 경기 부양은 없다"고 하다가 최근 국정감사에서 "실질성장률이 잠재성장률

밑으로 떨어질 수 있는 상황을 방치하는 것은 정부의 책무가 아니다"면서 성장잠재력을 강조했는데, 그것을 높이는 구체적 방안은 무엇인가.

"성장잠재력을 결정하는 요소는 세 가지다. 노동투입량, 자본투입량, 경제 전반의 효율성(총요소생산성)이다. 먼저 노동투입은 노령화와 저출산, 근로시간 단축으로 성장잠재력을 떨어뜨리고 있다. 기업의 설비투자가 최근에 늘고 있다고는 하지만 1997년 외환위기 이전에 비해 너무 낮은 수준이다. 결국 성장잠재력을 확충하려면 기업 투자를 활성화하고, 경제 전반의 효율성을 높여야 한다. 바로 '기업하기 좋은 여건'을 만들어야 한다. 금리인하 등 단순한 수요 조작으로 될 일이 아니다. 임기응변식 단기 처방은 나중에 경제문제를 더 어렵게 할 수 있다."

지난 2일 노무현 대통령이 참석한 '외국인 투자 보고회'에서도 글로벌 기업 최고경영자들과 외국 경제학자들이 한국의 투자 환경에 쓴 소리를 많이 했는데.

"외국 투자가들은 정부의 지나친 규제를 먼저 꼽는다. 노사관계도 가장 우려하는 점이다. 또한 사회 전체의 투명성을 높이고 법치가 이룩돼야 한다. 그리고 정책의 일관성이 중요하다. 축구를 하는데 여러 심판이 제각각 호루라기를 불면 선수들이 잘 뛸 수 없다. 기업이나 소비자들이 정책에 대한 호불호를 떠나서 일관된 방향을 읽을 수 있어야 한다. 그게 기업하기 좋은 여건의 제1조건이다."

현 상태라면 한국경제의 전망이 어두운 것인가.

"우리가 경계해야 할 것은 일본형 장기불황이 아니라 독일형 장기 침체다. 독일은 '라인강의 기적'을 이뤘지만 1990년대 후반 이래 1퍼센트대의 경제성장에 머물고 있다. 그 이유는 바로 기업하기에 안 좋은 환경을 만들었기 때문이다. 지나치게 후한 복지정책, 높은 조세부담, 경직된 노동시장, 정부의 지나친 규제와 간섭, 그리고 엄청난 통일비용 등이 문제였다. 새로 등장한 우파 기민당의 앙겔라 메르켈 정부는 근로자 해고 규정 완화, 기업 경영에 대한 노조 영향력 축소, 소득세 및 법인세 인하 등 수술을 단행하고 있다. 그 방향은 기업하기 좋은 여건, 기업 친화적인 정책을 추진하고 있는 것이다. 그런데 우리는 한 사이클이 지난 뒤 오히려 독일 정부가 개혁하려는 반대 방향의 정책을 펴면서 침체의 수렁을 향해 가고 있다. 걱정스러운 일이 아닐 수 없다."

그렇다면 정부가 정책 목표와 수단을 선택하는 데 무엇을 기준으로 삼아야 하는가.

"시대적 흐름의 정책적 함의를 제대로 알아야 한다. 세계화시대에선 경제활동에 국경이 없다. 정부가 할 일이란 기업이 들어올 수 있는 여건을 만들어주고, 이를 통해 일자리를 창출해 일할 능력과 의사가 있는 국민 모두에게 일할 기회를 부여하는 것이다. 예컨대, 국토 균형개발이라는 국정 목표 자체는 높은 가치를 담고 있다. 그런데 경제의 칸막이가 있었던 시절에는 수도권 규제정책을 펴면 기업들이 지방으로 갔다. 하지만 세계화시대에는 지방으로 간다는 보장이 없다. 해외로 갈 수 있기 때문이다. 그게 세계화다. 그렇다면 정부의 정책 수단도 달라져야 한다. 아무리 높은 가치를 지닌 정책 목표라도 시대의 변화에 따라 그 선택을 달리해야 하는 것이다."

그렇지만 성장이 예전과 같은 고용효과를 내지 못하는 산업구조적인 변화를 고려해야 하지 않는가.

"현재 성장을 주도하고 있는 반도체, 자동차, 조선, 철강 등에서 고용창출 효과가 낮아진 것은 사실이다. 고용효과를 고도화할 수 있는 분야가 바로 서비스 분야다. 금융, 물류, 보건의료, 교육, 법률서비스 등이다. 한·미 FTA을 서둘러야 한다고 주장하는 중요

〈제1장〉 2000년대를 맞은 한국경제의 새로운 도전

한 이유 중 하나가 바로 이 서비스 분야에서 비약적인 발전을 가져
올 수 있기 때문이다."

**줄곧 한·미 FTA가 한국 사회의 질적 변화에 중요한
전환점이라고 강조해왔는데.**

"한·미 FTA로 눈에 보이지 않는 이득이 더 많다. 제도의 선
진화가 가져올 효과가 더 크다. 앞서 얘기했듯이 한국경제가 성장
잠재력을 높일 수 있는 계기일 뿐만 아니라, 국가 안보적 측면에서
도 중요하다. 미국경제와 더 긴밀한 그물이 짜일수록 안보적으로
튼튼해진다. 그게 지정학적인 리스크를 줄이고 시장의 불확실성을
제거해 준다."

**북한의 핵실험 강행 이후에도 경제적 여파가 크게 나
타나지 않았는데.**

"그것은 국제 금융계가 한국의 지정학적 리스크를 이미 반
영하고 있었고, 특히 북한이 핵 내지 핵물질을 다량 보유하고 있다
는 인식을 갖고 있었기 때문이다. 미국이 무력으로 대응하지 못할
것임도 모두 알고 있다. 미국 입장에선 이라크와 이란이 더 시급한
현안이다. 그렇지만 북한의 핵 보유가 사실로 확인될 경우 가장 중

요한 문제로 대두하는 것은 미국의 핵우산에 대한 확신이다. 그것은 한·미동맹의 문제다. 북핵 사태는 정치적으로 보면 복잡한 국제외교의 문제이지만, 경제적 측면에서 보면 한·미관계로 귀착되는 것이다."

한·미 FTA뿐만 아니라 북핵 사태의 해법을 놓고도 보수, 진보의 이념적 대립이 극명하다.

"정치적 리더십의 요체는 생각이 다른 사람들을 한 데 모으는 고도의 국론 통일 능력이다. 지금은 보수, 진보의 이념적 틀에 얽매일 때가 아니다. 영국의 노동당과 중국 공산당을 보라. 그들이 이념을 추구하고 있는가. 보수·진보 논쟁은 정말 시대착오적이다. 우리의 지도자들은 시대적 흐름의 핵심을 간파하고 한국의 지정학적인 현실을 감안해 국가의 방향을 결정해야 한다. 그런 국제적 안목이 아쉽다. 이 시대에 맞는 리더십이 출현해야 한다."

〈제1장〉 2000년대를 맞은 한국경제의 새로운 도전

국정 우선순위 바로 세워야

2007

고려대학교
정책대학원
특별강연
요지

대통령 선거에 즈음해

금년은 대통령 선거 해다. 대통령은 우리나라의 CEO다. 나라도 회사와 마찬가지로 CEO의 역량에 따라 그 진로가 크게 달라질 수 있다. 강력한 대통령 책임제를 하는 우리나라의 경우는 더욱 그러하다. 따라서 이번 대통령 선거에서는 앞으로 5년간의 올바른 국정 우선순위를 정하고, 이를 위한 정책을 차분히 펴 나갈 수 있는 CEO를 뽑아야 한다. 아직도 일류 선진국을 향해 가야 할 길이 먼 우리는 현재 국정 방향을 잘못 잡고 있어 미래의 한국상을 어둡게 하고 있다. 따라서 올바른 리더십 확립이 무엇보다 절실한 시점이다.

경제성장은 복리의 게임

우리나라가 지난 40~50년간 이룩한 업적은 한마디로 눈부시다. 세계경제발전사적 측면에서 볼 때 더욱 놀랍다. 1960년대 초까지만 하더라도 우리나라는 세계에서 가장 가난한 나라 중 하나였다. 당시 미국의 원조당국 전문가들마저 한국은 경제개발에 관한 한 희망 없는 나라(basket case)로 치부할 정도의 나라였다. 당시 우리의 1인당 국민소득 100달러도 채 안 되었을 뿐 아니라, 국민 대다수가 절대빈곤 선상에서 허덕이고 있었다. 1950년대 후반에서 1960년대로 들어오면서 크게 줄어든 대외원조에 따른 외환부족을 메울 수출 가능 품목은 기껏해야 일부 철광석, 중석, 석탄, 생사, 그리고 오징어 정도였다. 모두 합쳐 연간 5,000만 달러에도 못 미친 액수가 고작이었다. 실제 1964년에 수출 1억 달러를 달성했고 이를 기념하기 위해 '수출의 날'을 정한 것이다. 그런데 2005년에 우리나라의 1인당 GDP는 16,000 달러선을 넘어섰으며 올해 아마 20,000 달러선에 이를 것으로 전망하고 있다. 그것뿐이 아니다. 작년에 우리나라는 5대 수출품목, 반도체, 자동차, 무선통신기기, 선박, 석유제품을 중심으로 3,000억 달러의 수출을 기록해 세계 제12위의 수출대국으로 발돋움했다. 정말 놀라운 일이 아닐 수 없다. 우리 개발 연대의 시작이라 할 수 있는 1962년에 우리 GDP(87달러)의 거의 3배에 달했던 필리핀은 2005년에 1200달러선에서 국민 대다수의 절대빈곤 문제를 해결하지 못하고 있는 것과는 너무나 대조

〈제1장〉 2000년대를 맞은 한국경제의 새로운 도전

적이나. 또한 1960년대 초까지만 하더라도 남한보다 1인당소득이 두 배 이상이었던 북한의 현재 1인당 국민소득은 믿을 수 없는 공식 통계를 보더라도 500 달러가 채 안 되는 수준에 있으니 정말 놀라운 일 아닌가.

한강의 기적 이룬 올바른 국가발전 전략

이러한 '한강의 기적'은 단순한 기적이 아닌 우리 국민 모두의 피땀 나는 노력으로 이룩해 낸 역사적 업적이다. 그러나 이러한 업적을 이룩한 배경에는 경제개발이란 분명한 국정의 우선순위와 이를 실천하기 위한 수출주도의 대외지향적 개발전략에 따른 각종 시책으로 우리 국민 모두의 잠재 에너지를 동원·결집한 국가 리더십이 있었음을 우리는 다 잘 알고 있다. 당시 개도국의 대명사처럼 되어 온 인도와 많은 남미의 여러 나라들은 수입대체를 위한 대내지향적 개발전략을 펴 왔다. 당시의 경제개발 관련 세계적 석학들도 수입대체 위주의 전략을 채택해야 한다는 주장을 폈던 것도 사실이다. 그럼에도 불구하고 우리는 수출위주의 대외지향적 개발전략을 채택해 눈부신 성과를 거둔 것은 결국 올바른 리더십이 있었기 때문이라 할 수 있을 것이다. 물론 우리보다 먼저 이런 전략을 폈던 일본과 대만, 홍콩, 싱가포르의 사례에 힘입었던 것도 부인할 수 없는 일이지만 다른 많은 개발도상국이 하지 못한 일을 해낸 것은 리더십의 몫으로 돌려야 할 것이다. 2차대전 이후의 세계는 자본주의 시장경제체제와 사회주의 계획경제체제권으로 양분되어 있었으며, 자본주의 시장경제권은 미국이 주도한 이른바 GATT-Bretton Woods 체제 하에 있었다. 이 체제는 세계경제 전후 활성화에 필요했던 자유무역과 국제금융 안정이란 세계적 공공재를 제공하는 데 크게 기여했다. 이러한 국제여건 하에서 대외지향적 개발전략은 두말할 것도 없는 올바른 전략이었던 것이다. 그러나 당시의 대다수 개발도상국들은 그릇된 전략을 채택함으로써 경제개발에 실패했다. 그러나 이들 대다수 나라도 한국을 위시한 이른바 아시아의 네 마리 용의 성공사례를 보고 뒤늦게 대외지향적 개발전략을 펴온 것 또한 사실이다.

경제개발과 민주화에 성공한 나라

어쨌든 한국은 2차대전 이후 생성된 140여 개도국 중 유일하게 경제발전과 산업화, 그리고 정치적 민주화에 성공한 나라다. 그러나 중요한 사실은 이러한 성공을 가져다준 국정의 우선순위와 전략 및 정책, 그리고 각종 제도도 크게 변한 국내외 여건에서도 계속 유효할 수 없다는 것이다. 그럼에도 불구하고 성공의 타성과 관성을 탈피하고 크게 달라진 국제여건을 제대로 이해하고 이에 적절히 대응하기 위해 필요한 범국가적 차원의 개혁과 새로운 국정 어젠다와 기업성장 전략을 채택하는 일은 결코 쉬운 일이 아니다. 따라서 이러한 때 각종 어려움을 극복하고 필요한 개혁을 이룩해 낼 수 있는 국가지도력은 무엇보다 중요한 것이었다. 더욱이 바깥 세상은 너무나 큰 변화의 물결 속에 놓여 있었다. 1990년대에 들어오면서 가속화된 세계화 추세와 급격한 정보화 관련 기술의 발전은 세계경제 여건을 크게 변모시켰다. 그러나 우리는 이러한 변화를 제대로 읽어내고 이에 적절히 대응하지 못해 급기야 환란과 경제위기를 겪어야만 했던 것이다. 불행 중 다행스런 것은 환란과 경제위기를 극복하는 과정에서 우리는 세계화를 위시한 달라진 국내외 여건을 뒤늦게나마 어느 정도 이해하고 이에 대한 대응책을 강구하게 하는 전화위복의 기회를 갖게 되었다. 그 결과 오늘의 한국 경제는 그 구조나 제도적인 측면에서 크게 달라져 있는 것이 사실이다. 특히 IMF 긴급구제금융은 일본이 잃어버린 10년을 겪으면서도 해내지 못한 금융부문의 대변신과 기업 지배구조 변화 등 우리 경제의 구조적 변화를 강요했던 것이다.

올바른 국정어젠다 설정은 바깥세상을 읽는 데서 시작

국정 어젠다의 설정은 세계경제 여건 변화의 그 특징, 그리고 그것의 정책적 함축성을 잘 이해하는 데서 출발해야 한다. 돌이켜 보면 19세기 말 우리는 바깥세상 돌아가는 것도 모르고 지났을 뿐 아니라, 바깥세상 돌아가는 것을 알려고 하거나 아는 사람들을 오히려 핍박한 결과 나라마저 잃는 수모를 겪어야만 했다. 오늘날 우리를 둘러싸고 있는 세계는 큰 역사적 변화의 물결 속에 놓여 있다. 한마디로 이른바 디지털 혁명이 가져온 IT 관련 기술과 정보화 물결이 세계를 크게 변모시키고 있는 것이다. 이러한 큰 변화의 물결은 2차대전 이후 지속되어 온 냉전의 종식과 WTO 체제의 출범과 함께 세계화의 추세를 더욱 가속화시키고 있으며, 세계경제를 중심에서부터 흔들어 놓고 있는 것이다. 이른바 BRICs의 출현과 신흥 공업국들의 지속성장은 경제에 관한 한 다극체제의 세계를 불러왔고 이중에서 가장 두드러진 현상으로 우리에게는 더욱 큰 영향을 미치게 될 중국경제의 재부상이다. 이와 더불어 미국을 위시한 선진제국에서 이미 1950년대 말 1960년대 중반에 경험하게 된 지식기반 경제시대의 도래는 IT 관련 기술 변화와 더불어 더욱 가속화되고 있는 것이다. 그럼 현재 세계경제 여건 변화를 가속화하고 있는 주요 요소 중 한국경제에 더욱 지대한 영향을 미치게 될 세 가지 큰 흐름, 즉 세계화 추세, 중국의 재부상, 그리고 지식기반 경제시대의 도래에 관해 논의해 보기로 하자.

세계화 추세의 가속화

세계화란 한마디로 우리가 살고 있는 이 지구가 하나의 조그마한 마을로 변화하는 현상을 말한다고 볼 수 있다. 특히 경제적인 측면에서 보면 이것은 시장기능을 통해 세계경제가 통합되는 현상을 말한다. 이러한 경제적 세계화 혹은 세계경제의 통합화는 가속화된 상품, 서비스, 그리고 자본의 흐름에 의해 이룩되는 것이다. 이러한 흐름의 가장 큰 매체는 기업이며, 이 기업들이 국경에 구애됨이 없이 거의 자유롭게 넘나드는 결과 경제통합은 더욱 가속화되는 것이다. 이 경제통합의 가속화는 기업이 투자를 통해 창출하는 일자리가 국경을 자유롭게 넘나든다는 특징을 갖고 있다. 비단 경제정책뿐 아니라 모든 국가 정책의 궁극적 목표는 우리 국민 모두의 복지를 최대한 증진시키는 것이라고 할 수 있을 것이다. 그런데 이를 달성하기 위해 필요한 일차적 수단은 일할 능력과 의욕이 있는 우리 국민 모두가 생산적인 일자리를 갖게 하는 것이다. 따라서 일자리가 자유로이 국경을 넘나드는 세계화시대에 가장 중요한 국정목표는 일자리를 최대한 창출하고 유지하는 일임이 자명하다. 그래서 '기업하기 좋은 여건' 만드는 일에 국정의 우선순위가 주어져야 하는 것이다. 실제 오늘날 경제적으로 다른 나라들보다 앞서가고 있는 나라들, 예를 들면 중국, 미국, 영국, 아일랜드 등은 이러한 기업하기 좋은 여건을 만드는 국제경쟁에서 이기고 있는 나라들이다.

기업하기 좋은 여건은 어떻게 만들어야 할 것인가.

일반적으로 기업하기 좋은 여건을 생각할 때 제일 먼저 머리에 떠오르는 것은 경제적 여건이다. 적정 수준의 금리와 충분한 자금 공급, 그리고 법인세 등 적정한 세율과 친기업적인 세제가 우선 떠오른다. 이에 더해 적절한 도로, 항만, 공항, 각종 기초 통신시설 등 사회간접자본 시설의 제공은 물론 중요하다. 그러나 기업이란 경제적 여건 속에서만 영위되는 것이 아니기 때문에 안보와 정치, 외교와 국방, 문화와 사회 그리고 각종 제도적 여건도 기업하기 좋은 여건 만들기에 중요한 요소로 고려되어야 함은 두말할 필요조차 없다. 북핵사태와 관련된 한반도의 이른바 지정학적 위험을 줄이고 한·미 동맹 관계를 강화하는 일도 국내외 기업투자 여건 개선이란 측면에서 중요한 것이다. 따라서 최근에 논의된 바 있는 이른바 전시작전권 이양 문제와 한·미 동맹관계 변화도 기업 투자여건 변화라는 측면에서도 고려되어야 한다.

기업과 기업인을 보는 올바른 시각

기업과 기업인에 대한 부정적 사회 인식을 불식시켜 나가는 일 또한 중요하다. 반기업 내지 반기업인 정서가 있는 나라에 기업투자를 통한 더 많은 일자리 창출을 기대하기 힘든 것은 자명한 일이다. 기업과 기업인이 '이윤추구'라는 목표달성을 위해 뛰는 과정에서 부가 창출되고 일자리가 창출된다는 사실은 간과해서는 안 된다. 그럼에도 불구하고 기업과 기업인의 이윤추구와 부의 축적 자체에 대한 부정적 시각이 있는 사회에 왕성한 기업활동을 기대하기 힘든 것이다. 따라서 세계화시대의 자본주의 시장 경제체제하의 기업과 기업인에 대한 올바른 초중등학교 경제교육에서부터 대국민 경제홍보 내지 교육이 중요한 것이다. 1960년대 초반부터 시작된 우리나라의 개발연대가 바로 이런 측면을 잘 말해준다고 볼 수 있다. 1950년대 말까지만 하더라도 침체되었던 경제가 어떻게 1960년대에 들어와서부터 10퍼센트 정도의 성장을 이룩해낼 수 있었는가. 물론 정부가 직접 기업가의 역할을 하는 각종 공기업이 상당수 설립됨으로써 기업가정신의 공급이 그만큼 늘어난 것은 사실이다. 그러나 대부분의 경제성장의 민간기업가정신에 의해 가능했었던 것이다. 그렇다면 과연 민간기업가정신이 어떻게 갑자기 크게 늘어나 기업활동이 왕성해지고 고속 경제성장이 가능했던 것인가? 그것은 기존의 기업가의 활동은 경제성장에 크게 도움이 되지 않은 지대 추구에 주로 관여했으나 기업하기 좋은 여건이 만들어진 이후에는 사회적으로 부가가치가 높은 쪽으로 전환되었고, 새로운 기업가정신의 공급도 늘어났기 때문에 가능했을 것이다. 자본주의 시장경제체제 하에서의 경제성장이란 민간기업의 활동의 결과이며, 이들 기업인의 기업가정신이 제대로 발휘될 때 최대화될 수 있는 것이다.

이러한 측면에서 개발도상국의 문제를 기업가정신의 부족이라는 관점에서 보려는 경제발전론자들이 있는 것이다. 이와 관련해 중요한 사실은 기업하기 좋은 여건만 마련되면 기업가정신의 공급이 늘어날 수 있을 뿐 아니라, 사회적으로 비생산적인 지대 추구에 몰두하던 기업가적 활동이 경제성장에 도움이 되는 생산적 활동으로 전환됨으로써 올바른 기업가정신의 절대 공급이 늘어날 수도 있는 것이다. 게다가 오늘날과 같은 세계화시대에는 국외의 기업가정신의 공급마저 늘어날 것이다. 예를 들면 정부의 수출주도의 대외지향적 정책과 이를 위한 각종 인센티브의 제공으로 과거에는 생각지도 못했던 가발, 합판, 새로운 봉제품 등이 생산되고 수출된 것이다. 따라서 이러한 기업하기 좋은 여건 마련은 단기적인 일자리 창출에 크게 기여할 뿐 아니라 기업하려는 의지를 북돋아 경제성장잠재력 자체를 제고시키는 중요한 측면이 있는 것이다.

노동시장 유연화와 생산적 노사관계

노동시장의 유연화와 생산적이고 협력적인 노사관계 확립 또한 중요하다. 대립적이고 투쟁적인 강성 노조의 탈법적인 행위마저 용납되는 사회에 기업투자를 통한 일자리 창출이 힘들 것은 너무나 자명한 일이다. 따라서 노사관계 개선에 국정의 최우선순위가 주어져야 하는 것이다. 이를 위해 가장 먼저 해야 할 일은 노

〈제1장〉 2000년대를 맞은 한국경제의 새로운 도전

사관계가 우리의 경우 정치권이 개입해 노정관계로 변질시키는 일도 없어야 할 뿐 아니라, 불법과 탈법을 용납하는 것부터 고쳐나가야 한다. 불법적 탈법적 노조투쟁이 용납될 뿐 아니라, 이를 통해 더 많은 사측의 양보를 얻어내는 데 성공한 사례가 많다. 이와 관련해 최근 정부에서 "앞으로는 불법행위로 이익을 얻을 수 없도록 '뜨거운 난로에 손을 대면 델 수밖에 없다'는 것을 보여 주겠다"고 한 것은 정말 다행한 일이다. 이러한 정부의 의지가 정치적인 요소에 의해 흔들림 없이 행동으로 실천되어야 한다.

무엇보다 중요한 법치

그 다음 법치를 이룩하는 일이 기업하기 좋은 여건 만드는 중요한 일이다. 법치가 되지 않는 나라에서 기업활동 하기는 상대적으로 힘들고 비용이 많이 든다. 흔히 경제학자들이 말하는 거래비용이 많이 발생하기 때문이다. 법이 고무줄 식으로 영위되는 나라에서 기업활동 하려면 각종 직·간접 경비 지출이 늘어날 것은 분명한 일이다. 그런데 우리나라는 현재 선진국들에 비해 준법 수준이 크게 뒤떨어진 것으로 나타나고 있다. 어느 외국기관이 2005년에 발표한 자료를 보면 1991~2003년 우리나라의 평균 법질서 준수 정도는 OECD 30개국 중 멕시코와 터키를 제외하면 최하위로 되어 있다. KDI 분석에 의하면 1991~2000년 10년간 우리나라의 법 준수를 OECD 평균 수준으로만 유지했더라도 매년 경제성장률은 약 1퍼센트 포인트 정도 늘릴 수 있었을 것으로 나타나 있다. 특히 최근 들어 우리 사회에 빈번히 일어나고 있는 불법 폭력 시위에 따른 각종 사회적 직·간접 비용(인명손실과 상해, 재물 파괴, 노동력과 시간 소실, 치안경비 상승 등 직접 경비와 경제에 관한 불확실성 제고와 국가 이미지 훼손)에 더해 이에 따른 국내외 기업의 기업활동 위축에서 오는 기업가정신 공급이 줄어드는 기회비용까지 합친다면 그 부정적 영향은 더욱 커질 것이다. 물론 앨빈 토플러가 지적한 바와 같이 급속한 기술변화에 따라 급변하는 경제 환경에 적응이란 측면에서 볼 때 법과 법제 자체가 너무나 느리게 적응하고 있어 경제활동에 큰 걸림돌이 되고 있는 측면도 강조되어야 한다.

글로벌 스탠더드에 맞는 법과 규제

그 다음 필요 이상의 각종 정부규제, 간섭을 없애고 줄이는 일이다. 각종 규제를 줄이는 일은 글로벌 스탠더드에 맞게 하는 것이 중요하며, 오늘날 세계화시대를 감안한 것이어야 한다. 예를 들어 국토균형개발을 위한 각종 수도권 규제를 생각해 보자. 국토균형개발이란 목표 그 자체는 높은 가치를 지닌 국정 목표가 될 수 있다. 그러나 그 목표를 달성하기 위한 수단은 다양하며, 그 수단의 선택은 세계화시대란 여건에 맞게 해야 한다. 과거와 같이 경제적

국경의 장벽이 있었을 때 수도권 기업투자 규제는 그 투자가 반드시 필요한 것이라면 수도권 이외의 지역으로 흘러갔을 것이다. 그러나 오늘날의 세계화시대에는 그 장벽이 사라졌을 뿐 아니라, 적극적 해외투자 유치 경쟁이 벌어지고 있기 때문에, 수도권 규제에서 밀려난 투자가 국내 다른 지역이 아닌 외국으로 나갈 가능성이 커진 것을 잊어서는 안 된다. 중국이나 슬로바키아로도 갈 수 있고 미국의 앨라배마주로도 갈 수 있다는 것이다. 기업하기 좋은 여건 마련에는 기업 주변 환경 개선도 포함된다. 기업도 기업인과 경영인에 의해 영위되며 이들도 가족들과 함께 일상생활을 영위해야 한다. 특히 외국기업의 경우 생활환경이 아주 중요하다. 이 생활환경에는 자식들의 교육환경이 더욱 중요하다. 그런데 2007년 1월 29일 발표된 "국내 거주 외국인 소비생활 실태" 보고서를 보면 수도권에서 살고 있는 외국인마저 한국은 너무나 살기 힘든 나라라고 한다. 외국인이기 때문에 소비생활에서 여러 가지 불편을 느낄 뿐 아니라, 외국인이기 때문에 불이익을 받는 경우도 많다는 것이다(휴대전화 구입시 한국인인 타인 명의를 빌려야 하고 또 예치금을 두어야 함). 지방은 말할 것도 없고 서울의 거리를 외국관광객들이 차를 직접 운전해 목적지에 간다고 한번 상상만 해보라. 그 다음 협조적이고 생산적인 노사관계의 유지다. 한국의 투쟁적, 대립적 노사관계는 이제 거의 구조화되어 있다 해도 과언이 아니다. 물론 그 근원은 멀리 거슬러 올라가야 한다. 돌이켜 보면 절대빈곤으로부터의 탈출에 급급하며 실업과 의사실업 풀로부터의 노동공급이 충분했던 이른바 개발연대에는 노조의 입지가 약할 수밖에 없었다. 게다가 정부는 선성장 후분배적 전략에서 성장위주의 시책들을 폈으며 노조활동을 제약하는 시책을 폈던 것도 사실이다. 따라서 협조적이고 생산적인 노사관계 확립과 노사간의 집단협상력을 단계적으로 길러나갈 수 있는 여건 마련도 하지 않았던 것이다. 그 결과 1980년대 중반에 들어와 1987년의 6·29선언과 함께 그 동안 미루어져 왔던 노사관계 문제들이 터지기 시작했으며, 국내 정치·사회적 분위기는 무조건 노조 측의 입장을 옹호하는 쪽으로 돌아선 것이다. 게다가 오늘날 우리 노사 풍토에 가장 큰 문제가 되고 있는 노조 측의 불법, 탈법 행위마저 용납되는 경우가 많아졌으며, 법을 제대로 집행하려는 의지가 충분하지 못했던 것이다.

또한 노사간 분쟁이 터지면, 어디까지나 이 문제들이 노사간 단체 협약에 의한 협상에 의해 해결되기보다는 정치권과 정부가 직접 나서 해결하려는 시책을 펴서 많은 경우 노사관계 문제가 노정 문제로 전환되어 정치적 타협을 유도하는 결과로 귀착되었다. 이러한 과정이 오늘날에까지 반복되다 보니 한국의 노사관계는 강성노조에 의한 정치권과의 협상력으로 결정되는 처지가 된 것이다. 이제 세계 속에서 한국은 강성노조의 나라, 불법 파업과 노사분쟁이 용납되는 나라로 이미지를 갖게 된 것이다. 대한상공회의소의 최근 조사 결과를 보면, 500대 기업과 학계, 연구계의 전문가들을 되살리기 위한 최우선 과제로 현재 침체되어 있는 "노동유연성 제고 (79퍼센트)"로 나타났다. 현재 한국에 들어와 있는 외국인 기업인들도 노사관계가 노동시장 경직성을 투자의 가장 큰 걸림돌로 지적하고 있다.(문화일보 2007년 1월 30일자 참조) 기업하기 좋은 여건 만들기 위해 노동시장 유연화와 노사관계 개선의 출발점은 불법과 탈법을 용납하지 않는 것이어야 하며, 불법과 탈법을 범한 경우에는 반드시 이를 응징하는 사회적 분위기를 조성해 나가야 할 것이다.

2007년 초 현대차 노조의 불법·탈법 행위도 당초의 회사와 우리 사회의 일반적인 분위기와는 달리 관용으로 오히려 노조의 요구를 들어주는 쪽으로 해결되어 많은 사람을 실망시킨 것이다. 기업하기 좋은 여건을 만들어야 한다는 것은 너무나 당연하게 들릴 뿐 아니라, 현 정부를 포함한 전 정부들도 이에 정책의 초점을 맞추겠다는 소리를 한두 번 한 것이 아니다. 그러나 이러한 수사학적 수준의 정책목표가 아니라 세계화란 범세계적 추세 하의 세계에서 경제적 번영을 지속하기 위한 절체절명의 국정 우선순위라는 공감대를 얻어내고 이를 기초로 앞에서 논의한 구체적 문제들을 해결해 나가는 지도력을 펴야 한다. 그러나 현재까지 이런 것이 제대로 발휘되지 않고 있는 것이 우리의 현실이다.

국정 우선순위 바로 세우고 국민과 소통해야

이제 다시 국정의 우선순위를 분명히 하고 필요한 개혁과 정책의 집행을 위해 국정 최고 리더십부터 정부의 실무정책집행자에 이르기까지 기업하기 좋은 여건을 만드는 일이 무엇보다 중요한 것임을 진심으로 믿고 기업인과 기업들로부터 기업하는 데 진정 무엇이 문제인지를 밝혀내야 한다. 그러기 위해 국정최고 리더십에서 정부 실무자에 이르기까지 기업인과의 격의 없는 대화통로가 있어야 하고 의견 교환의 기회를 수시로 만들어야 한다.

기업하기 좋은 여건 만들기는 성장잠재력 제고를 위해 반드시 이룩되어야 하는 과제다. 우리나라는 인구의 급속한 노령화와 근로시간 단축으로 노동력 투입 면에서 보면 우리 경제의 성장잠재력은 줄어들게 되어 있다. 따라서 우리 경제를 인플레이션 위험 없이 어느 정도 고속성장을 가능하게 하려면 기업투자를 늘려 자본 투입량을 늘리는 일과 기업하려는 의지를 북돋아 줄 수 있는 여건을 만들어줌으로써 기업가정신이 최대한 발휘되도록 하며 대외개방과 경쟁촉진을 통한 국민경제적 효율성을 최대한 제고시키는 일이 중요한 것이다.

이러한 측면에서 볼 때 기업하기 좋은 여건을 마련하는 일은 당장 급한 일자리 마련을 위해서도 중요하지만 아직도 가야 할 길이면 우리 경제의 성장잠재력을 제고하는 일을 위해 더욱 중요한 것이다. KDI나 한국은행의 추계를 보면 현재 우리 경제의 성장잠재력은 약 5퍼센트 수준(4.7~5.3퍼센트)으로 되어 있다. 물론 우리 경제도 이제 개발 초기의 따라잡기 시대의 고도성장세의 지속을 할 수는 없으나, 그래도 5퍼센트 내외의 성장은 너무 낮다고 봐야 한다.

　　우리가 기업하기 좋은 여건을 만들기 위한 필요한 모든 제도적 개혁과 정책의 개선, 그리고 대외 개방을 통한 경쟁의 제고에 전력경주 한다면 적어도 1퍼센트 포인트의 성장잠재력 제고는 불가능한 일이 아니라고 본다. 반면에 이러한 노력을 하루속히 경주하지 않는 한 우리도 오늘날 독일이 겪고 있는 이른바 독일병에 의한 성장잠재력 쇠락에 이에 따른 장기 침체에 빠질 위험이 있음을 잊어서 안 된다.

　　2차대전 이후 라인 강의 기적을 이룩한 독일경제는 지나친 사회복지 지출과 함께 노동시장의 경직성, 그리고 정부의 지나친 규제·간섭으로 기업 여건이 크게 악화되었으며 독일 특유의 기업 지배구조는 오늘날과 같은 급변하고 기업여건 변화에 신속히 대응하지 못하게 하는 장애 요소가 되었다. 그 결과 독일 경제는 1990년 후반에서 오늘에 이르기까지 1퍼센트 정도의 성장세를 실현하며 두 자리 수의 실업률을 보여 왔다. 그래서 지난번 사회민주당의 슈레더 정권마저 '국정 어젠다 2010'을 내걸고 기업하기 좋은 여건 만들기 위한 개혁을 추진한 바 있으며 현재 집권하고 있는 기독교민주당의 앙겔라 마르켈 정부는 더욱 강력한 친기업적 방향의 시책을 펴고자 온갖 힘을 쏟고 있다. 그러나 인기영합적인 정책을 개혁하기 위한 국정 어젠다를 실천하기란 너무나 어려운 정치적 현실에 부닥치게 되었고 현재 독일 정부의 고민도 여기에 있어 보인다. 결론적으로 말해 인기 영합적 시책에 의해 한번 구조화된 문제들의 해결은 단기적으로 거의 불가능하다는 것을 우리는 타산지석으로 삼고 하루속히 국정의 우선순위를 바로잡아 기업하기 좋은 여건을 만드는 일에 전력을 경주해야 할 것이다.

〈제1장〉 2000년대를 맞은 한국경제의 새로운 도전

사회지도층이 변해야 한국경제 살아난다

경제수석비서관, 재무부 장관 등을 역임한 사공 일 세계경제연구원 이사장은 IMF 특별고문, ASEM비전그룹 의장 등 국제적으로 많은 활동을 하고 있는 대한민국의 대표적 경제 원로다. 최근에도 미국, 중국, 필리핀, 싱가포르, 베트남 등지에서 열린 각종 국제경제회의에서 좌장이나 주제 발표자로 참여한 바 있는 그는 〈한경비즈니스〉와의 인터뷰를 위해 아침 일찍 세계경제연구원 사무실에 모습을 나타냈다. 취재진이 약속시간보다 조금 일찍 사무실을 찾은 까닭에 사공 일 이사장은 약속 시간에 맞게 도착하고도 약간 당황한 기색이었다. 하지만 이내 경제 원로의 '한국경제 해법을 듣기 위해 뵈러 왔다'는 인터뷰 취지를 설명하자 마치 강연을 준비해 온 듯 많은 얘기를 물 흐르듯 쏟아냈다. 그 동안 한국경제에 대해 할 말이 많았다는 얘기다.

"경제성장은 복리의 게임"임을 강조한 사공 일 이사장은 "무엇보다 성장잠재력을 제고하는 게 우선"이라고 말했다. 그가 말하는 한국경제의 해법은 의외로 간단했다. 지금 우리가 어떤 시대적 여건 속에 살고 있는가를 잘 알면 해답은 명확하다는 게 인터뷰 내내 그가 반복해 말한 내용이었다. 영상의 기온을 회복한 바깥 날씨처럼 맑고 명쾌한 답변이 이어졌던 사공 일 이사장과의 일문일답을 소개한다.

한국경제의 현주소는.

"현재 한국은 1인당 국민소득이 겨우 2만 달러 수준에 와 있다. 선진국까지 아직 가야 할 길이 멀다. 그런데 한국경제의 성장잠재력은 예상외로 크게 줄고 있어 문제가 심각하다. 경제성장은 복리의 게임이다. 그래서 경제성장률이 약간만 차이가 나도 10~20년 후에는 그 격차가 엄청나게 커진다."

〈제1장〉 2000년대를 맞은 한국경제의 새로운 도전

성장잠재력을 끌어올리는 게 급선무인 것 같다.

"그렇다. 우선 성장잠재력을 결정하는 세 가지 중요 요소를 살펴보자. 그 세 가지 요소란 노동투입량과 자본축적, 그리고 흔히 경제학자들이 총요소생산성이라고 부르는 경제 전체의 효율성이다. 그런데 한국은 고령화가 급속히 진행 중이고 근로시간도 많이 줄었다. 그래서 투자와 경제 전체의 효율성을 더욱 제고해야 한다."

최근 기업의 설비투자가 무척 저조하다.

"최근 들어 조금씩 늘어나고는 있지만, GDP 대비 설비투자 비중이 환란 전에 비해 너무 낮아 걱정이다. 따라서 어떻게 하면 기업 환경을 개선해 투자를 늘릴지가 우리 경제의 큰 과제다. 정치를 안정시키고 국가 안보를 튼튼히 하고, 정부정책의 일관성을 유지하는 일도 중요하며, 각종 규제 완화와 노사안정, 그리고 현재 우리 사회에 퍼져 있는 반기업 정서의 불식 등도 이룩돼야 한다."

역시 기업 환경 개선이 시급하다는 뜻으로 보인다.

"오늘 우리는 이른바 세계화시대에 살고 있다. 이 세계화시대는 일자리가 국경을 자유로이 넘나드는 시대다. 따라서 일자리를 창출하는 기업을 유치하고 기업이 성장할 수 있는 환경을 개선하는 일이 시급한 것이다. 국민 복지 향상을 위해 일할 의욕과 능력을 가진 우리 국민 모두에게 생산적인 일자리를 마련해 주는 것이 무엇보다 중요한 것이기 때문이다."

오늘 경제가 정치에 휘둘리고 있다는 지적이 적지 않다.

"우리는 강력한 대통령 책임제를 하는 나라다. 따라서 대통령의 힘이 실린 경제총수와 경제팀이 소신 있게 일할 수 있는 여건을 만들어 준다면 정치논리를 최대한 막아낼 수 있을 터인데, 현재 그렇지 못한 데 문제가 있다. 그리고 국정의 우선순위가 경제에 두어져 있지 못한 데도 문제가 있다."

정부의 경제정책에 대해 하시고 싶은 말씀은.

"내가 지난 10여 년간 줄곧 주장해 온 바이지만, 우선 우리 정부 경제정책의 기획조정기능을 강화해야 한다. 정부 조직은 정부에겐 목수의 연장과 같은 것이다. 그래서 정부조직부터 정비를 해야 한다. 그리고 명실상부한 정부 내 경제총수가 있어야 하고 경제를 보는 시각이 비슷한 경제팀과 함께 오래 일할 수 있게 해야 하는 것이 급선무다. 현재의 각종 정책의 혼선과 일관성 부족은 이러한 정부의 조직과 그 운영에서 비롯된 것이 많다."

반값 아파트 등 경제정책에서도 포퓰리즘에 근거한 주장이 많은 듯하다.

"얼마 전에 타계한 20세기가 낳은 최고 경제학자 중 한 분이었던 밀턴 프리드먼은 "공짜 점심은 없다"는 말로 더욱 유명했다. 그것은 점심을 아무 대가 없이 그냥 사주지 않는다는 뜻보다는 점심을 짓는 데는 자원이 소요되었고 누군가는 그 대가를 지불했다는 말이다. 그런 측면에서 반값 아파트의 반값은 누군가 지불하며, 그것이 가능한가를 따져봐야 한다. 경제 원리를 무시한 인기 영합적인 정책들은 결국 경제를 멍들게 함으로써 후손들이 큰 대가를 치르게 된다."

결국 지도층이 잘해야 한다는 뜻인 것 같다.

"그렇다. 오늘의 기성세대와 사회지도층이 잘해야 한다. 멀지 않은 곳에 있는 필리핀을 보면 1960년대 초반에 우리의 1인당 국민소득의 3배 정도이던 필리핀은 현재 우리 소득의 10분의 1에도 못 미친다. 우리도 잘못하면 다른 나라와 거꾸로 될 수 있다."

원화절상 추세가 한국경제의 체력을 벗어난 게 아니냐는 견해가 있다.

"환율이란 화폐간 교환비율 아닌가. 그래서 원화가치의 절상은 미국 달러가치의 절하를 뜻한다. 그런데 미국 경상수지 적자 규모라든지 현재 경기가 서서히 하강한다든지 하는 요소 등을 볼 때 미국 달러화는 앞으로 상당기간 약세를 면할 수 없을 것이다. 따라서 우리 원화의 절상 정도와 속도가 문제가 되겠지만 우리 기업은 원화절상에 대비해야 할 것이다. 정부가 나서야 한다는 소리도 있으나 지금처럼 세계 금융 시장에서 거래되는 외환 규모와 각종 거래 방식 등을 고려할 때 정부가 나서서 시장의 대세를 크게 바꿀 수 없다."

한·미 FTA 추진에 대해 의견이 분분하다.

"미국은 전 세계에서 가장 큰 시장인 동시에 제도적으로나 기술 면에서 가장 앞선 나라인 만큼 한·미 FTA 추진은 분명 한국경제에 긍정적이다. 무엇보다 한·미 FTA를 통해 한국경제는 제도 개선, 경쟁 촉진 등의 효과를 얻고 경제 효율성을 높이는, 단순하게 계산하기 어려운 이점을 얻게 된다. 특히 금융, 의료, 교육, 법률 등 전 분야에 걸쳐 서비스 산업이 선진화되는 계기가 될 것이다."

유독 반대의견이 많지 않은가.

"정해진 시한 내에 끝내야 한다는 점 때문일 것이다. 미국의 무역촉진권한(TPA)에 따라 양국 정부는 협상 데드라인을 2007년 3월로 보고 있다. TPA는 사실상 통상협상의 권한을 가진 미 의회가 대통령과 행정부에 부여한 무역협상 권한이다. TPA가 소멸되면 의회는 행정부가 타결한 무역협정을 수정할 수도 있어 통상협상과 비준이 쉽지 않다. 신중론자들은 '왜 미국 법에 우리가 신경써야 하느냐'는 이야기를 하곤 하는데 문제는 한·미 FTA를 더 필요로 하는 쪽이 한국이라는 사실이다. 미 무역대표부가 한국을 협상 대상국 우선순위에서 배제하고 수출 면에서 경합국인 대만이나 일본과 FTA를 추진한다고 상상해 보면 한·미 FTA가 얼마나 절박하게 필요한 것인지 이해할 수 있을 것이다. 한·미 FTA가 한국경제를 한 단계 성장시키고 성장잠재력을 키우는 중요한 계기인 것만은 분명하다."

2007.
1. 19.

중앙일보

한국경제, 독일병 우려된다

"한국경제가 우려할 것은 일본병이 아니고 독일병이다."

사공 일 세계경제연구원 이사장은 18일 서울 소공동 조선호 텔에서 열린 '제32회 코리아 리더스 포럼'의 주제 발표자로 나서 한 국경제를 조목조목 진단하면서 이같이 말했다. 이 월례 조찬 세미 나 모임은 공학한림원이 주최하고 중앙일보가 후원한다. 이날 주 제는 '융합시대의 국가경제전략'이었다. 이날 패널 토론자로 참석 한 김광두 서강대 교수는 "외국기업과 우리 기업간 경쟁관계에 초 점을 맞춰 문제를 봐야 하는 글로벌시대에 주로 국내시장의 관점 에서 정책을 펼치는 공정거래위원회의 역할과 기능을 고민해 봐야 할 때"라고 밝혔다.

〈제1장〉 2000년대를 맞은 한국경제의 새로운 도전

사공 일 이사장의 한국경제 내셔널 어젠다 3가지

❶ 세계화추세 가속화에 대응

"기업하기 좋은 여건을 만드는 게 국정의 최우선 과제"

"지나친 규제와 간섭을 배제해야 한다"

"불법이 용인돼선 곤란하다. 안보 없이 투자 없다"

❷ 중국경제의 재부상에 대응

"청나라 말기~마오쩌둥 정권 기간 제외하면

중국은 늘 세계 GDP의 20% 이상을 생산한 경제대국"

"중국의 이웃효과를 최대한 활용해야"

"13억 인구를 겨냥한 최첨단 산업과 서비스 산업

발전시켜야"

❸ 중국경제의 재부상에 대응

"창의력을 최대한 발휘할 수 있도록 하는

교육개혁 이뤄져야"

"올바른 지식을 최대한 함양하고 조장할 수 있는

교육제도 마련 시급"

"남과 더불어 사는 지혜와 세계화시대의

국제적 안목을 가진 인재 양성해야"

사공 일 이사장의 주제 발표 내용은 다음과 같다.

일본식 장기불황과 독일식 장기침체는 증상은 비슷하지만 원인과 내용이 다르다. 금융 부실에서 발생한 일본병과 달리 독일병은 경직된 노동시장, 지나친 정부규제, 과다한 사회복지에 기인한다. 한국경제는 상당 부분 독일 정부가 위기를 절감한 쪽으로 향하고 있다. 독일병은 독일인들도 감히 빠져나오지 못할 정도로 구조화돼 있다. 독일은 1990년 후반 이후 1퍼센트의 성장률을 보여 왔다.

우리나라도 유연하지 못한 노동시장, 변하지 않은 정부규제, 갈수록 커지는 사회복지 부담 등으로 독일병의 단초를 엿보게 한다. 독일병을 뿌리치면서, 동시에 세계화 추세를 거스르지 않는 정책은 우선 '기업하기 좋은 여건'을 갖추는 일이다. 현재의 노사 갈등과 지나친 정부규제는 기업들이 한국을 고집할 이유가 없게끔 만든다. 이번 현대차 사태에서도 드러났듯 법을 어기는 행위를 용납하는 사회 분위기가 노사관계를 어렵게 만든다.

최근 하이닉스반도체의 경기도 이천 공장 증설 문제도 정부의 지나친 규제와 관련됐다. 세계화시대에 정부가 국토 균형발전을 내세워 공장을 지방에 증설하라고 하면 기업들이 말을 듣겠는가. 중국이나 동유럽으로 갈 것이다. (이날 포럼의 진행을 맡은 윤종용 삼성전자 부회장은 "중국에 공장을 짓겠다고 하면 지방정부가 앞장서 길 닦아주고, 공짜로 땅 빌려주고 건축 신청 다음날 허가가 나온다"고 말했다.)

〈제1장〉 2000년대를 맞은 한국경제의 새로운 도전

정부정책의 일관성 부족도 문제다. 경제를 책임지는 장관이 너무 자주 바뀌다 보니 경제 관리들도 자주 교체돼 문제다. 대통령이 자신의 뜻과 맞는 경제팀을 구성해 자주 만나면서 임기 내내 정책의 일관성을 유지해야 하는데 그렇지 못하다. 이는 대통령 책임제의 장점을 스스로 포기하고 의원내각제의 단점을 답습하는 꼴이다.

성장과 분배, 양자택일 문제 아니다

올 대선에서는 '먹고 사는 문제'가 화두가 될 것이라고들 한다. 그만큼 서민들의 삶이 팍팍해졌다는 얘기다. 빈부 격차를 심화시키는 경제 양극화 문제는 우리 사회 갈등의 핵심요인으로 지목된다. '먹고사는 문제'가 성장 vs 분배, 시장주의 vs 국가주의 식의 이분법적 잣대로 나뉘면서 이념 갈등을 부채질하고 있다는 지적이다. 청와대 경제수석과 재무부 장관을 역임한 사공 일 세계경제연구원 이사장은 정치권의 이런 논쟁을 "허수아비를 두들겨대는 것에 불과하다"고 꼬집었다. 그는 "성장 없는 분배를 말할 수 없고, 분배를 무시한 성장을 상상할 수 없듯이 양자택일할 문제가 아니다"며 "실체도, 의미도 없는 시대착오적 논란"이라고 했다. 사공 일 이

사장은 최근 한국의 상황을 '리더십의 위기'로 요약하면서 "지금 지도자는 바깥세상이 어떻게 변화하는지 정확히 알고, 국민들에 비전을 제시해 국민의 에너지를 결집시킬 수 있는 미래지향적 리더십을 보여줘야 한다"고 강조했다.

경제 양극화가 우리 사회 통합의 위기를 가져왔다는 지적이 많다. 하지만 정부, 경제계, 학계에서는 그 원인과 해법에 대한 입장이 각기 다르다. 이 문제를 어떻게 접근해야 하는가.

"양극화는 우리가 살고 있는 시대적 측면에서 봐야 한다. 지금 우리가 살고 있는 시대는 지식기반 경제시대다. 이 시대에는 양질의 교육을 받은 사람과 그렇지 못한 사람, 필요한 기술을 가진 사람과 그렇지 못한 사람 간 소득 격차가 아주 크게 벌어진다. 외국에서도 고교 졸업 근로자와 대학 졸업자 간 소득 격차가 더 커지고 있다. 이 문제를 근본적으로 해결하기 위해서는 온 국민이 양질의 교육을 받을 수 있는 기회가 제공돼야 한다. 그런 의미에서 교육개혁이 돼야 하고, 공교육이 바로 서야 한다. 지금 사교육에 의존하는 사람들이 많은데 가난한 사람은 사교육을 받을 수 없다. 그러면 빈곤의 세습화가 이뤄진다. 근로자의 경우 훈련, 재훈련 기능을 강화해 실직을 막고 더 좋은 일자리를 갖게 하는 쪽으로 사회안전망을 만들어줘야 한다. 더욱 중요한 건 근로자들이 양질의 일자리를 갖게 하는 것이 양극화 해결의 첩경인 만큼 기업하기 좋은 여건을 만들어야 한다."

어떤 방향으로 교육개혁이 이뤄져야 한다고 보는가.

"공교육은 능력 있고 머리 좋은 사람은 영재교육 등 그에 맞는 교육을 받을 수 있도록 하고 뒤떨어지는 사람은 도와주는 제도를 갖춰야 한다. 교육의 수월성 추구는 제쳐 두고 보편성만 강조하면 하향평준화 된다. 국제경쟁에서 이길 수가 없다. 교육개혁은 개방과 자율밖에 없다고 본다. 평준화와 '3불(不) 정책'(본고사 · 기여입학제 · 고교등급제 금지)은 이 시대에 맞지 않다."

하지만 개방을 하면 양극화가 더 심화될 것이라는 주장도 있다. 한미 자유무역협정 추진을 둘러싸고도 찬반 논란이 심하지 않은가.

"개방을 하면 양극화가 심해진다는 건 이론적으로, 실증적으로 맞지 않는 하나의 주장이다. 세계화 추세에 반대한다면 그 대안이 뭔지 밝혀야 한다. 중국은 10년간 노력해 세계화에 합류했고, 북한은 세계화에 역행해 함께 굶는 평준화된 나라가 됐다. 지도층이

〈제1장〉 2000년대를 맞은 한국경제의 새로운 도전

국민에 대안을 제시하고 국민으로 하여금 판단하게 하는 게 중요하다. 과거지향적이고 바깥세상 돌아가는 것을 모르면 국제경쟁에서 살아남을 수 없다. 19세기 말 우리나라가 바깥세상 돌아가는 것을 모르다가 나라까지 잃지 않았나. 고통스럽지만 개방과 경쟁을 통해 시장이 해결토록 하는 방법밖에 없다. 과거식으로 정부가 할 수 있는 시대는 지났다. 오늘날과 같은 세계화시대에는 기업하기 좋은 여건을 만들지 않으면 기업들이 투자하지 않는다."

청와대와 여당에서는 '시장만능주의는 위험하다'며 정부 개입과 주요 사회주체가 참여하는 사회협약 모델을 지향하는데 이 모델은 대안이 될 수 없는가.

"경제운영 모델이 크게 영미형과 유럽형으로 구분되는데 나름대로 역사적, 사회적 배경이 있다. 국민이 선택하도록 할 때 분명히 설명해줘야 한다. 평균 실업률이 높은 유럽형으로 가면 실업자를 위해 국민은 세금을 더 많이 내야 한다. 세금 거두는 문제를 먼저 얘기해야 한다. 경제성장률도 미국형보다 낮다. 성장속도가 늦어지면 중진국에서 선진국으로 가는 시간이 길어진다. 다음 세대에서 유럽형으로 가자는 건 좋은데 그렇다면 국민이 세금을 두 배씩 더 낼 각오가 돼 있느냐, 성장속도가 늦어져도 괜찮으냐, 이런 것들을 분명히 얘기해야 한다."

이번 대선에서 경제문제가 주요 이슈가 될 것 같다. 어떤 의제가 가장 중요한 정책 쟁점이 돼야 하는가.

"성장잠재력을 어떻게 하면 높일 것이냐는 점이다. 노동력 투입 측면에서 보면 저출산과 노령화, 근로시간 단축 등으로 성장 잠재력이 자꾸 떨어질 수밖에 없다. 그걸 메우기 위해서는 투자를 통한 자본 투입량을 높이고 경제 전반의 효율성을 높여야 한다. 이를 위해 개방, 자율, 그리고 기업하기 좋은 여건을 만들 방안을 내놓아야 한다. 우리는 선진국으로 가는 길이 멀어 성장률 1퍼센트 차이도 중요하다. 경제는 '복리 게임'이기 때문에 성장률 1퍼센트가 10년이 되면 엄청난 차이를 만들어낸다. 1960년대 초반 필리핀이 우리보다 소득수준이 3배 높았는데 지금은 우리의 10분의 1 수준이다. 우리의 성장률이 높았기 때문이다. 대통령 후보들이 몇 퍼센트 경제성장률을 얘기하는 게 중요한 게 아니라 어떻게 하겠다는 것이 쟁점이 돼야 한다. 앞서 말한 교육개혁도 성장잠재력을 높이는 한 방안이다."

한국경제의 가장 큰 문제는 성장잠재력의 저하인가.

"2차대전 이후 생성된 140여 개발도상국 중 경제발전과 민주화를 동시에 이룬 나라는 우리나라가 유일하다. 대단한 나라다. 고통스러웠던 환란을 겪었으나 전화위복이 된 측면도 있다. 많은

〈제1장〉 2000년대를 맞은 한국경제의 새로운 도전

구조조정이 이뤄졌다. 반면 민주화는 됐다고 하지만 정치는 가장 뒤처져 있다. 나는 우리 사회의 가장 큰 문제가 리더십의 위기라고 본다. 성장잠재력을 높이려면 정치안정, 한미 동맹관계, 외교안보 강화가 돼야 하는데 그건 정치 쪽에서 해야 할 일이다."

다음 대통령은 어떤 리더십을 갖춰야 하는가.

"우리나라는 태생적으로 바깥세상 돌아가는 걸 남보다 더 잘 알고 잘 적응해야 살아남을 수 있다. 국제적 안목을 갖고 바깥세상을 잘 아는 대외지향적 리더십이 나와야 한다. 과거지향적이 아니고 미래지향적, 폐쇄적이 아니고 개방적 리더십을 갖고 국민에 비전을 제시해야 한다."

지식기반경제 심화와 중국부상에 현명한 대처를

지정학적 측면

한국은 지정학적 측면에서나 지경학적 측면에서 볼 때 태생적으로 바깥세상 변화를 내다보고, 이에 적절히 대응하는 남다른 지혜가 필수불가결한 나라다. 20세기 초반에 겪었던 망국의 시련도, 20세기 후반의 경제대란 충격도 따지고 보면 바깥세상 변화를 미리 내다보고, 이에 지혜롭게 대응하지 못한 결과 치러야 했던 대가였다. 물론 우리가 지난 40~50년간 이룩한 업적은 눈부신 것으로, 세계경제발전사에 남을 자랑스러운 것이다.

우리나라는 2차대전 이후 생성된 140여 개의 개도국 중 유일하게 경제발전과 정치 민주화에 성공한 나라다. 그러나 성공이 가져다 준 타성과 관성에 젖어, 바깥세상 변화를 제대로 이해하고 이에 적절히 대응하지 못한 결과, 지난 세기 말에는 환란과 함께 심각한 경제적 위기를 맞았던 것이다. 반면에 환란과 경제위기는 한국인으로 하여금 바깥세상 변화의 특성을 어느 정도 이해하고 대응하게 하는 전화위복의 기회를 제공한 것도 사실이다. 그러나 우리 사회는 현재도 가파른 속도로 진행되고 있는 세계경제 여건 변화에 적절히 대응하지 못하고 있다.

따라서 아직도 일류 선진국을 향해 가야 할 길이 먼 우리나라는 국가경쟁력 배양을 통해 경제성장잠재력을 최대한 길러 나가야 한다. 이를 위해 우리는 세계경제 환경 변화의 큰 흐름과 특성을 잘 파악하고, 이 도전을 지혜롭게 극복하면서 그 이점을 최대한 활용할 수 있는 올바른 전략 선택과, 적절한 대응책을 펴 나가는 것이 무엇보다 중요하다.

세계경제질서 변화를 가져 온 4가지 요소는 첫째, 세계화 추세의 가속화, 둘째, 지식기반 경제 심화, 셋째, 세계경제력 균형 변화, 마지막으로 중국경제의 빠른 재부상이다. 세계화는 경제뿐 아니라, 정치·사회·문화·환경 등 모든 분야에 걸쳐 일어나는 현상으로, 이른바 디지털 혁명에 따른 빠른 기술혁신으로 우리가 살고 있는 이 지구 전체가 하나의 지구촌화하는 현상이다.

경제적 측면에서 세계화는 세계경제가 하나의 지구촌 경제로 통합되는 현상으로 이해할 수 있다. 이러한 현상은 사람과 정보, 자본과 기술, 재화와 용역이 자유로이 유통될 수 있기 때문이기도 하지만, 기업의 입지가 물리적 거리에 크게 구애받지 않고 이룩될 수 있기 때문에 더욱 가속화되고 있다. 이것은 결국 기업과 함께 '일자리'가 국경을 자유로이 이동할 수 있다는 것도 주목할 만하다. 또한 우리는 오래전부터 미래학자들에 의해 예견되어 온 정보화시대 혹은 지식기반 경제시대, 제3의 물결 시대가 급속히 진전되고 있는 과정에 있다.

단일-다극 체제로

여기에 2차대전 이후 미국 주도 하에 이뤄지던 세계경제질서가 1960년대 말에서 70년대에 들어오면서 미국경제의 상대적 약화와 전후 경제력 회복에 성공한 유럽의 내부지향적 지역통합 우선 시책으로 기존 다자주의에 기초한 국제 질서에 더욱 큰 변화를 가져오게 됐다. 세계화 이점을 최대한 활용하기 시작한 중국·인도 등 후발 신생 경제의 눈부신 발전으로, 세계는 하나의 초강대국인 미국과 함께 EU·일본·중국 등 몇 개의 주요 경제대국으로 구성된 단일-다극 상황 하에 놓이게 됐다. 이러한 정치경제적 상황 하에서 다자주의 체제 유지는 상대적으로 어려워지고, 경제적 이해관계에 따른 지역주의 추세가 강화될 소지가 커졌다. 특히 13억 인구의 중국경제 부상과 저력은 2차대전 후의 일본이나, 1960~70년대 한국의 개발연대를 앞지를 정도로 눈부시다. 특히 바로 인접해 있는 우리나라는 이러한 중국경제의 도약을 바르게 이해하고 이에 적절히 대응해야 할 것이다. 중국은 지난 2000여 년의 세계 역사상 19세기 중엽부터 1970년대 말에 이르는 140~150여 년을 제외하고는 전 세계 GDP의 20퍼센트 이상을 생산했던 경제대국으로, 유럽에서 산업혁명이 상당히 진전된 1820년에도 세계 GDP의 33퍼센트를 차지했던 나라다. 이 같은 세계경제 환경 변화 속에서 우리 역시 대비하지 않으면 안 된다. 첫째, 세계화 추세에 맞게 정책 우선순위를 정하고 이에 대응해야 한다. '일할 능력'과 '일할 의욕'이 있는 국민 모두에게 생산적 일자리를 마련해 주기 위해 기업하기 좋은 여건을 만드는 일에 국정의 우선순위를 부여해야 한다.

국정 우선순위

흔히 기업하기 좋은 여건을 논의할 때 금리와 세율, 자금공급 등 경제적 정책 변수들을 생각하나, 이에 더해 적절한 사회간접자본 시설을 잘 구비하고 기업에 대한 필요 이상의 규제와 간섭을 없애는 것도 포함돼야 한다. 기업에 대한 정책의 일관성을 유지함으로써 예측 가능성을 제고하고, 적절한 거시경제정책을 통해 경제를 안정시키는 것도 중요하다. 또한 기업은 경제적 여건 속에서만 존재하며 꾸려지는 것이 아니라, 국가 안보·정치·문화·사회 등 여타 제도적 여건이 갖춰져야 한다. 따라서 국가 안보를 튼튼히 하며, 정치를 안정시키고, 사유재산권을 최대한 보호하는 등 법치를 통한 투명하고 공정한 사회를 만드는 일도 중요하다.

둘째로 지식기반 경제시대에 걸맞은 인력 양성을 위해 교육개혁이 절실하다. 현재 한국은 5000년 역사상 처음으로 유리한 고지에서 국제경쟁에 임할 수 있는 기회를 맞고 있다. 이는 이른바 제1·2물결의 시대와는 달리 지식과 사람이 가장 중요한 제3의 물결 시대에 우리는 세계에서 가장 높은 교육열을 갖고 있는 나라기 때문이다. 그러나 새로운 시대에 경쟁력 있는 인적자원을 길러 낼 수 있는 교육제도 마련을 위한 개혁이 시급하며, 이에 국정의 우선순위가 주어져야 한다. 눈부신 기술 발전에 따른 산업 융합화 시대에 국가경쟁력 원천은 국민적 창의력이며, 차세대의 창의력을 최대한 조장할 수 있는 교육제도 마련을 위한 진정한 교육개혁이 이룩되어야 한다. 또한 남과 네트워킹을 하고 전략적 제휴를 하며, '남과 더불어 사는 지혜'와 세계화시대에 걸맞은 '국제적 안목'을 지닌 인재 양성에 힘써야 한다. 교육개혁의 근간은 '경쟁'과 '자율'이어야 하며, 초·중등 교육의 질적 향상을 위해 공교육을 바로 세우는 일이 무엇보다 우선되어야 할 것이다.

세계적 교육 허브 가능

전통적으로 교육에 대한 수요가 지나칠 정도로 높은 우리나라는 경쟁과 자율, 그리고 개방의 여건이 마련될 때 중·장기적으로 세계적 교육 허브가 될 수 있는 충분한 소지를 갖고 있다고 본다.

셋째, 세계경제력 균형의 변화와 이에 따른 지역 추세 강화에 적극 참여해야 한다. 국제무대에서 상대적으로 힘이 약한 우리는 다자주의 원칙에 충실하고, 다자주의 체제 강화에 적극 앞장서야 할 것이다. 다만 앞으로 상당 기간 현재의 단일-다극 체제적 국제정치 · 경제 상황이 지속되어, 다자주의보다는 지역주의적 추세가 세계경제질서에 더욱 큰 영향을 미치게 될 것으로 보여, 우리가 지역주의 추세에서 소외됨이 없도록 해야 한다. 이에 따라 협상이 끝난 한·미 FTA의 국회 비준 동의 절차를 조속히 마무리하고, EU와의 FTA 협상도 빠르게 추진되어야 한다.

중국경제 부상은 우리에겐 기회이면서 위기다. 13억 인구의 중국은 과거의 저력과 영광을 되찾으려는 굳은 의지를 바탕으로 각종 정치·경제·사회적 도전을 극복하고 앞으로 상당 기간 고속 성장세를 유지할 것으로 보인다.

중국이 향후 해결해야 할 과제는 첫째, 사회주의 정치 체제와 시장경제 체제의 조화 문제, 둘째, 연안 지역과 내륙 지역 간의 소득 격차 해소 문제, 셋째, 부실 국영은행 및 국영기업 처리문제 등이 있다. 그러나 중국은 1인당 국민소득이 3,000~4,000달러 수준에 이르도록 향후 10~15년간은 이러한 문제들이 있음에도 불구하고 고속 성장세를 유지해 나갈 가능성이 높다. 따라서 우리도 중국이 명실상부한 초강대국으로 재부상하게 될 것이란 전제 하에 올바른 대응책을 마련해야 할 것이다. 무엇보다 우리는 중국의 심장부에 위치한 것과 같은 지리적 여건의 이점을 살려 중국의 이웃효과를 최대한 활용해야 할 것이다.

글로벌 마인드
키워야
국가와 기업이
산다

세계경제연구원은 지난 1993년 설립된 이후 사공 일 이사장의 설립 취지에 따라 세계사적 대변기의 특성과 정책, 전략적 함축성을 올바르게 이해하는 데 도움이 될 수 있도록 수많은 세계적 주요국 및 주요국제기구의 정책담당자, 세계적 기업인과 언론인 등을 초청해 그들의 고견을 청취하는 포럼 활동을 활발하게 펼쳐오고 있다. 본지에서는 사공 일 세계경제연구원 이사장을 만나 국내경제상황과 함께 세계화에 대한 우리의 대응 방법을 들어봤다. 사공 일 세계경제연구원 이사장은 국내에서는 80년대 재무부 장관을 지낸 경제통이다. 그는 특히 주요국 국제회의와 세미나 등에 초청 받아 세계 최고의 지성들과의 허심탄회한 의견 교환을 통해 그들과의 교분을 돈독히 하는 일들도 해오고 있다. 또한 세계경제연구원은 세계화시대에 적절히 대응할 수 있는 국민적 안목과 지혜를 늘리기 위한 각종 국제포럼을 펼치고 있다. 세계경제연구원은 세계화 추세에 걸맞은 국민의 사고개혁 및 국가기관, 기업 CEO, 학계를 막론하고 세계화 강연을 활발하게 활동하고 있다. 특히 사공 일 이사장은 국내에서는 고려대학교 석좌교수로 후진들을 위한 특별강의, 그리고 국내 주요 대학 및 주요 포럼에서의 특강, 그리고 각종 국내외 언론매체에 꾸준히 기고 활동을 하면서 주목받고 있다.

세계경제연구원 15년째 운영

사공 일 이사장은 1988년 12월 한국을 떠나 1년간 미국에서 한국경제에 관한 집필과 IMF 특별고문 등의 활동을 한 후 귀국해 비영리 단체인 세계경제연구원을 창립해 15년째 운영하고 있다. 현재 세계경제연구원의 주요 사업으로는 저명한 국제인사 초청 특별강연회, 서울세계무역포럼, 각종 국제 심포지엄 및 세미나와 함께 폭넓은 국제협력 사업을 펼치고 있다. 이들 사업을 통해 세계적인 석학, 국제기구 정책책임자, 그리고 주요국의 업계, 정계 인사들의 폭넓은 의견을 개진함으로써 정부정책 수립과 국내기업의

〈제1장〉 2000년대를 맞은 한국경제의 새로운 도전

경영전략 선택, 그리고 국민 모두의 국세적 안목을 넓히는 데 도움을 주고 있다. 특히 한국무역협회와 공동 운영하고 있는 '서울세계무역포럼'은 세계경제질서 형성에 주도적 역할을 맡고 있는 국제기구의 고위정책담당자와 영향력 있는 각계의 전문가들과 함께 좀더 자유로운 새로운 세계경제질서 창출과 유지, 그리고 이에 대한 한국의 역할과 리더십에 관한 논의를 펴는 전통 있는 포럼으로 외국에 더욱 잘 알려져 있다. 이러한 포럼을 통해 이들 외국 인사들이 한국을 더 잘 이해하고, 나아가 한국의 지도급 인사들에게 이들과의 네트워크를 형성할 수 있는 기회가 제공되는 측면도 중요하다.

무한경쟁시대에 국가경쟁력 키우는 것이 최우선이다

사공 일 이사장은 국내 많은 CEO가 거론하는 중국과 일본 사이에서의 '샌드위치 위기론'은 현재 가속화되고 있는 '세계화'의 측면에서 보면 전혀 놀라운 일이 아니라고 잘라 말한다. 그는 "세계화시대는 중국과 일본 뿐 아니라 세계 모든 나라의 기업들과의 무한경쟁시대다. 따라서 국가경쟁력을 최대한 키워 우리 경제의 성장잠재력을 최대한 배양하는 일이 무엇보다 중요한 것임을 잊지 말아야 한다"고 강조한다. 이를 위해 사공 일 이사장은 기업의 일할 의지를 북돋아 주며, 생산적이고 협조적인 노사관계 창출, 각종 제도개선과 경쟁의 활성화로 민간투자를 최대한 늘리고 우리 경제의 효율성을 최대한 제고해야 함을 거듭 강조한다. 이는 곧 기업하기 좋은 여건을 만드는 일이며 이를 위해 법치가 이룩되고 국가 안보와 정치안정이 이룩되어야 함은 물론이라고 덧붙였다.

'교육개혁'은 국가경쟁력 배양을 위해 필수

사공 일 이사장은 오늘날 세계의 또 하나의 큰 추세는 지식기반 경제시대의 심화임을 강조하고 이에 대비하기 위한 교육개혁의 중요성을 역설한다. 토지나 자본보다는 지식이 가장 중요한 전략적 요소인 지식기반 경제시대에 국가경쟁력은 교육에서 나옴을 잊어서는 안 된다는 것이다. 즉 오늘날의 미국, 영국, 독일, 프랑스 등 주요 선진국들마저 교육개혁을 외치는 정치지도자들이 집권하는 현상도 모두 그런 측면에서 이해될 수 있다고 사공 일 이사장은 강조한다. 그리고 이러한 교육개혁은 관련 제도뿐 아니라, 교육의 내용 자체도 세계화시대적 안목을 기르는 방향으로 개편되어야 함을 덧붙였다. 세계화시대는 또 다른 측면에서 보면 네트워킹을 하고 전략적 제휴를 잘해야 경쟁에 이길 수 있는 시대이기도 하다고 강조하는 사공 일 이사장은 우리 2세들에게 남을 더 잘 이해하고 남과 더불어 살 줄 아는 지혜를 길러주는 일이 무엇보다 중요하다는 말을 잊지 않았다.

금융의
세계화시대
잘 대비해야

2007.
7. 25.

문화일보

　　최근 우리사회 일각에서 일어나고 있는 '제2환란' 가능성에
관한 논의를 보며, 다시금 '세계화'를 생각하게 된다. 사실 이 세계
화만큼 일반 국민들이 쉽게 이해할 수 있는 명확한 개념정립 없이
일반화되어 있는 용어도 드물 것이다. 문제는 이 용어를 쓰는 사람
과 쓰는 목적에 따라 달리 쓰이고 있어 비전문가들인 국민 대다수
를 혼란스럽게 할 뿐 아니라, 세계화를 염두에 두고 마련된 각종 정
부정책에 대한 대국민 홍보와 설득을 어렵게 한다는 데 있다. 게다
가 한 때 우리 정부는 개념 정립도 안 된 세계화를 국가가 지향해야
할 목표로 내세운 적이 있어 국민들을 더욱 혼란스럽게 한 바 있다.

'대양의 조수' 같은 자본 이동

세계화를 주로 정보화 관련 기술적인 요인, 즉 디지털혁명과 인터넷의 폭넓은 확산에 따라 불가피하게 일어나고 있는 세계경제 전체의 깊은 통합화 현상 내지 그 과정으로 협의 해석한다면, 이 개념은 정부의 정책 대안 모색과 대국민 설득에 유용하게 쓰일 수 있는 것이 분명하다. 특히 이러한 세계화의 주요 측면일 뿐 아니라, 실물경제의 세계화를 더욱 촉진하고 있는 금융세계화의 경우 더욱 그러하다. 최근에 우리가 겪었던 '제1환란'과 '제2환란' 가능성을 이러한 세계화에 비추어 한번 생각해 보자. 물리적으로 세계 여러 곳에 흩어져 있는 금융시장은 이제 정보화 관련 기술의 눈부신 발달과 함께 실시간으로 24시간 가동되고 있을 뿐 아니라, 거액의 단기자금 유·출입이 순식간에 이루어지는 하나의 거대한 지구촌 금융시장의 일환으로 통합되어 있다 해도 과언이 아니다. 이러한 금융의 세계화 여건 하에서 상대적으로 폭이 좁고 심도가 얕은 중·소규모 금융시장의 경우, 단기 자본의 흐름 기복에 더욱 큰 영향을 받을 수 있다는 것은 자명한 일이다. 어느 전문가는 이러한 현상을 "세계적인 자본 이동은 대양의 조수와 같아서 수심이 깊은 해역에서는 그 위력을 잘 느낄 수 없지만, 수심이 얕은 해역에서는 엄청난 파급효과를 미치게 된다"고 알기 쉽게 설명한다. 돌이켜 보면 1997년 말 우리나라가 첫 환란을 겪었을 때, 우리의 금융시장은 대외 개방도가 상대적으로 낮아 세계 금융시장에의 통합도가 현재보다 월

등히 낮았던 것이 사실이다. 그럼에도 불구하고 우리나라는 총외채 중 거의 60퍼센트에 달했던 높은 단기외채 비중, 은행을 위시한 금융기관의 근본적인 취약성, 그리고 경쟁력을 제대로 갖추지 못한 우리 기업의 구조적인 부실에 따라 급기야 동남아에서 시작된 환란에 전염되었던 것이다. 태국과 인도네시아 경제와 우리 경제의 실물 경제적 관계가 그렇게 크지 않았음에도 불구하고 이들의 환란이 우리나라에 전염된 것은 금융의 세계화와 유관한 것 아니겠는가.

구조조정 서둘러 체질 강화를

최근에 제기되고 있는 제2환란 가능성에 관한 논의는, 현재 외국인 주식보유비율이 거의 30퍼센트선에 달하고 있을 뿐 아니라 우리 금융시장 전체가 세계 금융시장에 상당히 깊게 통합되어 있는 상황 하에서, 단기외채비중이 계속 늘어나 현재 총외채의 35퍼센트선에 이르고 있는 사실에 주의를 환기시키고 있는 것으로서 가볍게 일축해버릴 수 없는 것이다. 1997년 환란 당시의 30억 달러 수준에서 6월 말 현재 902억 달러로 늘어난 외환보유고와 동남아 제국을 포함한 여러 신흥시장 경제국들에 비해 상대적으로 건실한 우리 경제의 현황을 고려할 때, 현재 동남아 몇몇 나라의 외화불안 정도의 문제로 지금 곧 제2환란을 겪게 되리라고는 보기 힘들다. 그러나 아무도 장담하기 어려운 미국경제의 연착륙 여부와 세계 주요 기축통화 간의 환율 불안에 따른 국제금융의 체제적 불안 가능성 등을 고려할 때, 우리는 언제나 제2의 환란 가능성을 안고 있다는 것도 사실이다. 따라서 아직도 미진한 금융·기업구조조정의 신속한 마무리와 함께 거시경제를 건전하게 운영함으로써, 외부 환란의 전염을 통한 제2환란을 사전에 예방하는 노력을 배가해야 한다.

특히 금융의 세계화시대에 적절히 대응할 수 있는 새로운 '세계금융체제'에 대한 지구촌 전체의 중지가 곧 모아질 것으로 보기 힘든 현시점에서, 개별 국가 차원에서 할 수 있는 모든 대응책을 강구하는 일은 더욱 중요하다. 또한 인근 나라들과의 협력강화를 통해 환란의 사전예방과 유사시 신속한 사후 수습을 기하는 일도 중요하다.

이제 세계화와 금융 세계화는 좋든 싫든 수용할 수밖에 없는 하나의 세계사적 큰 흐름이다. 따라서 우리는 이것의 장점은 최대한 활용하되, 단점과 부작용을 최소화하는 지혜를 발휘할 수밖에 없다는 사실을 명심해야 한다.

〈제1장〉 2000년대를 맞은 한국경제의 새로운 도전

제2 한강의 기적 만들자

다음은 사공 일 전 재무부 장관(현 세계경제연구원 이 사장)이 9월 17일 고려대 일민 미래국가전략 최고위과정에서 한 강연을 발췌 정리한 내용이다. '세계 속의 한국경제: 내일을 위한 국정 어젠다'를 주제로 이뤄진 이날 강연에서 사공 일 전 장관은 세계경제의 네 가지 큰 흐름 속에서 한국경제의 현재와 미래를 진단하고 있다. - 편집자 -

지난해 우리나라 1인당 국민소득(GNI)이 약 1만 8000달러였다. 올해서는 2만 달러 수준이 될 것이다. 지난해 수출 총액은 3200억 달러를 넘어 교역 면에서 세계 11, 12위를 기록했다. 수출 내용도 반도체, 자동차, 무선통신기기, 조선, 철강, 석유제품 등 과거에는 생각도 못했던 것들이 주종을 이뤘다. 어떻게 해서 이 모든 것이 가능했는가. 이와 관련해 우리가 반드시 기억해야 할 사실은, 당시 국민의 모든 역량을 결집할 수 있게 한 올바른 국정 어젠다와 경제발전 전략이 있었기에 한강의 기적이 가능했다는 것이다.

그러면 현시점에서는 과연 무엇이 국정 어젠다가 되어야 하는가. 그것을 찾는 길은 우리 경제를 둘러싼 국제 여건을 둘러보는 것에서부터 시작된다. 돌이켜 보면 20세기 초에 나라를 잃었던 망국의 설움도, 20세기 말에 겪었던 환란과 경제적인 고통도 바깥 상황이 돌아가는 것을 제대로 파악하고 대응하지 못해 벌어진 일들이다. 지금도 마찬가지다. 올바른 국정 어젠다, 올바른 전략을 선택하려면 바깥세상이 돌아가는 것을 잘 이해해야 한다.

지금 우리 경제를 둘러싼 국제 여건을 결정하는 흐름은 크게 네 가지로 정리할 수 있다. 이 네 가지 흐름을 통해 현시점에서 우리가 해야 할 일을 명확하게 찾을 수 있다고 생각한다. 첫째 흐름은 여러분이 잘 알고 있는 세계화다. 세계화는 간단히 말해 우리가 살고 있는 지구가 엄청난 속도로 가속화되는 기술혁신에 따라 하나의 조그만 마을이 되는 현상이다. 특히 경제적인 면에서 세계화의 함축성은, 기업이 기업하기 좋은 여건을 찾아 아무데나 가서 입지한다는, 다시 말해 일자리가 국경 없이 자유로워진다는 것이다. 그런 점에서 정치인들이 국민을 위해 해야 할 일은 너무나 자명하다. 바로 기업하기 좋은 여건을 만드는 것이다.

엄청난 기술혁신 시대 세계화에 동참하라

그러면 기업하기 좋은 여건은 어떻게 만드는가. 보통은 경제 여건을 먼저 생각한다. 국제 수준에 맞게 적정 수준에서 금리가 유지돼야 하고, 자금의 공급이 충분해야 하며, 법인세 등 각종 세금도 경쟁국들에 뒤지지 않게 하는 등 경제 변수들을 먼저 생각한다. 이런 것들도 물론 돼야 하지만, 기업이 경제 여건 속에서만 영위되는 건 아니잖은가? 정치를 안정시키고 국가안보를 튼튼히 하는 일들이 모두 기업하기 좋은 조건을 만드는 일환이다.

또 중요한 것이 법치다. 법치화가 되지 않은 나라에 투자가 잘될 수 없다. 경제학에서 이야기하는 거래비용은 법치가 되지 않는 나라에서는 더욱 높을 수밖에 없다. 이와 관련해 얼마 전 신문에 난 KDI 자료를 보면, OECD 30개국 중 우리나라의 준법수준, 즉 법을 지키는 나라의 순위가 밑에서부터 세 번째였다. 우리 밑으로는 멕시코 터키밖에 없다. 흥미로운 것은 준법수준을 OECD 평균만큼만 올리면 1년에 GDP를 1퍼센트 이상 올릴 수 있다는 것이다. 이 점을 강조하는 이유는 이런 것을 사회지도층이 알아야 하기 때문이다. 이런 것들이 모두 경제정책이다.

정부가 정책수단으로 활용하는 규제와 간섭도 시대 여건에 맞게 설정해야 한다. 예컨대 국토 균형발전은 분명 국정에서 우선순위로 둘 만한 목표다. 그러나 그 목표를 위한 수단은 시대 여건에 맞는 것을 선택해야 한다. 예를 들면 과거 국경이라는 칸막이가 높이 쳐져 있을 때는 수도권 투자를 못하게 되면 그 투자가 지방으로 넘어갔다. 그러나 오늘날에는 투자가 지방으로 간다는 보장이 없다. 이것이 미국, 중국, 심지어 슬로바키아까지 갈 수 있다는 것을 알아야 한다.

지금 세계 모든 나라는 법인세율도 내리는 쪽으로 가고 있다. 최근 OECD 학자들이 법인세율을 누가 내느냐에 관한 보고서를 발표했는데, 결론은 근로자들이 지불한다는 것이었다. 돈은 회사가 내는데 실제로는 근로자가 문다는 것이다. 왜 그러냐, 지금 같은 세계화시대에 기업에 세금을 많이 매기면 자본은 그 나라를 떠나게 마련이다. 그러면 투자가 되지 않고, 근로자들의 생산성 향상이 안 되며, 이에 따라 임금이 안 오르고 일자리가 줄어든다. 그래서 거시적으로 보면 근로자들이 법인세를 내는 셈이라는 것이다. 거꾸로 말하면 법인세를 낮추는 것은 근로자를 돕는 길이기도 하다는 것이다. 전 세계가 경쟁적으로 법인세를 인하하는 데는 이런 이유가 있다는 것을 알아야 한다.

두 번째 흐름은 중국의 재부상이다. 중국은 청나라 중기부터 덩샤오핑이 개혁을 하기 이전까지 150년을 제외하고는 과거 2000년 동안 세계 최고의 경제대국이었다. 세계 GDP의 20퍼센트 이상을 중국이 생산했다. 최근 조사를 보면 1820년 당시 중국의 GDP가 세계 GDP의 33퍼센트, 즉 3분의 1이었다. 그만큼 중국은 과거에 큰살림을 해본 나라다. 물론 지금의 중국에는 문제가 많다. 시장경제 체제와 공산당 위주의 정치체제를 어떻게 조화시킬 것인가, 연안지역과 내륙지역의 소득격차는 어떻게 할 것인가, 더 구체적으로는 은행의 부실채권 문제, 국영기업의 비효율성 등 등 문제가 많다. 그렇기 때문에 외국 학자들 중에는 중국의 미래에 부정적인 시각을 가진 사람들도 많다. 하지만 저는 적어도 소득수준이 3000~4000달러에 다다를 때까지 중국이 계속 성장할 것이라고 본다.

중국경제성장의 '이웃효과' 최대한 활용해야

우리는 인구 13억의 중국이 앞으로 잘 나갈 것이라는 전제 아래 대응해야 한다. 지금 중국의 GDP는 세계 전체의 4퍼센트다. 순위로 보면 지난해 영국과 프랑스를 제치고 세계 4위, 즉 미국, 일본, 독일 다음이 중국인데 머지않아 독일·일본을 제치고 2050년 이전에 미국도 제칠 수 있다고 보는 사람이 많다. 이게 무엇을 뜻하는가, 경제뿐만 아니라 외교, 군사, 문화 등 모든 면에서 중국의 영향력이 커지게 된다는 점이다. 우리가 자칫 잘못하다간 지난 5000년 역사를 되풀이해 또다시 중국 변방의 중소국으로 전락할 수 있다는 것을 알아야 한다. 그러면 어떻게 해야 하느냐, 우리 옆에 있는 중국의 경제발전이 우리에게 기회가 되는 측면이 있다는 것을 알고, 그 기회를 활용할 지혜를 짜내야 한다. 이른바 경제학에서 말하는 '이웃효과'를 최대한 활용해야 한다. 무엇보다 우리나라를 하루빨리 기업하기 좋은 여건으로 만들어서 중국을 겨냥한 세계적 기업들이 우리에게 오게 해야 한다. 또 중국이 필요로 하는 서비스를 우리가 제공할 수도 있다. 그래서 금융허브가 되자, 물류허브가 되자 하는 이야기들을 하는데, 이것도 먼저 기업하기 좋은 여건을 만들어야 가능한 것이다. 일례로 최근 신문에 '싱가포르, 태국 같은 나라들이 의료, 보건시장을 개방해 세계화 이점을 활용하고 있다'는 내용이 나왔다. 저는 우리도 의료, 보건 허브가 될 수 있다고 생각한다. 13억 중국 인구 중 잘사는 사람을 1퍼센트로만 봐도 1,300만 명이다. 이들이 급한 수술을 받아야 할 때 여건만 갖춰져 있다면 2시간 비행거리인 서울에 올 것이다. 그런데 아직 우리는 병원이 영리법인화도 되지 못하고 있다.

지식기반 경제시대, 교육이 살길

중국 옆에 자리한다는 것으로 우리가 활용할 수 있는 면은 이것 말고도 많다. 서비스 분야나 첨단산업 분야에서 중국시장을 겨냥하는 해외 기업이 많다. 그런데 우리나라는 베이징에서 두 시간 거리에 있고, 중국보다 먼저 자본주의 체제를 경험했다. 중국이 제공할 수 없는 사회간접자본 등 유리한 요인이 많다. 국내 여건만 만들어준다면 우리와 손잡고 기업을 하려는 사람이 많다. 우리가

〈제1장〉 2000년대를 맞은 한국경제의 새로운 도전

그것을 해야 한다. 세 번째 큰 흐름은 지식기반 경제시대의 심화인데, 그래서 교육개혁이 중요하다. 지식기반 경제시대에는 지식이 과거와는 비교할 수 없을 정도로 큰 부가가치를 만들어낸다. 그런데 지식은 교육을 통해 축적된다. 가장 중요한 것은 바로 교육이라는 얘기다. 즉, 지식기반 경제시대가 요구하는 인재를 창출하는 교육 시스템을 만드는 것이 국정의 우선과제가 돼야 한다.

과거 산업화시대에 우리는 '국토도 좁고 자연자원도 없고, 가진 것은 사람밖에 없어 큰일 났다"고 고민했다. 그런데 지식기반 경제시대에는 사람이 가장 중요하다. 과거에 큰일 났다고 했던 것이 이제는 바뀌었다. 우리는 사람을 가지고 있다. 오히려 모처럼 좋은 기회가 왔다고 볼 수 있다. 저는 종종 "단군 이래 우리가 이렇게 유리한 고지에 서본 적이 없다"고 말하곤 한다.

공교육부터 바로 세워야 한다. 특히 초·중등 교육을 바로 세워야 한다. 공교육이 제대로 되지 않으면 굉장히 부정적인 결과를 가져온다. 그중 하나가 가난의 대물림이다. 과거 우리가 학교 다닐 때는 학원에 갈 필요가 없었다. 학원은 학교 공부를 못 따라오는 사람들이 주로 갔다. 그런데 요즘은 공교육이 제대로 되지 않아 돈이 있어야 더 좋은 학원에 가고 유학도 가고, 그러면 결과적으로 가난한 학생은 경쟁에서 불리해진다. 그러니까 공교육부터 바로잡는 것이 급선무다. 평준화는 정말로 이 시대에 맞지 않다. 경쟁에서 떨어지는 학생은 그들대로 안전망으로 도와줘야 한다. 그러나 머리

좋고 공부 잘하는 사람을 방해해서는 안 된다. 하향평준화만 부를 뿐이다. 내가 항상 드는 예인데, 마라톤대회를 보면 수천 명이 함께 뛰지 않는가? 그런데 기록보유자를 다른 사람들과 같은 라인에서 뛰게 하면 어떻게 되겠는가? 막 엉키고, 기록이 나오겠는가? 기록보유자는 출발에 방해가 안 되도록 해주는 것, 그것이 바로 '퍼스트 트랙'이다. 공부 잘하는 능력이 있는 사람은 퍼스트 트랙에서 뛰게 해야지 똑같이 뛰게 하다간 사회 전체가 하향평준화 된다. 나는 과거에 정부에서 일해 보았기 때문에 이것이 매우 힘든 일이라는 것을 알고 있다. 그러나 우리가 이를 해결하지 못한다면 지식기반 경제사회에서 경쟁을 이겨낼 수 없다. 그래서 국정 최우선순위를 여기에 둬야 한다.

우리에게 정책적 함축성을 주는 마지막 큰 흐름은, 세계 경제력의 균형이 변화하고 있다는 것을 알고 거기에 대응해 무엇을 해야 하는지를 아는 일이다. 지구촌 전체로 보면, 2차대전 이후 80년대 말 냉전 종식 때까지의 미국처럼 보스가 하나였을 때는 협력하기가 더 쉬웠다. 그런데 지금은 중간 보스가 많아져 어떤 일이든 합의하기가 힘들어졌다. 이게 바로 WTO가 잘 안 되는 이유다. 다자주의보다도 끼리끼리 지역주의가 성립하게 되는 것이다. 힘의 균형구조 면에서 볼 때 우리처럼 상대적으로 힘이 없는 나라는 다자주의가 더 좋은 것이다. 얼마 전 정부가 성공적으로 한·미 FTA 협상을 끝내고 국회에 비준동의 법안을 제출했다. 물론 미흡한 점은 있지만 잘했다고 생각한다. 빨리 비준동의를 해야 한다. 지금 미국경제가 낙관할 수 없을 정도로 힘들다. 미 의회에서 민주당이 다수당인데, 민주당은 상당히 반FTA 성향이 강하다. 그래서 현 행정부 때 미국 의회에서 통과를 받아내야 하는데, 낙관할 수 없는 상황이다. 그래서 우리가 먼저 국회 비준동의를 받고 적극성을 보여야 한다.

국가경쟁력 강화를 위해

2007년 우리의 1인당소득은 2만 달러 수준에 이르렀다. 1960년대 초반까지만 하더라도 우리나라는 당시 1인당소득이 우리의 2배 또는 3배 수준에 있었던 이웃 필리핀이나 태국, 아프리카의 짐바브웨를 부러워했던 세계 최빈국 중 하나였다. 그런데 오늘날 이들 나라의 1인당소득이 500~3,000달러 수준에 머물러 있는 것을 감안할 때 우리 국민 모두 가슴 뿌듯한 자부심을 가질 만하다. 실제 2차대전 이후 새로 생성된 140여 국 중 우리나라는 유일하게 경제발전과 정치 민주화를 이룩한 나라로, 모든 후발 개발도상국이 부러워하는 나라가 되었다. 그래서 세계인들은 우리나라를 '한강의 기적'을 만들어낸 나라로 부르는 것이다. 그러나 우리 앞에는 아직도 40여 개의 고소득 국가가 있을 뿐 아니라 이미 4만 달러, 5만 달러 수준의 높은 소득을 향유하는 나라들이 있다는 사실을 잊지 말

〈제1장〉 2000년대를 맞은 한국경제의 새로운 도전

아야 한다. 따라서 빠른 시일 내에 이들 일류 선진국들과 어깨를 나란히 할 수 있으려면 우선 우리 경제의 성장잠재력을 최대한 배양하고 이를 통해 우리의 국가경쟁력을 최대한 강화할 수밖에 없다고 하겠다. 이러한 시각에서 볼 때, 우리 국정의 우선순위를 국가경쟁력 강화를 위한 경제성장잠재력 배양에 두어야 한다는 것은 너무나 자명한 일이다. 이를 위해 새 정부는 출범과 동시에 국가경쟁력강화위원회를 대통령 직속기구로 상설 운영하고 있다.

인류선진국을 향한 국가경쟁력 강화

세계경제포럼(WEF)의 2006~2008년 경쟁력 보고서에 따르면, 우리나라의 경쟁력 순위가 2006년의 23위에서 2007년에는 11위로 크게 개선된 것으로 나타나고 있다. 반면에 같은 스위스에 소재하는 IMD경쟁력보고서에는 우리나라의 경쟁력 순위가 2007년 29위에서 2008년에는 31위로 하락한 것으로 나타나 있다. 어느 기관의 국가경쟁력 평가가 정확하든지 간에 한 가지 분명한 사실은 우선 정부 스스로가 국가경쟁력 강화를 위해 시급한 규제 개혁과 공공부문 개혁 등을 서둘러 우리의 경쟁력 순위를 빠른 시일 내에 두 배 이상 개선해야 한다는 것이다. 이는 빠른 시일 내에 일류 선진국으로 발돋움하기 위해 선행되어야 할 필요조건이다. 우리가 노력해 국가경쟁력 순위를 현재의 두 배 이상 개선할 수 있으려면 우리 경제의 성장잠재력을 현재의 5퍼센트 내외 수준에서 적어도 6~7 퍼센트 수준으로 향상시켜야 한다. 이를 위해 무엇보다 먼저 국내외 민간투자를 최대한 활성화할 수 있는 기업 투자환경 개선 노력을 경주해야 한다. 특히 정부의 지나친 규제와 글로벌 스탠더드에 맞지 않는 규제 개혁이 시급하다고 하겠다. 얼마 전에 출범 6개월을 맞은 국가경쟁력강화위원회가 그 동안 각종 규제개혁에 전력을 경주해 온 것은 바로 이러한 필요성 때문이다. 특히 국가경쟁력강화위원회는 중소 제조업체의 기업 환경을 개선함으로써 중소기업 투자를 촉진하는 방안을 마련해 왔다. 예를 들면, 우리나라의 거의 모든 중소기업들이 선호하는 산업단지를 개발하는 데 소요되는 각종 행정절차 관련 규제를 줄이고, 산업단지 개발 관련법이 새로 제정된 결과, 지금까지 평균 길게는 48개월, 짧게는 24개월까지 소요되던 산업단지 개발기간을 6개월로 단축할 수 있게 되었다. 더불어 산업단지 분양가도 각종 규제개혁으로 20~40퍼센트 수준을 절감할 수 있게 되었다.

아울러 기업인들의 기업하려는 의지를 되살리고, 기업가정신을 고무하는 데 도움이 될 수 있도록 기업인에 대한 처벌 위주의 행정제재 처분과 이른바 양벌규정 등 행정형벌의 대폭 개선 등을 통한 원활한 기업활동을 위한 법적, 제도적 환경개선 방안도 마련한 바 있다. 이와 관련해 반드시 강조되어야 할 것은 우리 사회의 준법 수준을 높이는 일이다. 안타깝게도 우리나라는 OECD 30개국

〈제1장〉 2000년대를 맞은 한국경제의 새로운 도전

중 끝에서 세 번째로 낮은 법질시 준수 국가로 평가받고 있다. KDI
의 추계에 의하면 우리의 준법 수준을 OECD 평균만큼만 끌어올
려도 매년 1퍼센트 포인트의 성장률을 제고할 수 있다고 한다. 이
것은 법과 질서를 지키지 않는 나라나 지역에 투자가 이루어질 수
없다는 것을 인정한다면 충분히 이해할 수 있는 일이다. 따라서 국
가경쟁력강화위원회는 우리 사회의 법·질서 준수 수준을 높이고
우리의 법제도 선진화를 위한 방안도 법무부와 관련기관 등과 긴
밀한 협조로 마련하고 있다.

대통령 직속 국가경쟁력강화위원회를 통한 규제개혁 지속돼야

정부의 관련부처 장관, 여당정책의장, 경제단체장, 노동조합
대표, 소비자 대표, 외국투자기업 대표, 일부기업인과 사계 전문가
들로 구성되어 있는 국가경쟁력강화위원회는 대통령이 임석한 가
운데 매달 정기적으로 회의를 개최하며, 새로운 개혁안을 논의함과
동시에 지난달 회의 결과에 대한 추진 상황을 점검한다. 또한 국가
경쟁력강화위원회는 대한상공회의소와 공동으로 민관합동규제개
혁추진단을 대한상공회의소에 설치·운영하면서 기업현장 애로사
항을 직접 파악, 해결하는 노력도 하고 있다. 다시 말해, 국가경쟁
력강화위원회는 규제와 관련된 제도를 개선하고 개혁하는 일과 함

께 현장의 고질적인 애로사항을 직접 나서 타개해 주는 일을 동시에 추진하는 것이다. 이번 가을국회에서 현재까지 국가경쟁력강화위원회가 논의한 내용을 담은 규제개혁 관련 법률들이 제정·개정된다면, 머지않아 국내외 기업투자 환경이 크게 개선되어 기업투자 또한 그만큼 늘어날 것으로 기대된다. 아울러 이러한 내용들이 국가경쟁력 평가 서베이에도 충분히 반영된다면, 우리나라의 국가경쟁력 평가순위 또한 향상될 것이 분명하다.

1990년대의 새로운 세계경제질서와 한국

- 세계화 가속화와 새로운 세계경제질서 -

국제경제환경 변화에 잘 대응해야

대외통상압력 강화에 미리 대비해야

빌 클린턴 민주당 후보가 미국의 새 대통령으로 당선되었다는 소식을 접한 많은 국민이 앞으로의 한미관계를 걱정하는 것을 볼 수 있었다. 지난번 미국 민주당 카터 대통령이 당선되었을 때는 그가 들고 나온 주한미군철수 문제로 우리를 놀라게 한 적이 있었다. 그러나 이번 미국 대통령선거와 관련된 민주당 정강에는 북한의 위협이 있는 한 주한미군 철수는 않는다는 분명한 약속이 있었기 때문에 안보문제로 걱정하는 것은 아닌 것 같다. 오히려 빌 클린턴 행정부의 대외통상시책에 대한 걱정을 많이 하는 것이 분명하다. 좀 더 구체적으로 한국에 대한 시장개방 압력에 대한 걱정일

〈제2장〉 1990년대의 새로운 세계경제질서와 한국

것이다. 이와 관련해 중요한 것은 공화당의 부시대통령이 재선되었더라도 이와 비슷한 걱정을 하지 않을 수 없었다는 데 있다 하겠다. 즉 오늘의 미국경제사정은 물론 이른바 탈냉전 이후 형성과정에 있는 신국제질서의 특징을 고려할 때 앞으로 각종 통상압력은 불가피하게 늘어나게 되어 있다고 보면 틀림이 없다.

먼저 이젠 미국도 과거와는 달리 대외교역에 더 큰 비중을 두지 않을 수 없고, 특히 미국경제의 활성화를 위해 수출에 큰 비중을 두는 시책을 펴 나가야 되는 처지에 있다. 따라서 미국시장이 열려 있는 만큼 다른 나라의 시장도 열어야 한다는 것이 미국의 근본 생각이라고 보아야 한다. 물론 제조업뿐만 아니라 농업, 그리고 금융을 위시한 서비스시장 개방에 대한 생각도 마찬가지다. 또한 미국은 2차대전 이후 지난 1960년대 중반까지와 같이 세계경제를 자기희생적으로 주도할 수 있는 경제력을 갖고 있지 않다. 그렇기 때문에 자국의 경제력 제고에 도움이 된다면 무엇이든 하려 들게 되어 있다. 게다가 탈냉전 이후 형성되고 있는 신국제질서 하에서는 미국뿐만 아니라 모든 나라들이 경제에 최우선을 두는 국가시책을 펼 것이 예상된다. 안보의 덮개가 없는 상태 하에서 일어나는 치열한 국제경쟁은 각국 간의 잦은 경제적 분쟁과 마찰을 불러올 것 또한 분명하다 하겠다.

세계경제를 위한 공공재 공급을 위한 비용분담 압력 커진다

또한 세계경제를 주도할 수 있는 단일경제 초강대국이 없는 신국제질서 하에서는 몇몇 경제대국이 세계경제를 주도해나가는 데 필요한 공공재 제공에 수반되는 비용을 분담하지 않을 수 없다. 특히 이 비용은 최근 걸프전에서 본 바와 같은 현금 혹은 현물뿐 아니라 시장개방, 환율의 안정, 거시경제정책의 협조 등도 포함되는 광의 개념임을 알아야 한다.

오늘 세계를 주도할 수 있는 경제대국 내지 교역대국이 어느 나라인가를 구체적으로 생각해 보면, 우선 이른바 G7이라 불리는 일본을 포함한 서방 7개국을 생각할 수 있다. 그 다음은 우리나라를 포함하는 이른바 NICs로 불리는 신흥공업국들로 압축된다고 볼 수 있다. 이런 측면에서 보더라도 우리나라에 대한 비용분담의 일환으로 금융시장을 포함한 각종 시장개방 압력은 앞으로 지속된다고 보아야 할 것이다. 따라서 이러한 현실을 직시하고, 이에 적절히 대응해 나가야 할 수밖에 없는 것이 오늘 우리의 현실임을 깊이 인식해야 할 것이다. 대외시장개방을 위한 국내기반 확립과 국내시장의 효율화를 서둘러 이룩해야 한다. 무엇보다 금리기능이 제대로 될 수 있는 여건이 조성되어야 할 뿐 아니라, 대외경쟁에 이길 수 있는 규모의 경제, 범위의 경제의 이점을 최대한 살릴 수 있는 개혁도 필요하다고 하겠다.

〈제2장〉 1990년대의 새로운 세계경제질서와 한국

우리의 결정과 일정에 따른 구조조정 이룩돼야

이러한 구조조정과 개혁은 우리 경제를 위해 우리 스스로의 계획에 의해 또 우리의 일정에 따라 행해져야 함은 두말할 필요도 없다. 남의 나라의 압력에 의해 허겁지겁 딸려 다니기에는 너무나 국익의 손실이 많다는 것을 모두가 유의할 필요가 있다. 또한 외국과의 통상협상에서도 우리의 시장개방계획과 일정이 분명할 때 우리의 입지가 유리해진다는 것도 유의할 필요가 있다.

"국제관계에서는 영원한 적도 영원한 우방도 있을 수 없다" 라는 국제외교에서의 상식은, 이제 새롭게 형성되고 있는 국제질서에서는 더욱 실감 있는 경구가 될 것이다. 그런데 우리나라는 불행하게도 세계적인 경제 초강대국도, 군사 초강대국도 아닐 뿐 아니라, 풍부한 자연자원 보유국도 아니기 때문에, 국제정세변화에 더욱 적절히 대응해 나가지 않으면 안 되는 처지에 있다 하겠다. 그러나 다행히도 우리에게는 잠재력이 큰 인적자원이 있기 때문에, 두뇌와 기술이 더욱 중요시되는 신국제질서 하에서의 국제경쟁에 유리한 고지를 점하고 있는 것 또한 사실이다.

다만, 이러한 우리의 유리한 입지를 최대한 활용할 수 있는 여건을 조성해주어야 하며, 이를 위한 범국민적 콘센서스를 모아야 한다. 이를 바탕으로 올바른 국가경영의 우선순위가 재정립되고 이에 부응하는 적절한 정부시책이 펼쳐지며, 기업과 근로자, 그리고 온 국민이 한마음으로 뛸 때, 선진국 진입이 앞당겨질 것이다.

새로운
세계질서 속의
한국

현재 우리는 새로운 세계 질서를 경험하고 있다. 냉전이 종식되고 세계경제 패권이 다원화됨에 따라 필연적으로, 경제가 국제관계 결정의 핵심요소가 되는 새로운 질서를 경험하게 된 것이다. 새로운 질서 하에서는 국제경제 관계를 커버하는 안보 차원의 보호막이 없어짐으로 인해 교역 파트너간의 경제마찰과 분쟁은 보다 빈번하게 발생할 것이다. 이 같은 새로운 세계질서에서, 주요 경제대국들은 세계 정치경제 체제의 안정과 번영에 필요한 공공재를 공동으로 공급해야 할 책임을 지니게 된다. 지속적인 세계경제의 안정과 번영에 가장 중요한 공공재로, '자유경제체제'를 들 수 있는데 이를 위해 진입장벽 제거와 차별적 대우를 없애는 것은 중요하다. 공동 경제지도체제를 통한 공공재 공급과 책임분담은 필연적으로 주요 경제대국 간의 "비용 분담" 문제를 야기하게 될 것이다. 여기서 부담 또는 비용이란 직접적인 경비지출뿐 아니라, 간접적 비용도 포함한다. 예컨대, 책임분담 이행을 위한 시장개방 시 국내 구조조정 같은 간접적 비용도 발생시킨다.

한국과 새로운 세계질서

한국은 세계 주요 의사결정 결과에 결정적 영향을 미칠 수는 없다는 점에서 보면 소규모 국가라 할 수 있다. 그러나 '국제사회에서 책임을 지지 않아도 좋을 사치를 누릴 정도로 작은 국가'는 아니다. 사실, 한국은 세계경제, 특히 국제무역 무대에서 주요 당사자의 하나가 되고 있다. 더욱이 선진국과 바로 경쟁이 되는 고도기술 제품과 고급 내구 소비재를 수출하는 대기업 그룹 등 한국특유의 산업 및 무역구조상, 한국은 국제무대에서 실제보다 과대평가되는 경우가 많다. 이에 따라 국제사회에서는 한국이 책임과 부담 분담에 적극적으로 참여할 것을 기대하고 있다. 한국은 자유무역 질서와 안정된 국제금융 체제 하에서 많은 혜택을 입었으며, 앞으로도 이 같은 국제환경에 의존하지 않을 수 없다. 따라서 한국 스스로를 위해서도 적극적으로 책임(부담) 분담에 참여함으로써, 새로운 세계질서에 적응해나가야 한다. 이런 측면에서 볼 때, 한국도 UR의 성공적 타결에 기여하고, 필요한 구조조정을 하는 것이 필요한 것이다. 따라서 한국이 당면한 주요과제는 역할 분담에 대한 국제적 요구와 시장개방 및 농업과 금융 등 민감한 분야의 구조조정 문제에 대한 국내 정치적 저항과 이견을 조화시켜 나가는 것이다. 또한 한국은 국제경제협력에 대한 새로운 접근법을 찾아야 한다. 특히 제3세계에 대해 적극적이고 조직적 국제협력을 펼쳐나가야 한다. 한국은 최근 수십 년간, 경제적 성공을 이룬 첫 번째 개도국 중 하나로 선구자적 국가라 할 수 있다. 이런 측면에서, 새로운 세계 질서변화와 위상변화는 한국에게 제3세계에 필요한 리더십을 발휘할 수 있는 새로운 기회를 부여하고 이를 잘 활용해야 한다.

당면과제: 농업 및 금융 분야의 구조조정

농업부문 구조조정은 어느 나라에서나 어려운 과제다. 그러나 한국의 경우, 농업부문 구조조정을 정치적으로 더욱 어렵게 하는 것은 농촌 가계소득의 거의 60퍼센트가 여전히 농업활동에서 나온다는 점이다. 아울러 한국경제의 산업화 및 도시화가 최근 30년 동안 급속히 진전됐기 때문에 산업부문에 종사하는 대부분의 근로자도 여전히 농업부문과 밀접한 가족적 유대관계를 맺고 있다. 20년 전만 해도 농업부문은 한국 근로자의 50퍼센트 이상을 고용하고 있었다. 따라서 농업부문에 대한 개혁 시작은 전국에 걸친 감

〈제2장〉 1990년대의 새로운 세계경제질서와 한국

정적 대응을 유발하게 된다. 한국정부는 농업부문의 원만한 구조조정을 추진하면서, 주요통상 파트너로 하여금 농업부문 시장개방에 대한 한국의 점진적 접근 방법에 대해 납득을 시켜야 하는 매우 어려운 과제를 안고 있다. 동시에 한국정부는 소득이전적 성격의 농가지원을 점차 줄이고 농업 구조조정을 위해 자금을 공급하려는 정부의 정책에 대한 농민과 전 국민의 이해를 증진해 나가야 한다.

금융분야 구조조정도 오늘날 한국이 당면한 큰 과제다. 금융시장을 국제적으로 개방하기 전에 국내적으로 미리 개방과 자율화를 해야 한다는 데 대해서는 대부분의 사람이 동의한다. 이런 점에서, 과거 정책금융에 따른 부실채권과 각종 행정규제에 찌든 한국의 상업은행들이 국내 비은행 금융기관과의 경쟁에서조차 보호되고 있다는 사실을 인식하는 것은 매우 중요하다. 또한 은행부문에서의 이자율도 엄격히 규제되어 왔다는 점을 감안할 때, 개방화의 올바른 순서는 우선 국내적으로 시장 개방을 추진하고 그 다음 국제적으로 개방을 추진하는 것이라는 점을 강조할 필요가 있다. 금리자유화는 다른 이유를 젖혀두고라도, 외환 리스크 헤징을 위한 금융시장 개발 촉진을 위해서도 필요한 것이다.

이와 관련해 언급돼야 할 것은 '내국민대우' 문제다. 현재 외국금융기관은 어떤 면에서는 국내은행보다 더 유리한 대우를 받고 있고 어떤 면에서는 국내은행보다 더 엄격한 규제를 받고 있다. 여기에는 여러 가지 역사적 이유가 있다. 예컨대, 우리나라가 만성적 경상수지 적자를 겪고 있었을 때는, 외국은행에게 확정된 이윤을 보장하는 통화스왑거래 같은 특혜가 허용되었다. 동시에 국내 금융시장의 미발달로 인해 외국금융기관은 다른 종류의 영업활동에 참여하는 것이 금지되었다. 지금 우리가 해야 할 것은 외국금융기관에 대한 차별과 특혜를 동시에 줄여가면서 금융기관간의 공정한 경쟁 기반을 조성하는 일이다. 이 같은 여러 이유를 감안할 때, 금융분야 개방은 점진적으로 개방 스케줄에 따라 단계적으로 추진해 나가야 한다. 그러나 이 같은 점진적 접근방법이 개방지연이나 현상유지를 위한 변명으로 이용돼서는 안 된다. 개방스케줄 예시제는 예측 가능성을 제공하고 국내외적으로 한국당국의 신뢰성을 제고시켜 줄 것이다.

한국에 주어진 기회 : 국제경제 협력에의 적극적 참여

오늘날 한국 부모들은 자녀에게 그들이 어렸을 때 겪었던 '보릿고개' 이야기를 해주곤 한다. 보릿고개란 전년 가을추수 식량이 동이 나고 아직 봄보리도 수확되지 않아 식량 구하기가 어려운 봄철을 의미한다. 따라서 많은 사람이 보릿고개를 즈음해 기아에 허덕였고 대부분의 한국인이 식량부족으로 어려움을 겪었다. 오늘날 보릿고개로 대변되는 절대빈곤문제는 사실상 사라지고, 젊은 세대들은 보릿고개를 단지 지나간 이야깃거리로만 듣고 있다. 불과

〈제2장〉 1990년대의 새로운 세계경제질서와 한국

한세대라는 짧은 기간 동안 한국경제는 개도국 지위에서 신흥공업국의 지위로 급변했고, 이제는 선진공업국의 자리까지 넘보게 되었다. 그러나 한국의 사고방식은 이 같은 물질적 성장만큼 빠르게 변화할 수 없었다. 이는 한편으로는 다행이기도 하나, 한국이 필요로 하는 구조조정을 하는 데 있어서는 장애요인이 되었다.

한국인은 아직 전반적으로 국제문제에 대해 좁은 시야를 가지고 있다. 대부분의 한국인은 여전히 중상주의적 마음가짐을 유지하고 있다. 최근까지 한국은 해외원조 의존도가 높은 나라 ― 사실 제3세계 국가 중 가장 외채가 많은 나라 ― 중 하나였으며 만성적인 국제수지 적자에 허덕였다.

과거 30년간의 한국의 경제성과는 적극적인 수출촉진 전략에 기초하고 있었기 때문에, 한국은 수출증대와 국제수지 흑자가 궁극적인 국가의 목표이고 사회적 선이라는 사고방식에 익숙해졌다. 따라서 시장개방과 수입자유화 같은 아이디어가 한국인의 사고방식에 파고들어 필연적이고 바람직한 것으로 생각되기는 어려운 것이다.

앞서 지적한 바와 같이 새로운 세계경제질서 하에서는 주요경제대국들이 더욱 긴밀한 국제협력에 의존하지 않을 수 없게 된다. 따라서 주요정책들이 협의·조정되는 주요 국제경제기구에 보다 적극적으로 참여하는 것이 한국의 이익에도 부합되는 것이다. 현재, 한국 내에서뿐 아니라 OECD 국가 사이에서도 한국의

OECD 가입 가능성에 대해 논의가 있다. OECD에 가입이 허용된다는 것 자체는 한국이 선진국권에 진입했다는 증거도 아니며 선진국권에 진입하게 된다는 보증도 아니다. 그러나 그것은 국제사회가 한국경제의 중요성을 인정하는 것임과 동시에 한국이 세계경제 문제에 적극 참여하려는 의사를 보여주는 좋은 징표가 될 수 있다.

한국은 개도국을 졸업하기 전에 많은 중요한 도전을 이겨내야 한다. OECD 가입은 한국이 선진경제가 되기 위해 필요로 하는 구조조정을 가속화시킬 수 있다. 자본거래 자유화, 개도국 지원 등의 가속화는 한국에도 도움이 될 것이다.

또한, 한국은 주요경제대국과 기술선도국의 정책방향과 세계경제 및 기술진전 상황에 관한 정보를 공유할 수 있는 귀중한 기회를 얻을 수 있을 것이다. 한국에는, OECD에 가입할 경우 경제정책의 자율성을 잃을 뿐 아니라, 주요 OECD국과 같은 수준으로 시장개방 압력을 받지 않을까 하는 우려가 있다. 그러나 이 같은 유형의 압력은 OECD 가입에 관계없이 한국에 가해지게 되어있다. 따라서 한국의 OECD 가입에 대한 적극적 접근법에 따른 실보다는 득이 더 클 것이다.

다시 말해 OECD에 가입하는 것은 한국의 이익에도 부합된다. 그러나 이를 위해서는 국내경제 개방과 개혁이 지속적으로 꾸준히 추진돼야 한다. 특히 금융시장개방과 기타 서비스 시장개혁은 더욱 빨리 이루어져야 하며 가능한 한 사전개방 스케줄에 따라 이

〈제2장〉 1990년대의 새로운 세계경제질서와 한국

루어지는 것이 바람직하다. 그렇게 되면 한국은, 2차대전 이후 제3세계 국가 중 선진국에 진입한 나라가 아직 없다는 점에서 제3세계에 대한 선구자적 국가가 될 것이다.

한국의 최근 발전경험은 타 개도국의 개발노력을 지원하는데 사용될 수 있다. 제3세계에 대한 한국의 기술지원은 지금까지는 한국에서 기술자를 훈련시키고, 한국의 전문가를 해외로 보내고, 무료로 프로젝트 심사를 지원하며, 고위 공직자를 KDI가 후원하는 IDEP에 초대하는 등의 형태로 이루어졌다.

정부의 훈련과정과 KDI와 IDEP 과정은 제3세계 국가 간에 특히 인기가 있었다. 현재 예산 제약으로 모든 지망자를 다 수용하지 못하고 있다. 앞으로 이 분야에 보다 많은 자원을 배분해야 한다. 최근 Korea International Cooperation Agency 설립으로 한국의 기술지원 프로그램은 보다 효율적으로 조정·집행될 것으로 기대된다. 그리고 재원도 보다 더 확보될 것으로 보인다. 그러나 이들 프로그램은 최근 설립된 경제개발협력기금(EDCF) 지원과 상호 밀접히 연계되어 수혜국에 도움이 극대화되도록 해야 할 것이다.

한국은 최근 한국판 'Peace Corps'를 동남아 국가에 파견해 농·어업 분야에 지원토록 했다. 한국은 풍부한 현직 및 퇴직 인력자원을 가지고 있으며 이 같은 인력자원은 다른 제3세계 국가에서 폭넓게 활용될 수 있을 것이다. 이런 점에서 한국은 다른 선구자적 국가 및 자본 잉여국가와 협력해 기술지원 프로그램들을 개발해 나갈 수 있을 것이다. 동시에 한국정부는, UNDP 같은 다국적 기구가 후원하는 각종 프로그램들이 한국 전문가를 보다 광범하게 사용토록 하는 메커니즘도 도입할 수 있을 것이다.

현재 다자간 협력은 주로 IBRD, EBRD, ADB, 그리고 IMF 같은 다자간 기구에 자본참여를 하는 형태로 이루어지고 있다. 이제 한국은 이 같은 국제기구에 한국의 경제력에 상응하는 기여를 할 수 있도록 허용해야 한다.

동시에 국제개발기구는 특히 한국의 풍부한 인적자원을 보다 폭넓게 활용할 수 있도록 노력해 주도록 해야 한다. 다자간 기구들의 기술협력 프로젝트는 한국의 기술지원 프로그램과 잘 조화될 수 있다고 본다.

현재 우리는 새로운 세계질서에서 세계경제 관계에 대한 새로운 접근법이 필요하게 되었다. 주요 경제대국들은 다른 모든 국가가 보다 안정적이고 번영된 경제 환경을 누리도록 공동의 지도력을 발휘해야 한다. 한국 역시 이 과정에서 주어진 역할을 수행해야 하며, 자유무역체제를 유지하는 일에 있어, 주요 경제대국과 함께 적극적으로 협력해 나가야 한다.

아울러, 세계의 주요 경제대국들은 특히 제3세계에 대한 국제경제협력 분야에 있어, 한국 같은 선구자적 국가가 보다 적극적 역할을 할 수 있도록 관심을 가져주어야 한다.

성공적인 선구자적 국가에 대한 적절한 보상은 우등생에 대

한 적절한 포상이 전교생에 주는 효과와 비슷한 효과를 전 세계에
줄 수 있을 것이다.

한국경제가 나아가야 할 방향과 도전

오늘 강연의 주제는 '한국경제의 현 좌표와 도전'이나 이 자리에는 주로 정보처리기술 분야의 전문가들이 주로 참석하고 있기 때문에 정보와 관련된 우리 경제의 앞으로의 과제와 또 그 해결방안에 대해서도 몇 가지 먼저 언급하고자 한다.

한 세대 동안 이룩한 놀라운 경제발전

지금 세계는 여러 측면에서 크게 달라지고 있다. 특히 정보처리기술이 눈부시게 발전되고 있을 뿐만 아니라, 냉전이 종식됨에 따라서 세계 각국 경제의 세계화 추세가 나날이 가속되고 있다.

이러한 변화는 우리에게 또 하나의 큰 도전과 동시에 하나의 기회를 제공하고 있다고 할 수 있다. 이와 관련해 우리 경제가 어떤 위치에 서 있고 앞으로 어떤 주요 도전을 이겨내야 하며 적절히 대응해 나가야 하느냐에 대해 생각해 보도록 하겠다.

우리 한국경제가 어떤 도전에 직면하고 있느냐 하는 것을 생각하기 전에, 먼저 우리 경제의 발자취를 간단히 돌이켜 보면, 한 마디로 아주 대견스럽기 짝이 없다. 제1차 경제개발 5개년계획을 우리가 도입한 것이 1962년이다. 그때 우리 국민의 1인당소득이 100달러도 채 안 되는 87달러였지만, 작년에 우리나라의 1인당소득은 거의 7,000달러대에 이르렀다. 우리는 지난 한 세대 동안에, 즉 30년 동안에, 오늘날의 선진제국들이 적어도 세 세대, 즉 거의 100여 년에 걸쳐서 이룩한 경제발전을 이루어낸 것이다.

그러면 우리가 어떻게 해서 이렇게 눈부신 발전을 이룩할 수 있었느냐 하는 것을 생각해 보자. 우선 우리는 여러 가지 부존자원이 없는 나라로서 단지 풍부한 그리고 양질의 노동력만을 갖고 출발했다. 그래서 그때 우리가 전략으로 채택한 것이, 수출을 통한 산업화 전략, 즉 대외지향적인 개발전략이었으며, 또 이 전략을 성공적으로 추진해 왔다. 좀 더 구체적으로 말하면, 지난 한 세대 동안에는 주로 이러한 양질의 노동력을 활용하는 노동집약적인 제품을 다량으로 생산해 상대적으로 저렴한 가격에 수출하는 개발전략을 성공적으로 추진해 30년 동안에 눈부신 업적을 이룩할 수 있었던 것이다. 그런데 이러한 대외지향적인 개발전략을 추진하는 데 있어서 국내의 저축이 충분하지 못했기 때문에 해외자본을 도입했는데, 그 대부분 직접투자라든가 외국기업과의 합작을 통해 들어온 것이 아니라 주로 차관을 들여왔다. 어쨌든 이러한 대외지향적인 개발전략을 채택해 그것을 성공적으로 추진해 온 결과 오늘날 우리는 중진국 중에서도 가장 선두주자인 국민소득 7,000달러의 나라로 부상했다. 세계에서 가장 가난한 나라 중 하나로서 경제개발에 전혀 희망이 없는 나라로 치부되던 우리가, 오늘에 와서는 세계 12대, 13대 교역대국이 되었을 뿐 아니라, 적어도 15, 16대 경제대국이 되어 있는 것이다. 그래서 흔히들 우리 경제는 현재 선진국 진입 0순위에 와 있다고들 이야기한다. 그런데 2차대전 이후에 이른바 제3세계로부터 선진국 대열에 성공적으로 진입한 나라는 아직 한 나라도 없다. 우리가 만약 우리 앞에 놓인 여러 가지 난관을 잘 극복해 선진국 대열에 진입하게 된다면 경제 기네스북에 올라가게 되어 있다. 우리가 그 동안 다른 나라들이 이룩하지 못한 일을 해낼 수 있느냐 없느냐 하는 것은 바로 우리가 당면한 도전을 잘 이기느냐 이기지 못하느냐에 달려 있다.

두뇌집약적 산업이 새로운 경쟁 기반 돼야

그러면 우리 앞에 어떤 도전이 가로놓여 있는가 하는 것을

〈제2장〉 1990년대의 새로운 세계경제질서와 한국

한번 생각해 보자. 먼저 우리가 지난 30년 동안에 경제개발을 성공적으로 추진해 온 결과, 우리 경제 내부에 여러 가지 변화가 생겼다는 것을 생각해야 된다. 즉, 우리 경제가 성공을 했기 때문에 국민소득이 올라갔고 또 국민소득이 오름에 따라서 임금수준도 올라갔고, 그러다 보니까 우리의 제품원가 구성에 큰 변화를 초래했다. 이것은 우리 경제의 성공이 가져온 우리 경제계의 내부적 변화다 이렇게 얘기할 수 있다. 즉 과거와 같이 저임금, 저가 제품, 국제경쟁력이라는 등식이 이제는 흐트러지게 되었다. 특히 최근 몇 년간에는 생산성을 앞지르는 임금인상으로 우리의 기존제품의 국제경쟁력이 급속히 떨어지고 있다. 게다가 우리를 발 빠르게 뒤쫓고 있는 많은 후발개도국들이 우리와 경합하는 분야에서 강한 경쟁력을 갖기 시작했기 때문에, 우리의 국제경쟁 기반이 더욱 약화되고 있다. 중국은 말할 것도 없고 말레이시아, 인도네시아, 태국 등 아시아 여러 나라들과 또 그 동안 경제적으로 실패를 거듭해온 라틴아메리카의 멕시코라든지 아르헨티나까지도 현재 새롭게 변화하기 시작했다. 이러한 나라들이 우리가 과거에 경쟁력을 유지하던 분야에 새로운 경쟁자로 나타났기 때문에, 우리의 경쟁력 기반이 약화되었다고 얘기할 수 있다. 이러한 위치에 와있는 것이 오늘 우리의 경제현실이다.

그러면 앞으로 어떠한 정책과제가 우리 앞에 가로놓여 있느냐 하는 것을 생각해 보면, 한 마디로 이야기해 우리의 가장 큰 정책과제는 '우리 경제의 새로운 경쟁 기반을 확립해 우리 경제가 계속 성장해 나가도록 하는 것'이다. 새로운 경쟁 기반을 확립해 경쟁력 있는 제품을 계속 생산하고 또 수출을 해서 경제를 발전시키고, 그렇게 함으로써 선진국에 진입해야 한다는 것이다.

그런데 경쟁력 있는 제품은 어떤 제품인가 하는 것을 생각해 보면 과거와 같이 값싼 노동력에 의한 노동집약적인 제품들은 이제는 더 이상 경쟁력을 가질 수 없다. 자본집약적이고 기술집약적이며 두뇌집약적인 제품이 우리의 새로운 경쟁 기반이 되어야 한다.

과거 우리는 노동집약적인 표준화된 제품을 저가로 대량생산 해왔다. 표준화된 제품이라는 것은 간단히 이렇게 생각하면 된다. 우리가 입고 있는 이 셔츠는 기능이라는 것이 다 같기 때문에 가장 중요한 것은 가격이다. 그래서 이러한 표준화된 제품은 가격만 싸면 팔 수 있었는데, 두뇌집약적이고 자본집약적인 제품은 중요한 것이 그 상품의 질과 신뢰성이다. 미국 소비자들이 세계의 소비자들이, 왜 소니를 찾고 일본 제품을 찾는가? 가격도 중요하지만 질과 신뢰성이 우수한 제품이기 때문이다. 그래서 질과 신뢰성에 기초를 두고 제품을 생산할 수 있는 형태로 우리의 산업구조를 하루속히 전환해야 한다. 흔히들 산업고도화를 해야 한다는 얘기를 하는데 이 산업고도화라고 하는 것이 우리에게 지금 주어진 가장 큰 과제인 것이다. 이것을 성공시키느냐 못 하느냐에 따라서 우리가 선진국이 되느냐 아니면 후진국으로 주저앉느냐 하는 것이 결정된다.

〈제2장〉 1990년대의 새로운 세계경제질서와 한국

최신기술, 첨단기술의 개발과 도입에 의한 산업고도화

문제는 이 산업고도화를 어떻게 이루느냐 하는 데 있는 것이다. 결론부터 말한다면 가장 필요한 것은 최신기술, 첨단기술의 개발과 도입이다. 이 기술개발을 위해서는 먼저 교육에 대해 꾸준히 투자를 하고, 또 기술개발 투자를 늘려나가야 한다. 지난번 대통령 선거 때도 여·야 할 것이 없이 모든 후보자들이 기술개발 투자를 늘려나가겠다, GNP 대비 4퍼센트, 5퍼센트, 6퍼센트까지 늘려나가겠다는 얘기들을 한 적이 있다. 이렇듯 R&D에 대한 지출을 계속 늘려나가고 또 교육의 질과 양을 보완하기 위해 투자를 해야 함은 두말할 필요가 없다. 여기서 강조가 되어야 할 것은 R&D 지출을 늘리며 원천기술의 개발과 기초과학의 수준향상도 중요하지만 제품생산을 위한 현장기술의 개발과 향상에 강조점이 두어져야 한다는 것이다. 이것을 가장 잘한 나라가 일본이다. 기존의 기술을 상업에 응용하고 또 현장기술을 잘 발전시켜 세계에서 가장 경쟁력 있는 제품을 만드는 것이 일본인데, 지금 우리가 해야 할 일이 바로 이것이다.

우리가 만들어 내는 제품들은 예컨대 요즈음 전자제품 같은 것을 보면 일본제품과 비교해 문제가 되는 것이 대부분 현장기술이 약하기 때문인 것이 많다. 끝마무리를 못 하는 등 현장기술 면에서 취약한 부분이 많기 때문에 R&D를 이야기할 때는 항상 이러한 현장기술 향상이 강조되어야 한다.

그리고 이 기술개발과 R&D와 관련해 우리가 꼭 기억해야 하는 것은 다른 선진국의 기술개발 투자와 비교해 우리나라의 기술개발 투자라는 것은, GNP의 2.3퍼센트 정도로 얼마 되지 않는다는 것이다. 예를 들면 1988년 미국의 제너럴모터스의 연구개발비가 47억 달러였다고 하는데 1990년 우리나라 전체의 기술개발비는 그보다 적은 45억 달러밖에 되지 않았다. 이러한 수준으로 우리가 기술개발을 한다고 하더라도 외국, 특히 선진국과 경쟁하는 데는 어려움이 따르기 때문에 우리가 필요로 하는 것은 기술개발을 위한 네트워크, 그리고 기업간 협업, 산학연계가 강조되지 않을 수 없다. 즉 기술개발도 이런 네트워크를 형성해 협업하는 것이 현명하고 또 거기에 인센티브를 주는 것이 중요하다.

외국인 직접투자와 합작회사를 통한 기술도입

다음에 이야기하고 싶은 것이, 이 기술개발 시책과 관련해 기술도입 정책이 꼭 강조되어야 한다는 점이다. 기술개발이라는 것은 그 효과가 상당히 중·장기에 걸쳐 나타나는데, 당장 우리는 경쟁도 해야 되고 국제시장에서 우리 상품을 팔아야 하기 때문에 우리가 필요한 기술을 단기적으로 획득하는 방법은 외국으로부터 들여오는 것이다. 이 방법을 크게 두 가지로 나누어 생각할 수 있다. 하나는 라이선스 등을 통해 기술을 사오는 것이고 또 하나는 외국인의 직접투자라든지 조인트벤처를 통해 기술을 도입하는 것인데 강조되어야 할 것은 외국인 직접투자와 조인트벤처를 통한 기술도입이다.

앞에서 잠깐 지적했듯이 우리나라는 개발도상국 중에서 아주 예외적인 나라다. 모든 개발도상국이 경제개발을 시작할 때 외자도입에 큰 비중을 두고 외국인 직접투자를 통해 외자의 상당부분을 도입하는 것이 보통인데 우리나라는 외국인 직접투자라든지 조인트벤처를 통해 외자를 들여오는 부분이 극히 미미했다. 여기에는 여러 가지 역사적, 문화적, 경제적 요인이 있겠으나 과거에는 우리가 아주 표준화된 제품을 대량생산하는 체제였고 또 간단한 기술을 요하는 제품의 생산이 대부분이었기 때문에 그렇게 해도 경제개발에 큰 지장이 없었다. 예를 들어서 우리한테 자본재를 파는 사람들로부터 싼 값에 기술을 습득했고 또 우리 물건을 사가는 바이어로부터 기술을 싸게 전수받는 경우도 있었다.

그런데 이제는 우리가 산업발전 단계상 질과 신뢰성에 기초를 두는 제품을 생산해야 하고 이러한 제품을 생산하기 위해서는 첨단기술이 필요한데, 기술보호주의가 대두되는 요즈음 같은 상황에서는 기술을 잘 팔려고 하지도 않는다. 그래서 우리가 필요로 하는 것은 외국인의 직접투자를 더 많이 늘리는 것이다. 그런데 외국인 직접투자는 이러한 새로운 제품을 제조하는 기술뿐 아니라 이러한 새로운 제품들을 파는 마케팅 기술이라든지 애프터서비스를 하는 기술도 수반하는 것이 보통이기 때문에, 외국인 직접투자를 계속 도입하지 않으면 안 되는 위치에 와있다고 얘기할 수 있다. 그런데 불행히도 우리나라는 최근 몇 년간, 외국인 직접투자가 매년 줄어들고 있어 크게 우려되는 실정이다.

여러분도 지상을 통해 보셨는지 모르겠으나, 며칠 전에도 우리나라의 외국인 직접투자에 대한 보도가 있었다. 재작년에 비해 지난해의 외국인 직접투자가 상당히 줄어들었을 뿐 아니라 지난해 외국인 직접투자 중 회수해 간 부분이 그 전년에 비해 4~5배가 늘어났다는 기사였다. 이러한 사실은 지금 우리의 발전단계와 앞으로 우리가 이겨내야 할 도전을 생각할 때 상당히 우려되는 부분이다.

이러한 추세는 아주 대대적인 것으로 중국이라든지 말레이시아, 인도네시아, 태국 등에는 외국인 직접투자가 물밀듯 들어가고 있어 더욱 우리를 긴장하게 하는 것이다. 특히 중국에는 하루에도 3,000만~4,000만 달러의 직접투자가 들어가고 노동집약적인 분야이지만 몇 년 지난 다음에는 우리와 직접 경쟁하게 될 분야에도 계속 자본이 들어가게 될 것 아닌가.

그러면 앞으로 우리의 국제경쟁력에 큰 문제가 있을 수 있는 것이다. 그러면 왜 이렇게 중요한 외국인 직접투자가 줄고 있는가? 물론 경제적, 제도적, 문화적 요인 등이 있을 것이다. 첫째 경제적인 요인으로는 지난 몇 년간 임금이 빠른 속도로 인상되었고 지금은 상당히 안정되었으나, 토지가격이 급상승했으며 노사분규가 장기화되는 측면도 있었다. 거시경제정책면에서는 정책의 일관성이 결여되어 있다든지 정책의 예측 가능성이 낮아졌다든지 해 외국인 직접투자가 줄어들었다.

또 제도적인 측면에서는 여러 가지 행정 규제나 외국인 투자를 어렵게 만드는 요인들이 많이 있다. 다른 나라에서는 더 유리한 조건으로 해주는데도 불구하고 우리에겐 아직 그런 요인이 있다면 문제가 아닐 수 없다. 문화적 요인으로는 우리의 경우 기업을 하는 분들이 대부분 뭐든지 혼자서 직접 하려고 하지 친구나 혹은 형제간에도 같이 하는 것을 그리 달가워하지 않는다. 이러한 요인들 때문에 외국인 직접투자가 최근에 오히려 줄어들었는데, 이것은 우리로 하여금 아주 큰 발상의 전환을 요하는 분야라고 말씀드리고 싶다.

해외에 진출하는 우리 기업의 바람직한 모습

이와 관련해 최근 미국의 클린턴 정부가 들어서면서 클린턴 정부의 이른바 '클린턴 경제학'의 근간이 되는 이론을 제공한 '로버트 라이쉬'의 얘기를 잠깐 하겠다. 클린턴 대통령과 영국 유학시절 룸메이트였던 이 사람은 하버드대학 교수를 하다 지난 대통령 선거기간 중 경제브레인으로 일했고 지금은 노동부장관이다. 직책은 노동부장관이지만 지금도 클린턴 행정부의 경제정책에 큰 영향력을 행사하고 있는 것으로 알려졌는데, 이 사람이 1991년경에 쓴 〈Who is us?〉라는 논문이 오늘날 클린턴 행정부 경제정책에 하나의 근간이 되고 있어 소개를 할까 한다.

그 논문의 핵심은 바로 이런 것이다. 예를 들어서 A라는 회사가 있고 B라는 회사가 있다. A라는 회사는 미국인이 소유하고 있고, 최고경영자도 전부 미국사람들이며, 본사도 미국에 있다. 그런데 공장은 거의 외국에 있다. 반면에 B는 외국인이 소유하고 있고 외국인이 거의가 최고경영자로 있으며 주주도 전부가 외국사람이다. 그런데 공장은 미국에 와있다. 그러다 보니까 미국의 근로자들을 쓰게 되고, 미국 근로자들을 훈련시키게 된다. 이럴 경우에 A와 B의 회사 중에서 어느 쪽이 우리인가 묻고, 그 해답은 바로 B라는 것이다. 왜 B가 우리인가? 그 회사는 미국에 공장을 두고 미국인을 고용하고 그 과정에서 미국 근로자들이 훈련시키게 되고 이렇게 함으로써 미국의 경쟁력을 올리게 되니까, 이것이 우리다 하는 것이다.

B가 우리라고 한다면, 미국의 정책은 어떻게 돼야 하는가? 미국경제의 경쟁력을 높이기 위해서는 어떻게 해야 되는가? 그 해답은 B와 같은 회사를 많이 유치하면 된다는 것이다. 구체적으로는 첫째, 국민들 교육을 잘 해놓고 그 다음에는 근로자들의 훈련을 잘 시켜 놓고, 사회간접자본을 잘 확충해 놓으면, 지금 국경을 모르고 넘나드는 외국의 자본과 기술이 미국으로 들어올 게 아닌가

하는 것이다. 그래서 이러한 정책을 펴는 것이 미국의 경쟁력을 높이고, 미국경제의 국제경쟁력을 향상시키는 길이라는 것이 로버트 라이쉬의 주장이다.

얼마 전 미국 대통령이 국회에서 몇 백 억을 교육에 투자하고 몇 백 억을 근로자들 훈련하는 데 쓰고 또 몇 백 억을 사회간접자본 시설을 확충하는 데 쓴다는 예산교서를 발표하지 않았나. 바로 이러한 생각에서 미국이 외국의 자본과 기술을 흡수하려는 경쟁에 뛰어든 것이다. 세계가 이렇게 하고 있는데, 기술고도화의 도전을 극복해야 하는 현 위치에서 우리의 입장은 아주 어려울 수밖에 없다. 그래서 발상의 전환이 필요하다.

최근에는 많이 달라졌으나 솔직히 말해 지금까지는 정부에서 일하는 분이나 기업인, 국민 모두가 외국기업이 우리 땅에 와서 일하는 것을 막는 것이 애국이라고 생각하는 경향이 있었다. 그런데 과연 그것이 애국인가 하는 것을 다시 생각해 볼 필요가 있다. 물론 거기에 따르는 여러 부작용이 있다면 그것은 그것대로 막아야 하겠지만, 기술이전과 모든 자본의 유입 자체를 막아버리는 것은 결코 애국이 아니다. 발상의 전환이 필요한 것이다. 우리가 외국인 직접투자와 기술이전을 유치하기 위해서는 소극적인 정책 대응에 따른 필요 이상의 규제를 과감히 완화해야 하고 적극적으로 다른 나라와 경쟁이 될 수 있는 인센티브를 제공하는 정책을 펴나가야 될 것이다. 거시경제 측면에서는 우선 경제를 안정시켜야 하고 정책의 일관성을 유지하고 예측 가능성을 높여 외국사람들도 우리 땅에 와서 투자를 하고 또 우리 기업들도 같이 투자할 수 있는 여건을 조성하는 것이 중요하다.

머리에서 나온 건 공짜라는 생각 버려야

내가 과거에 청와대에 있을 때나 재무부에 있을 때, 외국인 투자가들을 만나면 가장 큰 불평이 한국 기업과 조인트벤처를 하려고 서류를 갖다 주고 같이 검토하는 과정에서 영업비밀 등 지적재산권을 도용당하는 경우가 많다는 것이다. 바로 이 지적재산권에 관해 우리는 새롭게 생각하지 않으면 안 된다. 여러분이 종사하고 있는 이 정보산업은 지적재산권을 보호해주지 않으면 발전할 수 없다. 지적재산권은 외국인만을 위해가 아니라 우리 스스로를 위해서도 적극적으로 보호해야 한다. 그런데 한국은 옛날부터 사람값이 싼 나라였다. 그러다 보니까 서비스라는 건 막상 공짜라고 생각하는 경향이 있다. 머리에서 나오는 건 공짜라고 생각하는 것이다. 그래서 요즘도 아마 병원에 가서 미국처럼 처방만 주고 돈 받다가는 그 병원 앞에서 데모가 나고 야단이 날 것이다. 하다못해 식후 30분 소화제라도 주고 돈 받아야지 처방만 주고 약방에 가서 약 사먹어라 하고 돈 받았다가는 아마 문제가 있을 것이다. 왜 그런가? 서비스라는 것을 공짜로 생각해 왔기 때문이다. 그러다 보니까 남의 지적재산권에 대해서도 가치를 인정하지 않는다. 그래서 뭐 이건 남의 머리에서 나온 것을 슬쩍 써도 별로 죄의식 없이 생각해 왔는데, 오늘날 이른바 정보시대에 사는 우리가 당면하고 있는 여러 가지 환경을 생각해 볼 때는 심각한 문제가 아닐 수 없다. 반성을 하고 또 발상의 전환이 필요한 것이다.

국제환경 - 냉전의 종식과 정보기술의 발전

어쨌든 기술개발과 기술도입을 통해 우리 산업의 고도화를 이루고 질과 신뢰성을 바탕으로 하는 제품을 생산해야 우리 경제가 선진화될 수 있는데 국제환경은 어떤가 하면 두 가지 면에서 상당히 어렵다. 첫째는 냉전의 종식에 따른 것이고, 둘째는 정보처리 기술이 발달함으로 해서 각국의 기업과 세계화되어 가는 추세가 가속되기 때문이다. 그러면 왜 냉전이 종식됨으로 해서 경제 여건이 어려워졌는가를 생각해 보자. 냉전체제가 끝나고 나니까 과거의 국제관계를 결정하던 안보라든지 이념이라든지 하는 것은 뒷전으로 밀려나고, 이제는 각 나라가 경제를 최우선으로 하는 정책을 펴고 있으며 경제적인 관계에 의해 국제관계가 결정되는 새로운 질서 하에 세계가 놓이게 되었다.

이러다 보니까 심지어 미국 클린턴 대통령도 지난번 선거에서 자기가 경제를 회생시키겠다고 공약을 하고 당선이 된 것과 마찬가지로, 세계 모든 나라가 이제 경제우선주의로 나가게 되었다. 그렇게 되면 경제면에서 국제경쟁이 더욱 치열해질 수밖에 없음을 쉽게 예상할 수 있다.

게다가 2차대전 이후부터 월남전이 가속되는 1965년까지는 미국경제가 너무나도 튼튼했고, 군사·경제적으로 초강대국이었기 때문에 미국이 세계경제질서를 끌고 갈 수 있는 힘이 있었다. 패전한 일본이라든지 독일까지도 도와주고, IMF라든지 세계은행을 만들어 개발도상국도 도와주었다.

세계경제의 안정을 위해 자기희생적으로 나왔을 뿐만 아니라 GATT 체제를 만들어 국제통상 환경을 아주 자유롭게 만들고 자기의 시장을 개방해 많은 나라가 자기 나라에서 물건을 자유롭게 팔 수 있도록 했다.

그 혜택을 가장 크게 본 나라가 바로 일본이며, 우리나라도 그 혜택을 본 나라 중에 하나인데, 이렇게 자기희생적으로 세계를 끌고 갈 수 있는 초경제강대국이 없어진 것이 바로 오늘의 세계다. 그래서 어른 없는 마을처럼 비슷비슷한 몇 나라가 있다 보니까 끼리끼리 떼를 지어서 싸움을 자주 하게 된다. 일본, 독일, 미국 결국은 이 세 나라가 축이 되어 세계가 다국화되는 상황에 놓여 있는데, 이렇게 되다 보니까 이른바 세계경제의 지역화·블록화 추세가 일어날 수밖에 없다. 그러다 보니 우리나라와 같이 여기저기에도 못 끼인 작은 나라는 경제에 어려움을 겪을 수밖에 없다.

각국 경제의 세계화와 가열되는 경쟁

또한 이른바 정보처리기술이 발달되고, 그러다 보니까 각국 기업과 각국 경제 전체가 세계화되는 추세가 가속되고 있다. 제품 생산과 서비스 제공에 따르는 원가의 절감이 아주 빨라져 경쟁이 더욱 더 치열해질 수밖에 없다. 세계화는 국제화보다 한 단계 높은 개념으로 볼 수 있다. 국제화가 주로 한 나라에서 물건을 생산해 다른 나라에 파는 교역관계 차원이었다면, 세계화는 기업경영의 본사는 A나라에 두고, 부품은 B나라에서 생산하며, 조립은 C나라에서, 판매는 전 세계를 상대로 하는 등, 기업경영이 범세계적으로 이루어지는 것을 말한다고 볼 수 있다. 통신처리기술이 발달하고, 교통 체신 수단이 발달하다 보니까 이제는 어느 곳에 어떤 공장을 설립하는가 하는 것이 그다지 큰 제약요인이 되지 않는다는 것이다. 이렇게 해 생각 이상으로 원가질감을 이룩할 수 있게 된 것이다.

산업고도화를 위한 발상의 전환

그것은 무엇을 의미하는가 하면 우리 같은 나라에서는 결국 국제경쟁이 그만큼 어려워진다는 것이다. 그러다 보니까 기업의 다운사이징이 가능해지고 이제는 사무실에서 일한다는 개념이 달라졌다. 영국의 어떤 회사는 벌써 직원의 5퍼센트가 회사에 있지 않고 회사 밖에서 일하거나 집에서 일하고 그렇게 해도 일에 전혀 지장이 없다는 것이다. 또 많은 회사는 완전히 다운사이징을 이루어 파트타임, 임시고용자를 많이 쓴다고 한다. 그렇게 해서 원가를 약 30퍼센트 절감한 회사도 있다고 한다.

산업고도화를 위해서는 우리 정부나 기업, 국민 모두가 새로운 발상의 전환을 필요로 한다. 특히 기업 차원의 사고의 전환, 발상의 전환이 필요한 때다. 그렇게 하려면 우리 기업들은 첫째, 사람에 투자를 해야 한다. 과거와 달리 이제는 머리를 쓰는 두뇌집약적이고 기술집약적인 분야에서 경쟁력을 확보하지 않으면 안 되는데, 이 일은 결국 사람이 해내야 하기 때문에 사람에 투자하는 것을 아끼면 안 된다.

특히 세계화는 시대흐름에 역행할 수 없기 때문에 외국 각 지역 전문가를 키우는 것이 꼭 필요하다. 인도나 파키스탄이나 스리랑카와 상담을 하고 기업을 하시는 분들은 아마 경험이 있으리라고 생각하는데, 그 나라에 가 보면 그곳 사람들은 그렇다고 할 때 고개를 가로로 흔든다. 그것은 우리가 봐서는 아니라는 의사표시이다. 그런데 그곳에서 장사를 한다고 생각해 보자. 그들의 풍습·문화에 대한 이해가 되어 있지 않으면 그들의 그렇다는 고갯짓을 우리는 아니라는 뜻으로 받아들일 것이다. 상담이 제대로 이루어질 리가 없다. 마찬가지로 우리가 어느 나라에서 장사를 하려면 그 나라의 풍습과 문화, 그 나라의 사람들을 알아야 된다는 말이다.

우리가 구체적으로 해야 할 일들

그런데 우리나라의 약점은 무엇인가? 이것은 학계도 마찬가지고 정부도 마찬가지고, 내가 볼 때는 우리 산업계도 별로 예외는 아니지만, 어느 지역에 대한 전문가가 되는 것을 아주 꺼려한다. 그러나 지역 전문가 없이 어떻게 세계화되어가는 세계에서 살아남을 수 있겠는가?

보통 우리는 일본은 지리적으로 바로 옆에 있고, 일본말 하는 사람들도 꽤 많기 때문에 일본을 잘 알고 있다고 생각하는데, 우리나라에 일본전문가가 그다지 많지 않다. 미국도 마찬가지다. 필자도 미국에도 꽤 오래 살고, 공부도 하고 가르치기도 했지만, 또 필자와 같은 사람이 상당히 많이 있지만 과연 미국을 제대로 아는 사람이 몇 명이나 될지 의심스럽다.

우리 기업도 그렇고 은행도 그렇고 대개 외국에 나가게 되면 가서 1년간은 일 배우고 집을 구하고, 그 다음 1년간은 조금 정착되는 듯하다가 3년째는 돌아갈 준비를 한다. 다람쥐 쳇바퀴 도는 꼴이다. 장사를 옳게 하려면 그 나라의 관습도 알아야 하고 사람도 알아야 하며, 그러려면 장기간 언어도 배우고 그 나라에 익숙해져야 하는데 이러한 현지 전문가를 기르는 데 우리는 투자를 안 한다.

이러한 점이 앞으로 보완되지 않으면 국제경쟁력을 향상하기가 상당히 어려울 것이다. 그래서 외국 근무 같은 것도 장기화해야 하는데 그렇게 하려면 물론 거기에 인센티브가 주어져야 된다.

그리고 우리는 현지인을 채용하는 데 아주 인색한데 이것도 바꾸지 않으면 안 된다. 현지인을 써야 현지에서 장사할 수가 있다. 현지인을 쓰고 현지 사람을 우리나라에 데리고 와서 우리나라를 이해시키려는 노력이 뒤따라야 한다.

또 한 가지 이러한 도전을 극복하고 질과 신뢰에 바탕을 둔 산업으로 전환하는 데 꼭 추가해야 할 것이 건전한 노사관계를 정립하는 것이다. 여기서 가장 중요한 것이 정부와 기업 그리고 근로자가 서로 협력하는 파트너십 형성을 위한 여건을 마련하는 것이다.

그리고 이 노사간에 정보를 공유하는 제도를 시행·유지하는 것이 굉장히 중요하다. 예를 들어 정부가 어떤 경제정책과 경제목표를 내걸면 이것이 장기적으로는 기업과 근로자의 이익과 일치된다는 것을 잘 설명해 주고 설득하는 것이 중요하다.

기업가는 근로자들에게 정보를 나누어 줌으로써 기업의 번영을 통해서만이 근로자의 복지가 증진될 수 있다는 것을 보여줘야 하고 그것을 행동으로 나타내야 한다. 이렇게 서로 정보를 공유함으로 해 서로가 합심 일치해 나가지 않으면 우리가 앞에서 이야기한 산업고도화는 생각할 수 없다. 건전한 노사관계의 정립이 또 하나의 큰 과제인 것이다.

성장률의 작은 차이가 경제발전의 메울 수 없는 골로 벌어져

그리고 세계화 추세가 가속되다 보니 이제는 일자리 경쟁이 세계화되었다. 외국인 직접투자가가 중국에 갔으면 중국 사람을 고용해야 할 것 아닌가? 특히 탈냉전시대에 들어오면서 12억 중국 인구가 이제 국제적 일자리 경쟁에 뛰어들었고, 5억, 6억에 달하는 동구권 국가와도 경쟁하게 되었다는 사실을 우리 근로자들은 알아야 한다. 지금이야말로 우리에게는 정말 중요한 때다. 이 고비를 잘 넘기느냐 못 넘기느냐에 따라 우리가 선진국이 되느냐, 아니면 후진국으로 남게 되느냐가 판가름 난다. 남미의 많은 나라들이 선진국의 문턱에서 좌절하고 또 선진국에 어느 정도 진입했다가도 후퇴한 사례가 많다. 우리도 이 시점에서 정신을 차려서 경제를 잘 꾸려가지 않으면 선진국이 될 수 없다.

우리가 제1차 경제 5개년계획을 도입하던 1962년에 우리와 국민소득이 비슷하던 나라가 인도, 스리랑카였으며, 우리보다 소득 수준이 두 배 높던 나라가 필리핀과 태국이었다. 그때 북한도 우리 소득의 두 배쯤 됐다. 그런데 경제는 복리로 불어나기 때문에 오늘날에는 사정이 달라졌다. 우리나라는 지금 7,000달러에 가깝지만 인도 스리랑카는 지금도 아마 500달러 미만에 있고 태국은 1,500 달러에서 2,000달러 사이일 것이다. 필리핀은 아마도 대충 1,000 달러 미만일 것이다.

1962년에는 우리나라 청년들이 필리핀에 유학을 갔다. 태국에도 유학을 갔다. 광화문 종합청사 맞은편에 있는 지금 문화부 자리인가? 옛날 경제기획원 재무부 있던 건물을 필리핀 건설회사가 지은 것으로 기억한다. 그런데 오늘날은 어떻게 됐는가? 30년 전 그때 우리에 비해 소득이 두 배나 되던 나라, 우리 청년들이 유학을 가던 나라의 청년들이 지금 우리나라에 와서 불법취업을 하고 있다. 30년 동안 이렇게 달라진 것이다.

지금 한 세대 동안에 경제라는 것은 복리로 불어나기 때문에 성장률의 조그만 차이가 몇 년 지나고 나면 이렇게 메울 수 없는 골로 벌어지고 만다. 이것은 우리가 시간을 놓치면 30년 뒤의 우리 형편이 거꾸로 이렇게 될 수도 있다는 것을 뜻하기도 한다. 우리의 위에 있는 나라들이 전부 지금 뛰고 있다. 멕시코가 뛰고 있고, 아르헨티나가 뛰고 있고, 심지어는 인도까지도 최근에는 열심히 뛰고 있다. 중국은 말할 것도 없다. 중국은 지금 10퍼센트, 12퍼센트씩 이렇게 성장하고 있다. 너무 과열되니까 어떻게 하면 성장을 줄이느냐 하는 것이 지금 그 사람들의 골칫거리다. 이 사실을 우리가 알아야 된다.

또 한 가지는 우리 민족이 그 동안 염원해 온 남북통일의 가능성이 눈에 보이고 있지 않은가? 그런데 남북통일을 실제로 성공적으로 성취할 수 있느냐 없느냐 하는 것이 바로 경제력에 달려 있다는 사실이다. 그것은 모두가 지상을 통해 동서독 간의 통일을 보

〈제2장〉 1990년대의 새로운 세계경제질서와 한국

고 너무나 잘 이해하고 계실 거라 생각한다. 남한과 북한 간의 경제력 차이는 동서독 간의 경제력 차이보다도 훨씬 더 크기 때문에 만약에 우리의 통일이 2000년부터 시작해 한 4년 만에 완성된다고 하면 2004년에 가서는 북한의 연간소득을 남한의 한 50~60퍼센트 수준으로 올리기 위해 우리가 매년 GNP 대비 9퍼센트 정도를 써야 한다는 추계가 있다.

그러면 그 돈이 어디에서 나오는가? 우리 국민들에게 저축과 국제수지의 여력이 있어야 하는 것 아닌가? 지금 우리 국민의 조세부담률이 GNP 대비 20퍼센트 조금 못 되는 형편인데 그것을 하루아침에 29퍼센트 정도 올려 보자. 지금 조세부담률을 0.01퍼센트 올리는 데도 조세저항이 얼마나 큰가? 다시 말해 남북통일 문제도 낭만적으로만 생각할 게 아니고 우리가 하루속히 경제력을 키워 놓지 않으면 안 된다는 결론을 내릴 수밖에 없다. 이러한 경제적인 도전을 이겨내기 위해서는 여러 면에서 발상의 전환이 요구되고 올바른 경제정책이 함께 이루어져야 하는 것이다.

남북통일을 위한 경제적 능력을 갖춰야

지난 1987년 이후부터는 우리 국가의 우선순위가 정치여건의 변화로 경제논리가 정치적인 쟁점에 밀리는 상황을 겪었다. 그렇듯 경제논리에 의한 정책을 펴지 못하다 보니까, 또는 정치적 인기에 영합하는 정책을 펴다보니까, 우리 경제에 구조적인 문제가 많이 생긴 것이 사실이다. 그런데 경제정책의 요체는 따지고 보면 간단하다. 주어진 자원으로 무한한 정치적 욕구를 충족시켜야 하는 것이 경제문제이기 때문에 경제정책이라는 것은 바로 선택의 문제이고. 우선순위의 문제인 것이다. 그리고 선택의 문제란 무엇을 뜻하는가? 무엇을 선택하면 선택되지 않는 것이 있으니까, 못 하는 것이 있게 되고, 우선순위의 문제라는 것도 먼저 해야 하는 것이 있으면 나중에 해야 하는 것, 밀리는 것이 있다는 것이다. 안 되는 것이 있고 밀리는 것이 있고, 그러다 보면 불평불만이 생길 게 아닌가?

불평을 다 들어 주기 위해 하는 것이 무엇인가? 그것이 인기에 영합하는 정책, 그것이 바로 남미의 여러 나라가 과거에 하다가 망한 것으로 자원은 유한한데 모든 걸 다 충족하려다 보니 돈을 마구 찍어내어 인플레를 일으키는 것이다. 그래서 경제정책을 올바르게 편다는 것은 굉장한 고통이 따를 뿐 아니라 국민과 기업에 대한 설득이 필요하다.

그런데 오늘 이 시점에서 우리가 당면하고 있는 도전과 이것을 이겨내는 데는 국민을 어떻게 설득시키느냐 하는 것이 중요한데 가장 중요만 설득 요인이 바로 남북통일 문제다. 지금 우리 앞에 이렇게 기회가 오고 있는데 우리가 경제적인 준비를 갖추지 못하고 있으면, 이러한 역사적인 기회마저도 우리를 외면하게 된다는 점을 우리는 결코 간과해서는 안 된다.

마지막으로 우리 경제의 구조조정이 필요하고 개혁이 필요한 분야에 대해 한 가지 더 말씀을 드리자면 여러 분야가 많지만, 가장 중요한 것은 여기에 모인 여러분이 종사하고 있는 정보산업이라고 생각한다. 우리나라는 전통적으로 인건비가 싼 나라다 보니 이러한 서비스에 대한 인식이 잘 안 되어 있어 그 중요성이 가볍게 다루어지는 경향이 있다. 앞으로 계속 국민의 인식을 바꾸어 나가고 기업에서도 창조적인 활동을 할 수 있는 분위기를 만들어 주어서, 우리 경제에 정보산업이 더욱 큰 기여를 하게 되기를 기대한다. 우리 경제가 세계경제 기네스북에 올라가는 나라가 될 수 있도록 말이다.

1993.
6.

월간 현정

국제경쟁 기반 확립에 필요한 지적재산권 보호

오늘 우리나라가 당면하고 있는 가장 큰 도전은 우리 경제의 국제경쟁 기반을 확립하는 것이다. 우리는 이제 노동과 중간기술 집약적인 제품에서 급속히 국제경쟁력을 잃고 있는 반면, 자본과 고도기술, 그리고 두뇌집약적인 제품, 즉 가격보다는 질과 신뢰성이 더욱 중시되는 고부가가치 제품의 경쟁력 확보가 필요한 시점에 와있는 것이다.

기술고도화를 통한 국제경쟁 기반 확립

따라서 기술고도화가 시급한 것이다. 기술고도화를 통한 새로운 국제경쟁 기반을 확립해 오늘날의 선진제국과의 경쟁에서 이겨야 하기 때문이다. 이를 위해 산업고도화에 필요한 산업기술의 고도화는 말할 것도 없고, 선진제국에서 눈부신 속도로 발전하고 있는 정보화 관련 기술을 동시에 확보함으로써 우리 경제의 전반적인 생산성 향상을 기해야 하는 것이다.

그런데 이러한 제반기술은 국내에서 개발하든지, 외국으로부터 도입해야 한다. 따라서 국내기술 개발을 최대한 조장하고, 필요한 기술을 외국으로부터 도입할 수 있는 기술제휴와 기술이전을 수반하는 합작투자나 외국인 직접투자를 촉진할 수 있는 여건이 마련되어야 하는 것이다. 이와 관련해 무엇보다 중요한 것이 남의 창의적인 지적활동과 그 결과 얻어진 성과에 대한 적절한 보상은 물론이거니와 이를 보호할 수 있는 제도적 장치가 필요하다고 하겠다. 지적재산권 보호문제도 이러한 차원에서 신중히 고려되어야 할 것이다.

지적재산권이란 인간의 지적활동에 의해 얻어진 무형재에 대한 소유권으로서 저작권, 특허권, 상품권, 영업비밀 등은 물론이거니와 고도정보화시대를 재촉하는 각종 컴퓨터 프로그램, 데이터베이스, 그리고 반도체 집적회로 등도 포함한다. 지적재산권이란 용어가 우리 귀에 익숙해지기 시작한 것은 지적재산권 문제가 한·미간 통상문제로 대두한 80년대 중반 이후의 일이다. 그 이전까지만 하더라도 우리나라에서는 지적재산권 보호문제가 중요한 경제·사회적인 이슈로 부각되어 있지 않았던 것이 사실이다. 따라서 지적재산권 보호를 위한 제도적 장치가 미비했던 것 또한 사실이다.

하드웨어적 사고의 틀을 깨야

우리 모두는 남의 지적 활동의 결과 얻어낸 창의적인 아이디어나 구상을 존중하고 그 대가를 지불하는 데 익숙하지 못하다. 남이 심혈을 기울여 이룩해낸 값진 연구결과나 글의 내용을 자기 것처럼 거리낌 없이 활용하는 경우를 흔히 본다. 또한 큰돈을 주고 사는 기계설비 등 하드웨어에 대한 구매결정은 쉽게 하면서도 조직의 능률제고와 경영개선을 위한 자문이나 기타 필요한 소프트웨어 구입에 필요한 비교적 적은 돈의 지불에는 오히려 인색한 경우도 많은 것이 우리의 현실이 아닌가. 심지어 소프트웨어는 하드웨어 구매에 따라오는 부수물로 보는 경우마저 있다. 이러한 우리의 하드웨어 중심사고와 가치기준이 남의 지적재산권을 가볍게 취급하는 결과를 갖고 온다고도 볼 수 있을 것이다. 우리는 병원에 가서도 약을 받고 주사를 맞는 대가를 지불하는 것이지, 의사의 몇 마디 소견과 처방전만을 받기 위해 대가를 지불하는 것으로 생각하지 않는 것이 사실이다. 그 결과 우리 국민들은 필요 이상의 약을 먹고 주사를 맞고 있는지도 모른다.

〈제2장〉 1990년대의 새로운 세계경제질서와 한국

지난 수년간 우리나라는 한·미 통상 문제 해결책의 일환으로 이러한 지적재산권 침해사범의 단속을 행정적으로 강화하고 관련법규를 도입하는 등 상당한 노력을 기울여 왔다. 금년에도 작년에 이어 우리나라는 각국의 지적재산권 보호와 관련해 미국행정부가 자기들이 정한 기준에 의거해 정하는 우선협상대상국 명단에서 제외되었다. 이러한 미국의 일방적인 처사가 옳든 그르든 간에 미국시장에다 계속해 우리 물건을 팔지 않으면 안 되는 우리로서는 퍽 다행한 일이라고 할 수밖에 없다. 그러나 중요한 것은 앞에서 지적한 바와 같이 지적재산권 보호문제는 외국과의 통상문제 해결 차원이 아닌 우리 스스로의 필요에 의해 적극적으로 다루어져야 할 문제라는 데 있다. 지적재산권의 보호가 보장될 때 우리 국민 모두의 창의적인 지적활동이 최대한 보장될 수 있을 뿐 아니라, 외국으로부터의 적절한 기술도입이 원활해질 수 있는 것이다. 게다가 우리나라는 지식과 두뇌집약적인 산업에 비교우위를 갖고 있는 것이 분명하다. 특히 컴퓨터 소프트웨어산업 등 정보화산업 전반에 걸쳐 큰 잠재력이 있다고 볼 수 있다.

지적재산권 보호 적극 촉진돼야

　　이러한 우리의 비교우위를 최대한 살리기 위해라도 적극적인 지적재산권 보호제도가 마련되어야 하는 것이다. 지적재산권 보호와 아울러 고도정보화시대를 목전에 두고 있는 이 시점에서 시급한 것으로 컴퓨터 보급을 크게 늘리는 계획이 마련되어야 한다는 점이 강조되어야 한다. 하드웨어중심의 사고에서 벗어나지 못하고 있으면서, 또 한편으로 우리는 소형 개인용 컴퓨터를 포함하는 기계사용에 대한 공포감 내지 거부감을 갖고 있는 것 또한 사실이다.

이를 극복하고 정보화시대로의 이행을 촉진하기 위해라도 어릴 적부터 컴퓨터와 친해질 수 있는 기회를 제공하는 한편, 기회를 늘려나가야 한다. 고도정보화시대에 있어서 정보는 산업사회에서의 자본보다 더 중요한 전략적 자원이라 할 수 있으며, 이러한 정보를 처리하는 수단으로서의 컴퓨터는 모두에게 필수불가결한 것이기 때문이다.

기업경영의 세계화에 따른 일자리 경쟁의 세계화

1993. 7.

보험조사월보

세계 7대 선진공업국 정상들이 모여 지구촌의 문제를 논의하는 G7정상회의가 얼마 전 개최되었다. 이 도쿄G7정상회의는 '일자리 정상회의'로 불릴 만큼 근로자들의 실업문제, 즉 일자리 문제가 정상들의 가장 큰 관심사였다.

선진제국의 심각한 실업문제

과연 선진제국의 실업문제는 어느 정도 심각하며, 그 근본 원인은 어디에 있으며 우리에게 주는 시사점은 무엇인가를 한번 생각해 보기로 하자. EC 12개국의 평균 실업률은 현재 12퍼센트에 육박하고 있고 미국의 실업률도 7퍼센트에 이르고 있다. 현재 선진 공업국들의 총 실업인구는 3,400만에 달해, 이들을 한 줄로 세우면 미국의 뉴욕에서 호주의 시드니까지 왕복할 수 있는 거리가 된다고 한다. 경기가 어느 정도 회복되고 있는 나라에서마저 실업자 수가 크게 줄어들지 않는다는 것이 더욱 큰 문제다. 게다가 일부 늘어나는 일자리마저 임시고용직 혹은 파트타임 근로자들이 주로 차지한다고 한다. 즉 실업의 성격이 단순한 경기순환적인 것이 아닌 구조적일 뿐 아니라, 고용구조 자체가 바뀌고 있어 실업문제의 해결을 더욱 어렵게 하고 있다는 것이다.

이러한 선진제국의 실업문제의 근본원인으로, 무엇보다 먼저 기업경영의 세계화 추세의 가속과 더욱 치열해진 지구촌의 기업 간 경쟁을 들 수 있을 것이다. 컴퓨터와 전자통신기술의 눈부신 발달과 냉전의 종식은 세계 모든 기업의 경영시야를 더욱 넓혀준다. 따라서 기업하기가 유리한 곳이면 국경에 크게 구애받지 않고 자본과 일자리가 함께 옮겨갈 수 있게 된 것이다. 12억 인구를 가진 중국과 6억에 가까운 구소련 및 동구권 여러 나라도 이러한 자본과 일자리 경쟁에 뛰어들어 지구촌의 기업경영의 세계화를 더욱 촉진하고 있는 것이다. 금년 일 년 동안의 대중국 외국인투자 계약액은 미화 800억 달러에 달할 것으로 알려지고 있다. 어마어마한 일자리의 이동을 수반할 것은 당연한 것이다.

〈제2장〉 1990년대의 새로운 세계경제질서와 한국

기업경영의 세계화와 인력감축

　이러한 기업경영의 세계화와 냉전종식에 따른 모든 나라의 경제우선주의 시책은 지구촌의 기업간 경쟁을 더욱 치열하게 한다. 따라서 이러한 경쟁에서 살아남기 위한 기업의 원가절감과 능률향상을 위한 획기적인 경영혁신경쟁 또한 불가피하게 될 것은 당연한 일이다.

　이러한 경영혁신 노력의 일환으로 세계 유수기업들의 대대적인 인력감축 계획을 도입하고 있음도 잘 알려진 일이다. IBM은 작년에 4만 명의 인력을 줄인 데 이어 금년에도 2만5,000명을 추가로 감축해, 1985년 41만에 달하던 직원 수는 이제 25만으로 줄어들었다고 한다. IBM보다 소규모인 '애플컴퓨터'도 전체 인력의 15퍼센트에 해당하는 2,500명을 감축할 계획을 내놓고 있다. 또한 세계적인 기업그룹으로 잘 알려진 유럽의 지멘스, 벤츠, 필립스 등도 1만에서 4만 명에 이르는 인력감축 계획을 집행하고 있는 것으로 알려지고 있다. 이러한 기업차원의 인력감축 계획이 이들 국가 전체의 실업으로 연결될 것은 당연하다.

　물론 이러한 경영혁신을 통한 각 기업의 생산성 향상은 물론 결국 더 많은 이윤과 투자로 연결되며, 그 결과 새로운 일자리가 창출된다고도 볼 수 있다. 그러나 이렇게 새로 생겨난 일자리는 빠른 기술혁신을 고려할 때 이미 없어진 일자리와는 전혀 다른 새 기술과 지식을 요구하는 것이 대부분일 것이다. 따라서 지난번 도쿄G7회의에서 실업대책과 관련해 근로자의 교육과 재훈련이 강조된 것도 이런 측면에서 볼 때 이해할 수 있다. 이러한 세계적 기업들의 인력감축 훈련과 관련해 간과할 수 없는 사실은 감축대상에 중간관리층과 사무직, 그리고 전문직 인력도 포함되어 있다는 것이다. 종신고용제로 유명한 일본기업들마저 경영혁신을 위한 인력감축 노력을 하고 있을 뿐 아니라, 40대와 50대의 관리층을 주 대상으로 하는 '자진퇴직' 계획을 도입하는 회사가 늘어나고 있는 것으로 알려지고 있다.

이들 선진제국, 특히 EC제국들의 경우, 실업문제의 또 다른 근본요인으로 고임금과 지나치게 후한 사회복지제도를 드는 것이 보통이다. 이러한 요인은 근로자의 새로운 일자리의 창출을 억제할 뿐 아니라, 새로 생긴 일자리는 의료보험, 퇴직연금 등 부대비용이 절감되는 임시직과 파트타임 근로자를 선호하게 되는 것이다. 지난번 도쿄G7회의에서 노동시장의 효율화를 위해 의료보험 등 사회복지제도의 개선이 필요하다는 논의가 있었던 것도 이러한 측면에서 이해할 수 있다.

일자리 경쟁의 세계화 미리 대응해야

이러한 선진제국의 경영혁신 노력과 실업문제가 우리의 기업과 근로자, 그리고 정부에 시사한 바는 무엇인가? 무엇보다 먼저

〈제2장〉 1990년대의 새로운 세계경제질서와 한국

우리 기업들도 기업경영의 세계화 추세와 세계적 기업들의 경영혁신 노력을 외면할 수 없을 것이다. 우리 기업의 경쟁상대는 바로 이들 선진제국의 세계적 기업이라는 점을 잊지 말아야 할 것이다. 또한 근로자들도 기업경영의 세계화 추세는 바로 일자리경쟁의 세계화라는 점을 인식하고 좀 더 협조적인 노사관계 풍토조성과 생산성 향상을 위한 노력을 경주해야 할 것이다. 정부 또한 거시경제의 안정과 정부의 일관성 유지와 아울러 불필요한 각종 규제의 완화 및 시장기능의 효율화를 위한 시책을 펴나감으로써 다른 경쟁국들에 비해 불리하지 않은 기업투자여건 마련에 힘써야 할 것이다.

1993.
7. 23.

전국
경제인
연합회
하계
최고경영자
세미나
특별연설요지

2000년대
한국경제의
과제 ①

국제경제환경 변화를 중심으로

지난 30여 년간 지속된 경제개발의 성공으로 우리나라는 이제 국제사회의 주요 일원으로서의 위치를 점하게 되었다. 그러나 아직도 우리는 경제규모 면에서나 경제발전 단계 면에서 볼 때 국제경제질서를 주도하거나 국제경쟁의 틀을 우리에게 유리한 방향으로 끌고 갈 수 있는 입장에 있지 못하다. 따라서 앞으로도 계속해 대외지향적인 성장전략을 유지할 수밖에 없는 우리로서는 국제경제질서와 경쟁의 틀에 잘 적응하는 것이 중요하다. 특히 2000년대를 내다보는 이 시점에서의 국제경제환경 변화는 그 어느 때보다 급속하고 광범위한 분야에 걸쳐 전개되고 있기 때문에 2000년대 한국경제의 경쟁전략은 이러한 국제경제환경 변화를 예측하고 이해하는 데서 출발해야 할 것이다.

과도기를 맞고 있는 지구촌

오늘날 세계는 중·장기 양측면에서 과도기를 맞고 있다. 단일경제 초강대국이 없는 상황에서 맞은 동서진영 간의 냉전 종식, 그리고 컴퓨터와 전자통신 기술의 눈부신 발전에 따라 세계는 향후 상당 기간에 걸쳐 새로운 국제질서가 형성되는 과도기적 현상을 경험하게 될 것이다. 2차대전 이후의 미국과 같은 경제 초강대국의 부재는 세계경제의 다극화를 불가피하게 할 뿐 아니라 냉전 종식에 따른 각국의 경제우선주의와 함께 각국 간의 경제적 분쟁과 마찰의 소지를 더욱 크게 넓히게 된다. 반면에 국경에 구애받지 않는 자본과 기술의 자유로운 이동은 세계경제의 통합과 기업경영의 세계화를 더욱 촉진할 것이다. 따라서 적어도 앞으로 10여 년간의 세계는 새로운 국제경제질서가 형성되는 과도기가 될 것이다. 좀 더 장기적인 안목에서 볼 때, 오늘날 세계는 르네상스나 산업혁명에 버금가는 구조적인 변화를 수반하게 될 정보화시대, 초산업화사회, 지식사회 혹은 후기자본주의사회로 이행해 가는 전환기가 될 것이다. 즉 마이크로칩 관련 기술, 광케이블과 위성통신, 생명공학 등 광범위한 분야에 걸친 빠른 기술혁신으로 지구촌은 인류의 생활방식과 각국의 산업구조가 근본적으로 달라지는 과도기가 될 것이다.

새로운 국제경제질서가 형성되는 과도기의 특징

군사적 안보 혹은 이념이 아닌 경제가 국제관계를 결정하는 핵심요소가 되며, 각국은 경제에 우선을 두는 시책을 펴게 될 것이다. 게다가 경제 초강대국의 부재는 세계경제의 번영을 위한 몇몇 경제대국의 집단 지도력을 필요로 하며, 이에 따른 책임분담 내지 비용 분담 측면에서도 잦은 분쟁과 마찰이 예상된다. 세계경제의 지속적인 번영을 위해 필요한 공공재를 제공하는 데 따르는 비용과 책임은 대외시장개방, 환율의 안정, 거시경제정책을 통한 각국 간의 협조도 포함되며, 이러한 비용과 책임분담에는 G7 국가는 물론이거니와, 상대적으로 경제력이 큰 우리나라를 포함하는 신흥공업국 등 많은 나라의 참여를 강요하게 될 것이다. 또한 각국의 경제적 이해관계에 따른 세계경제의 권역화 내지 지역주의현상이 심화되고 자칫하면 세계가 보호무역주의 추세에 휘말릴 가능성마저 있다. 지난 7년 넘게 지지부진하게 진행되어온 GATT 체제 하의 우루과이라운드 다자간협상이 이제야 겨우 그 결말을 보게 되는 가운데 EC 통합의 가속화와 NAFTA 체결 등은 이러한 추세를 잘 말해 준다고 볼 수 있을 것이다.

단지 일본을 중심으로 하는 동아시아 지역과 미국과 일본을

〈제2장〉 1990년대의 새로운 세계경제질서와 한국

다 함께 포함하는 환태평양 지역의 권역화 내지 지역주의는 이 지역 국가들의 정치·사회·문화적인 다양성과 경제발전단계의 이질성 등으로 아직까지 큰 진전은 없는 것이 사실이다. 그러나 아시아 태평양 경제 협력체로서의 APEC의 지속적인 발전이 이 지역 많은 국가의 관심사가 되고 있을 뿐 아니라, 지난번 도쿄G7회의시 클린턴 미국 대통령이 도쿄에서 제안한 신태평양 공동체는 APEC을 기초로 마련하자는 것이다. 한편으로는 기업경영의 세계화추세 가속으로 세계시장에서의 기업간 경쟁은 더욱 치열해질 것이다. 오늘날 많은 나라들은 이러한 각국 기업의 세계화 추세를 적극 활용할 수 있도록 노력하고 있다. 즉, 국민교육의 질적 향상, 근로자의 재훈련, 사회간접자본의 확충 등을 통해 외국자본과 기술의 유치에 힘쓰고 있다.

정보화시대와 지식사회의 특징

정보화시대와 지식사회의 가장 전략적인 자원은 자본이나 노동이 아닌 '정보' 혹은 '지식'이다. 이러한 사회의 정보근로자 혹은 지식근로자와 정보 내지 지식관련 활동이 위주가 되는 것이 특징이다. 과거의 근로자들이 기계를 작동하는 운전공으로서 생산에 참여했다면, 이들 지식근로자들은 기계(예: 컴퓨터)를 활용해 생산을 최대화 할 줄 아는 전문가 혹은 기능인이다. 오늘날 선진제국에서는 산업혁명 이후 볼 수 없었던 정도의 구조적인 변화가 일어나고 있다. 이러한 변화에 따라 제조업 근로자, 특히 미숙련공(예: 기계운전공, 단순사무직 근로자)들이 잃은 일자리는 경기가 좋아진 이후에도 돌아오지 않고 있다. 왜냐하면 그중 상당부문은 컴퓨터와 다른 기계로 대체되었고, 이들 컴퓨터와 다른 기계를 활용해 생산성을 올리는 새로운 지식근로자들의 일자리는 늘어나고 있기 때문이다. 정보화시대에는 자연자원에 기초를 둔 과거식 경쟁우위 확보와는 달리 '사람이 만든' 비교우위 확보가 더욱 중요하다. 즉 정보화시대 혹은 지식사회에서는 국제경쟁우위 확보를 위한 국민교육의 질적 향상과 근로자의 평생교육 및 재훈련이 중요한 것이다.

2000년대를 내다보는 한국경제의 과제
우리 경제의 국제경쟁 기반 확립

지난 30여 년간 우리는 주로 노동과 중간기술 집약적인 표준화된 제품을 상대적으로 저렴한 가격으로 생산 수출하는 대외지향적 개발전략 혹은 수출주도의 산업화 전략을 성공적으로 추진해왔다. 그 결과 오늘날 우리는 이른바 신흥공업국의 선두주자로 부상되었다. 그러나 경제발전에 따라 국민소득 수준도 높아지고 국민의 생활수준도 향상됨에 따라 노임도 크게 상승해, 노동집약적인 표준화된 제품의 국제경쟁력은 급속히 떨어지게 된 것이 오늘

〈제2장〉 1990년대의 새로운 세계경제질서와 한국

의 현실이다. 따라서 이러한 우리 경제의 내부적 변화만을 고려하더라도, 우리산업의 국제경쟁 기반 확립을 위해서는 제품의 질과 신뢰성을 바탕으로 하는 고도기술 내지 두뇌 집약적인 차등화된 제품을 생산수출하지 않으면 안 될 시점에 와있다. 즉 우리는 이제부터 여타 선진제국과 경쟁해 이겨야 하는 위치에 와있는 것이다. 따라서 오늘 한국경제의 가장 큰 과제는 한마디로 우리 경제의 국제경쟁력기반 확립을 위한 산업구조의 고도화다. 따라서 산업구조의 고도화를 위한 산업기술 고도화가 시급한 것이다. 아울러 선진제국에서 눈부신 속도로 발전하고 있는 정보화 관련 기술을 동시에 확보함으로써 우리 경제의 전반적인 생산성 향상을 기해야 한다.

그런데 이러한 제반기술은 국내에서 R&D를 통해 개발하던지, 외국으로부터 도입해야 한다. 따라서 국내기술개발을 최대한 조장하는 것은 두 말 할 필요도 없거니와, 필요한 기술을 외국으로부터 도입할 수 있는 외국기업과의 기술제휴와 기술이전을 수반하는 합작투자와 외국인 직접투자를 촉진할 수 있는 여건을 마련하는 것도 중요하다. 정부는 현재 진행되고 있는 각국 주요기업의 세계화 추세를 우리도 유리하게 활용할 수 있는 여건조성에 주력해야 하는 것이 바람직하다. 이를 위해서는 무엇보다 먼저 안정된 거시경제정책과 제반 경제시책의 일관성을 유지함으로써 기업투자에 관한 미래의 불확실성을 줄여주어야 할 것이다.

이와 동시에 외국인 투자에 대한 필요 이상의 각종 규제나 복잡한 절차 등을 과감하게 줄여 나가야 함은 물론이거니와 협조적인 노사관계 풍토의 조성도 시급하다. 우리 것이든 외국 것이든 자본과 기술이 우리를 외면하고 다른 나라로 들어가는 것은 곧, 우리 노동자들의 일자리를 외국 근로자들에게 넘겨주는 것이다. 최근에 와서 우리나라에 대한 외국인 직접투자는 줄어드는 반면, 동남아제국과 특히 이웃 중국에 대한 외국인 직접투자는 놀라울 정도로 급속하게 늘어나고 있다는 사실을 잊어서는 안 될 것이다.

신국제질서에의 대응

먼저 정부는 탈냉전시대에 부응하는 국가경영 우선순위를 분명히 해야 할 것이다. 즉, 경제를 국가경영의 최우선으로 삼아야 한다. 경제력이 없으면 남북통일의 기회마저도 우리를 외면할 수 있다는 사실을 잊어서는 안 될 것이다. 경제에 우선순위가 주어질 때 단기적으로는 인기 없는 경제정책과 고통이 수반되는 구조조정 시책도 펴 나갈 수 있는 것이다. 또한 정부는 현재의 GATT 체제 내에서 다자간협의에 의해 세계경제의 번영이 지속되도록 하는 모든 국제협력에 적극 참여해야 한다. 이러한 관점에서 볼 때, 현재 추진 중에 있는 우루과이라운드 협상이 성공적으로 이룩될 수 있는 방향으로 노력하는 것이 바람직하다고 할 수 있다. 이와 동시에 현재 진행되고 있는 권역화 내지 지역주의 추세에도 적극 대응해 나가야 할 것이다. 환태평양지역의 각종 경제협력체와 APEC에 적극 참여해야 함은 물론이며, 우리의 개발경험과 중간 기술보유국으로서의 우리의 이점을 최대한 활용해 개도국 개발과 비시장경제의 시장경제화에 적극 참여하는 방안도 마련되어야 할 것이다.

이러한 세계경제질서 변화에 대응하는 방안으로, 우리 기업도 국제경쟁력 유지를 위해 시야를 넓혀 기업경영의 세계화를 적극 추진해 나가야 할 것이다. 이와 관련해 우리 모두가 유의해야 할 점은 우리 기업은 국내에서나 해외진출에 있어서도 단독경영을 선호하고 이를 고집한다는 것이다. 우리 기업끼리의 합작은 물론, 그 지역 기업 혹은 제3국과의 유리한 합작도 적극 추진할 필요가 있다. 그리고 우리 기업의 외국 현지 적응과 효율적인 경영을 위해 해외근무 직원의 장기체류 인센티브 제공과 유능한 현지인 채용, 그리고 이들의 국내초청 훈련의 폭넓은 활용도 있어야 할 것이다.

우리 기업의 국제적 안목을 넓힐 수 있는 경영인력 양성과 현장기술 향상 및 사내제도 마련과 기술인력 양성과 근로자 재훈련을 위한 투자를 꾸준히 늘려나가야 할 것이다. 이를 위한 정부의 유인책도 강화되어야 할 것이다.

기업경영의 세계화와 냉전종식에 따른 모든 나라의 경제제일주의 시책은 지구촌의 기업 간 경쟁을 더욱 치열하게 해, 이러한 경쟁에서 살아남기 위한 세계적 기업의 경영혁신 경쟁 또한 치열하게 된다. 세계 유수기업들의 각종 경영혁신 방안의 도입과 이에 따른 대대적인 인력감축 계획은 잘 알려진 사실이다. 우리 기업도 이러한 경영혁신 노력을 배가해야 할 것이다. 아울러 신국제질서 하의 책임분담과 관련해 세계무역대국으로서 우리에게 시장개방과 거시경제정책을 통한 협력을 요구하는 대외압력은 더욱 강화될 것이다.

우리 스스로의 중장기 계획에 따라 우리 산업의 구조조정을 꾸준히 추진해 나가야 할 것이다. 국민교육의 질적 향상을 위한 교육제도의 획기적인 개선과 근로자들의 평생교육과 재훈련을 위한 제도의 마련이 시급하다.

또한 과학기술개발에 더욱 많은 자원을 할애해야 할 것이다. 기초과학 투자도 더 해야 하나 기술의 산업응용과 신기술의 상업화에 중점을 두는 과학기술개발 투자를 과감히 늘려야 한다. 앞에서 지적한 외국인 직접투자 내지 합작투자를 통한 외국기업과의 산업제휴 혹은 기업제휴도 강화해 나가야 할 것이다. 우리의 기술개발도 우리 기업들이 잘할 수 있는 분야에 집중적으로 투자함으로써 외국기업과의 연합이나 합작유치에도 도움이 되어야 할 것이다.

정보화시대에 대비한 정보통신망의 확충과 정보 관련 산업내지 지식산업 육성기반이 되는 제도의 정비가 필요하다. 일본의 대대적인 신사회간접자본형성이나, 미국의 정보고속도로망 확충은 우리에게 시사하는 바가 크다. 또한 지식산업 육성기반이 되는 제도정비와 관련해, 지적재산권 보호를 위한 제도정비는 시급하

〈제2장〉 1990년대의 새로운 세계경제질서와 한국

다. 지적재산권 보호문제는 외국과의 통상문제 해결 차원이 아닌 우리 스스로의 필요에 의해 적극적으로 다루어져야 할 문제다. 지적재산권의 보호가 보장될 때, 우리 국민 모두의 창의적인 지적활동이 최대한 보장 될 수 있을 뿐 아니라, 외국으로부터 적절한 기술도입도 원활해질 것이며, 좀 더 생산적인 정보화시대를 앞당길 수 있을 것이다.

결언

"국제관계에서는 영원한 적도 영원한 우방도 있을 수 없다"는 국제외교에서의 상식은 이제 새롭게 형성되고 있는 국제질서 하에서는 더욱 실감나는 경구가 될 것이다. 앞으로도 계속해 대외지향적인 성장전략을 유지할 수밖에 없는 우리는, 국제환경 변화에 남달리 잘 대응해 나가지 않으면 안 되는 처지에 있다. 다행히도 우리에게는 잠재력이 큰 인적 자원이 있기 때문에, 두뇌와 지식이 더욱 중요시되는 2000년대의 정보화시대 혹은 지식사회에서 우리는 국제경쟁에 유리한 '사람이 만든' 비교우위의 고지를 점하고 있는 것 또한 사실이다.

따라서 정부와 민간부문이 함께 이러한 국제환경 변화와 적절한 대응책에 대한 중지를 모으고 이러한 중지를 기초로, 정부기업근로자 그리고 온 국민이 힘을 모을 때, 대망의 2000년대에는 우

리 모두의 염원인 선진통일경제로서의 신한국경제를 굳건한 반석
에 올려놓을 수 있을 것이다.

〈제2장〉 1990년대의 새로운 세계경제질서와 한국

2000년대 한국경제의 과제 ②

1993.
8.

월간
매니지먼트
인터뷰

우리 경제를 회생시키기 위해 어떤 정책이 필요하며, 어떻게 추진되어야 할 것인가.

현재 우리 경제는 아주 어려운 고비를 넘기고 있다. 우선 우리 경제는 이제 노동과 중간기술집약적인 제품을 주로 생산·수출하는, 지금까지의 산업구조에서 고도기술과 두뇌 집약적인 제품을 생산·수출하는 선진화된 산업구조로 전환해야 하는 시점에 와있다. 우리를 바싹 뒤따라오고 있는 후발개도국과의 경쟁을 물리치고, 저 앞을 달리고 있는 선진공업국들과 경쟁에서 이겨야 하는 어려운 처지에 와있는 것이다. 게다가 현재 우리 경제는 단기적인 경기순환 면에서 경기침체 국면을 맞고 있기 때문에 더욱 어려운 것이다. 즉 인체로 말하면 어려운 체질개선이 필요한 시점에 심한 감기마저 걸려 있는 격이다. 따라서 한 가지 분명한 것은 감기에 손을 쓰되 체질개선 자체에 문제를 일으키는 것은 피해야 하는 어려움이 있다. 이 시점에서 우리 경제의 가장 큰 과제는 우리 경제의 국제경쟁 기반을 확립하는 일이다.

특히 오늘날 급변하고 있는 국제경제환경과 나날이 치열해지고 있는 국제경쟁을 고려할 때 장기적인 경쟁력 확보를 위해 단기적인 고통은 어느 정도 참을 수밖에 없다는 점이 강조되어야 한다. 더욱이 세계가 변화하는 것을 고려할 때, 우리의 통일도 이젠 요원한 것만은 아니다. 그러나 모처럼 마련될 통일의 기회도 우리의 경제력이 튼튼하지 않으면 포착할 수 없다는 것을 우리 모두는 독일의 경험을 거울삼아 깊이 인식할 필요가 있다.

> 신경제 100일이 끝났고 김영삼 정부의 경제를 이끌 5개년계획이 발표되었다. 신경제 100일에 대한 평가와 신경제 5년에 대한 견해를 말하자면.

신경제 100일 계획은 우선 감기를 치유하려는 것이고, 5개년계획은 우리 경제의 체질개선을 위한 것이라고 보면 된다. 그러나 경제 전체가 100일 단위로 정책의 직접적인 효과가 크게 나타나리라고 기대해서는 안 된다. 100일 계획이 잘 되고 못 되는 것

〈제2장〉 1990년대의 새로운 세계경제질서와 한국

은 5개년계획의 추진과 함께 평가되어야 할 것이다. 그러나 5개년
계획의 중요성은 우리 경제가 앞으로 5년간 항해해야 할 예상항해
도와 같은 것이다. 파도의 방향과 파고의 높이에 적절히 대응하는
지혜가 더욱 중요하다. 따라서 급변하는 국제경제환경을 미리 예
측하고, 이에 적절히 대응해 나가는 것이 중요하다는 점을 강조하
지 않을 수 없다.

신정부 출범 이후 한국경제의 취약점으로 인해 제자
리를 찾지 못하고 있다. 이를 극복할 방안은.

우리나라는 경제개발을 시작한 1960년대 초부터 1980년대
중반에 이르기까지 국가경영의 우선순위를 분명히 경제에 두어 왔
다고 할 수 있다. 그러나 1980년대 중반 이후에 와서는 급변하는 국
내정치 환경의 변화로 국가경영의 우선순위가 바뀌게 되어, 경제논
리에 따른 경제정책이 잘 진행되지 못했다. 따라서 그때부터 오늘
에 이르기까지 우리 경제의 체질 개선에 필요한 각종 제도개선이
나 구조조정이 뒤로 미루어진 것이 사실이다. 그런데 이러한 구조
조정과 필요한 시책은 대부분 상당한 고통이 따르는 것이 보통이
기 때문에, 지금부터 정부는 우리 경제의 현 위치를 있는 대로 국민
들에게 잘 설명하고, 온 국민의 중지를 모아 필요한 정책을 꾸준히
펼쳐 나가는 일이 중요하다고 하겠다.

신경제 내용 중에는 중소기업육성을 중요시하고 있는데, 이를 보다 효율적으로 시행하기 위해 어떻게 해야 하는가.

대기업과 중소기업의 균형적인 발전은 무엇보다 중요하다. 더욱이 앞으로 우리가 필요로 하는 질과 신뢰성에 바탕을 두는 제품을 생산하기 위해서는 양질의 부품과 기타 중간제품을 생산하는 많은 중소기업들을 필요로 한다. 이를 위해 꼭 강조되어야 할 것은 정부의 중소기업 지원도 중요하나 대기업과 중소기업 간의 기술협력의 중요성이다. 대기업이 중소기업을 도와주어야 한다.

신경제는 2000년대를 바라보며 추진되고 있는데 2000년대를 위해 지금 우리 경제가 해야 될 과제는.

2000년대를 흔히들 정보화시대 혹은 지식사회가 될 것으로 내다본다. 따라서 가장 중요한 것은 국민교육이다. 또한 빠른 기술 변화를 생각할 때 근로자들의 평생교육과 직업훈련도 중요하다. 그리고 고도기술개발을 위한 많은 노력과 투자가 이루어져야 한다.

〈제2장〉 1990년대의 새로운 세계경제질서와 한국

정부의 경제정책담당자들이나 관련 실무자들에게 당부하고 싶은 사항은,

우리는 나날이 좁아져가는 지구촌에 살고 있다. 반면에 우리는 경제 초강대국도 군사 초강대국도 아니다. 따라서 우리는 남이 만들어 놓은 국제질서와 그 틀 속에서 경쟁해 이겨야 한다. 따라서 모든 정책을 입안하고 또 집행할 때, 국제적인 안목을 가져달라는 점을 재삼 강조하고 싶다.

1987·88 IMF-세계은행 연차총회의 총아가 된 대한민국

제3세계 외채위기 속에 우뚝 선 대한민국

해마다 가을이 되면 세계 각국의 재무장관과 중앙은행총재를 비롯한 주요금융기관장들은 세계금융인의 큰잔치라 할 수 있는 IMF와 세계은행그룹이 공동 주최하는 연차총회에 참석하게 된다. 필자는 미국 워싱턴에서 개최된 제42차 연차총회와 1988년 독일 베를린에서 개최된 제43차 연차총회에 대한민국 대표단을 이끌고 참석한 바 있으며, 이때 느꼈던 대한민국 재무장관으로서의 긍지와 보람은 지금도 잊을 수 없다. 1987년 제42차 연차총회 시 국제금융계의 주 관심사는 제3세계의 외채상환 문제였다. 이 제3세계의 외채상환불능 문제는 곧 돈을 빌려준 선진제국 금융기관의 부실채권 문제일 뿐 아니라, 국제금융제도의 불안을 뜻하는 것이기 때문에 선·후진국 모두의 공통관심사이자 양대 기구 회원국(당시 151개국)들 모두가 다 함께 해결하지 않으면 안 되는 정책과제였다고 할 수 있다.

당시 우리나라는 제3세계에서 네 번째로 외채가 많은 나라였음에도 불구하고 국제금융계에서는 제3세계의 외채상환문제와 무관한 나라로 치부되고 있었다. 이는 외채상환문제로 고민하던 많은 개발도상국과는 대조적으로 우리나라는 빌려 온 외국돈의 대부분을 생산적인 투자로 연결시켜 왔기 때문에 우리의 외채상환능력에 문제가 없다고 보는 데 기인한 것이다.

더욱이 우리나라는 1986년부터 국제수지 흑자를 경험하기 시작해 외국돈을 덜 쓰게 되었을 뿐 아니라, 국제수지 흑자 재원으로 기존 외채의 일부를 조기상환하기에 이르렀다. 그 결과 1985년 말 현재 468억 달러에 이르렀던 우리나라의 총외채는 1987년 말에 와서는 356억 달러로 줄어들게 되었다. 그러니 당시 IMF나 베이커 미국재무장관의 제3세계 최대외채보유국 15~17개국 리스트에 아예 우리나라는 포함시키지도 않게 된 것이다. 그뿐 아니라 국제금융의 안정과 개발도상국의 지속적인 발전을 위해 회원국들에게 필요한 조언과 금융 및 기술지원을 해야 하는 IMF와 세계은행은 흔히 우리나라를 외채관리에 성공한 가장 대표적인 사례로 거론하기에 이르렀다. 이와 관련해 한 가지 흥미로운 것은 "비 올 때 우산 거둬가고, 비 갠 후 우산 빌려주려 한다"는 국제금융시장의 냉혹한 속성이다. 지속적인 외채조달이 불가피한 외채상환 문제국들에겐 돈을 빌려주지 않으려는 금융기관들이 외채상환에 나선 우리나라에게 더 빌려주길 바랄 뿐 아니라 우리의 외채 조기상환을 꺼려한 것이 바로 그것이다. 따라서 과거 우리가 어려웠을 때 들어온 조건이 불리한 차관만 조기상환하지 못하고 '끼워팔기'식으로 조건이 좋은 차관도 함께 조기상환하는 일조차 감내해야 했다.

대한민국 재무장관의 긍지와 보람

이러한 때 제3세계의 외채문제가 주관심사가 된 IMF 세계은행 연차총회에 참석한 대한민국의 재무장관으로서 필자가 느낀 긍지와 보람이 컸다는 것은 당연하다고 하겠다. 또한 필자는 과거 선배재무장관들이 바로 이러한 연차총회 시에 잘 만나주지 않으려는 선진국 재무장관과 주요금융기관장들을 상대로 더 많은 차관확보를 위해 힘든 교섭을 펼쳐야 했던 때를 생각하며 깊은 감회에 젖지 않을 수 없었다. 대한민국을 대표한 총회이사 자격으로 연설한 필자는 오늘의 성공을 갖고 온 한국의 개발전략과 정책을 소개하고, 높은 실업과 인플레, 즉 '스태그플레이션'에 시달리고 있던 일

〈제2장〉 1990년대의 새로운 세계경제질서와 한국

부 선진제국의 보호무역주의적 시책을 지양하지 않는다면 제3세계의 외채상환 문제는 더욱 악화될 것이며, 이러한 시책들이 확산되고 또한 오래 지속된다면, 한국과 같은 나라마저도 외채상환 문제에 부닥치지 않는다고 아무도 장담할 수 없다는 점을 강조한 바 있다. 연설을 마치고 내려온 필자에게 당시 코나블 세계은행 총재는 수많은 총회 이사의 연설을 듣고 있노라면 졸릴 때가 있어 '눈을 번쩍 뜨게 하는 연설'을 기다리는 심정인데 바로 그런 연설을 해주어 고맙다는 귀엣말을 해주어 더욱 흐뭇하게 느낀 기억이 난다.

연습을 많이 해야 운이 따른다

1980년대 중반부터 나타난 우리의 국제수지 흑자와 성공적인 외채관리를 두고, 국내 일부에서는 어쩌다 운 좋게 만난 '저금리-저유가-저달러가치'의 '3低'의 덕으로만 돌리는 자기 비하적인 소리가 있었던 것도 사실이다. 그러나 이러한 3저현상은 우리나라뿐만 아니라 세계 모든 나라에게 주어진 호기였으나 이를 제대로 활용하지 못한 나라들이 대부분이었다는 사실 또한 잊지 말아야 한다. 이와 관련해 세계적으로 유명한 어느 프로골퍼가 한 말이 기억난다. "연습을 많이 하면 할수록 더 많은 행운이 따르더라"는 말이다. 우리가 3저 호기의 혜택을 크게 볼 수 있었던 것은 우리 국민 모두가 그만한 준비를 해두었기 때문이 아니겠는가. 어쨌든 워싱턴 연차총회 이후 대한민국을 처음으로 1989년 워싱턴에서 개최될 제44차 연차총회 의장국으로 지정하기 위한 작업이 양대 기구의 본부사무당국과 지역이사들 간에 비공식적으로 이루어지기 시작한 것으로 알고 있다.

차기 총회 의장국 지정에 관한 공식적인 결정은 제43차 베를린 연차총회에서 발표되었고, 필자가 차기 의장국 수락연설을 베를린 연차총회 폐막에 앞서 하게 된 것도 제고된 우리나라의 국제적 위상을 한 번 더 확인해 주는 가슴 뿌듯한 일이었다.

바로 이 베를린 연차총회 연설에서 필자는 한국은 가까운 시일 내에 IMF협정 제8조가 규정하는 모든 의무의 이행, 즉 경상거래와 관련된 지급 및 이전에 대한 기존 제한조치를 철폐할 것을 발표한 바 있다. 실제 우리나라는 1955년 IMF에 가입한 이래 신규 가입국에 적용되어 온 IMF협정 14조 경과규정에 의한 경상거래에 대한 각종 제한규정을 철폐하고 1988년 11월에 정식으로 IMF협정 제8조국이 되었다. 이것 또한 필자의 재무장관 재임시에 있었던, 한국경제의 발전과정에 하나의 큰 획을 긋는 중요한 계기로서 잊을 수 없는 일이다.

자본시장개방 5개년계획으로 빅뱅식 개방 압력 피해

베를린 연차총회와 관련해 또 한 가지 잊지 못할 일은 이 총

〈제2장〉 1990년대의 새로운 세계경제질서와 한국

회에 참석한 당시 미국 브레디 재무장관과의 비공식회의다. 당시 미국은 한국의 금융시장, 특히 자본시장개방을 위한 가능한 모든 통상압력을 가해오고 있을 때였다. 이 비공식회의에서 필자 재임 시에 마련해 현재에도 그대로 집행되고 있는 자본시장개방 중기계획을 설명해 줌으로써 당장 개방하라는 미국측의 압력을 막아낼 수 있었다는 점도 보람 있게 느끼는 일 중의 하나다. 1989년에 일반 외국인의 직접증권투자를 허용해 달라는 미국측 주장을 1992년에 가서 일정 한도 내에서 이를 허용해 주겠다는 자본시장개방 중기계획으로 설득시킬 수 있었던 것은 이러한 개방계획이 외국의 통상압력에 밀려 임기응변으로 만들어진 것이 아니라, 우리 스스로의 필요에 의해 만들어진 포괄적인 시차계획임을 이해시킴으로써 가능했다고 본다. 여기서 얻을 수 있는 한 가지 교훈은 비단 금융뿐 아니라 어느 분야건 간에 시차 계획에 의한 포괄적인 시장개방 계획을 갖고 있을 때, 비록 그 개방화의 폭과 속도가 교역상대국을 당장 만족시키는 데 불충분하더라도 상대를 설득하기가 한층 용이하다는 점일 것이다.

국제화는
제도에서부터

    요즘처럼 국제화란 용어가 유행어처럼 널리 쓰인 때가 아마 전에는 없었을 것이다. 특히 NAFTA의 미국의회 비준, APEC 참가국 첫 정상회담 개최, EC의 EU로의 전환, 그리고 7년 이상 끌어오던 우루과이라운드 다자간 무역협상의 종결과 새로운 국제교역질서의 형성, 유지에 근간이 될 WTO의 설립기반 구축 등 앞으로 세계경제환경에 큰 영향을 미치게 될 일들이 있었기 때문에 국제화에 대한 관심이 더 커진 것으로 보인다.

    따라서 국제화를 말하는 사람에 따라 각양각색의 개념으로 쓰이고 있는 것 또한 사실이다. 국제화를 가장 협의로 해석하는 이는 우루과이라운드 협정 종결에 따르는 후속조치로서 기존의 각종 법규와 제도 그리고 행정관행을 협정에 명시된 국제규범에 맞게 고치고, 쌀 등 농산물과 금융 등 서비스시장 개방에 따르는 각종 조치를 취하는 것을 국제화로 표현하고 있는 것을 볼 수 있다. 그러나 좀 더 포괄적으로 해석하는 쪽에서는 세계 속에서 우리의 살길을 마련하지 않으면 안 되는 우리의 입장에서 바깥세상을 알고, 바깥세상 변화에 잘 적응 내지 동참할 줄 아는 지혜를 기르는 것을 국제화의 중요한 내용으로 본다.

이러한 포괄적인 개념의 국제화를 위해서는 초등교육에서부터 대학교육에 이르기까지의 교육개혁도 중요한 제도개혁에 포함해야 한다. 영어 등 외국어 교육은 물론이거니와, 외국의 역사와 문화, 그리고 정치제도 등 세계화시대에 남과 더불어 사는 데 도움이 될 교육도 중시되는 교육개혁이 필요하다고 보는 것이다.

그러나 이러한 차세대를 위한 제도의 국제화에 더해 당장 필요한 국제전문인력 양성을 위한 제도적인 뒷받침도 있어야 할 것이다. 예를 들면 영어 및 외국어로만 강의하는 '국제대학' 신설과 공직자의 IMF, 세계은행, EBRD, OECD, 그리고 신설될 WTO 등에 장기파견근무 혹은 연수기회를 넓혀주고, 이러한 정부가 정한 해외근무 경험을 승진과 보직 등 인사에 유리하게 반영되는 제도가 마련되는 것도 바람직하다고 본다.

1994.
3.
미래의 세계
벽산
월레포럼
강연요지

국제화란 무엇인가

국제화의 필요성

무엇을 어떻게 하는 것이 국제화이고, 왜 국제화를 해야 하는가를 생각해 볼 필요가 있다. 더욱이 정책의 목표로서 국제화나 세계화를 내걸었다면, 그것이 상당히 구체성이 있어야 각 부처가 그 구체적인 목표를 기초로 시책을 펼 수 있기 때문이다.

오늘날 우리에게 필요한 국제화는 '우리 국민 모두가 우물 안 개구리가 되지 말고, 바깥세상 돌아가는 것을 알고 적절히 대응하자'라는 가장 소박하고 상식적인 데서부터 국제화의 개념이 정립되어야 하지 않나 생각한다. 아주 소박한 개념이지만 이것이 가장 필요한 국제화의 개념이며, 또한 가장 시급한 것이다. 이와 같이 국제화의 개념을 받아들인다면 왜 국제화가 불가피한가에 대해 생각해 보아야 하겠다.

〈제2장〉 1990년대의 새로운 세계경제질서와 한국

불행히도 우리는 세계적인 경제 초강대국도 아니고, 그렇다고 군사 초강대국도 아니라, 중소규모의 나라에 불과하다. 따라서 국제질서나 경쟁의 규범을 우리에게 유리한 방향으로, 또는 우리가 원하는 방향으로, 우리가 주도해 만들어 갈 수 없는 불행한 처지에 놓여있는 것이다. 남이 만들어 놓은 경쟁의 틀 속에서, 남이 만들어 놓은 국제규범 속에서 경쟁을 해 이겨야 하는 불리한 입장에 있다는 것을 우리는 알아야 한다.

이러한 틀을 만드는 것은 '힘센 나라'들이다. 힘센 나라란 이른바 냉전 체제가 끝난 현재는 경제력이 강한 나라들이다. 경쟁력이 강한 나라들은 결국 협상력이 강하다는 것이다. 요즈음 농민대표와 국회 일부에서 UR 재협상을 주장하나 현실적으로 별 뜻 없다고 본다. GATT 체제 하의, 우루과이라운드는 이른바 'all or nothing'이다. 우리가 원치 않는 조항은 선별해 받아들이지 않을 수 있는 것이 아니다, 전체를 받아들이거나 탈퇴하거나 양자택일 외에는 있을 수 없는 것이다.

그러면 GATT를 탈퇴하면 되지 않는가. 이것은 북한을 보면 안다. 북한은 UR 때문에 걱정할 일이 없다. GATT 체제 밖에 있기 때문이다. 그러나 이는 집 없는 거지가 집에 불날 걱정이 없다고 하는 것과 같다. 12억 인구의 중국도 GATT에 가입하지 못해 야단이다. 우리가 외국에 물건을 팔 일이 없다면 GATT에 가입하지 않아도 될 것이다.

이러한 상황에서 살아남기 위해서는 바깥세상 돌아가는 것을 국제적인 안목을 가지고 남보다 빨리 예측을 하고, 좋은 대안을 만들어내어야 한다. 힘이 없으면 꾀라도 있어야 하는 것이 우리 현실이기 때문이다. 이것이 바로 절실한 국제화다. 국제화가 더욱 요청되는 것은 현재 세계가 격변하고 있기 때문이다. 세계는 지금, 부시 미대통령이 이야기했듯이 새로운 국제질서가 형성되는 와중에 있다.

격변하는 세계

그러면 왜 세계가 이렇게 격변하고 있는가. 이에는 3가지 요인을 들 수 있다. 첫째는 2차대전 이후부터 지속되어 오던 냉전체제가 끝났다는 것이다. 냉전체제가 끝났다는 것은, 국제관계를 결정짓는 핵심요소가 이제까지의 안보에서 경제관계로 바뀐다는 것을 의미한다. 이렇게 본다면, 각 나라는 경제제일주의로, 경제에 우선순위를 두고 국가경영을 해나가야 한다는 것을 뜻하게 되는데, 이것은 결국 국제 시장에서 기업경쟁여건이 그만큼 어려워진다는 것을 의미한다. 두 번째로, 그 동안 세계경제를 주도해 오던 미국경제가, 그러한 위치에 다른 나라가 와있지 못한 상황 하에서 상대적으로 약화되었다는 것이다. 미국이 주도적인 위치를 지키고 있었다면 우루과이라운드가 7년이나 끌지 않았을 것이다. 그 결과 지구

〈제2장〉 1990년대의 새로운 세계경제질서와 한국

를 하나의 조그만 촌에 비유한다면 어른이 없는 마을과 같이 되었다. 마을에 어른이 없으면 비슷비슷한 사람끼리 싸움도 할 수 있고, 끼리끼리 그룹을 지을 수도 있다. 지금 나타나고 있는 블록화 현상을 이런 관점에서 볼 수 있다.

또한, 집단적인 지도체제에 의존하다 보면 비용 분담의 문제가 생긴다. 중요한 점은 이러한 비용 분담에는 시장개방도 포함된다는 것이다. 리더십에는 책임 즉 비용 부담이 있기 마련이다. 이제까지는 미국이 혼자 부담했었지만 지금은 그런 나라가 없다보니, 비용 분담의 문제가 나오게 된 것이다. 이런 비용 부담은 누가 하는가? 경제력이 있는 나라다. 제일 먼저 G7 국가, 그 다음이 이른바 신흥공업국인 바로 우리다. 따라서 우리에게도 시장개방은 밖에서 압력이 오게 돼 있는 것이다. 민주당과 공화당 간에 어느 정도의 차이는 있겠지만 근본적으로 세계 판도를 읽어 보면 클린턴이 아니라 부시가 미대통령에 당선되었어도 그렇게 돼 있는 것이다.

세 번째는 기술적인 요소다. 특히 통신수단의 발달로 기업입지에 있어서 이제는 지리적인 거리가 큰 장애요소가 안 된다. 거기다 냉전까지 종식이 되니, 12억 중국시장에도 들어갈 수 있고, 6억의 소련과 동구권에도 다 들어갈 수 있다. 한 나라의 유리한 여건을 과거에는 그 나라만 활용할 수 있었지만 이제는 기업하기 유리한 곳에 있으면 어디든지 들어가게 되었다. 근로자들에게도 이런 사실을 알려야 한다. 다른 대안이 많은데 왜 골치 아픈 나라에 자본과 기술이 들어오겠는가. 우리나라에 올 자본과 기술이 중국으로 갈 수 있는 것이다. 세계화 추세 속에서 경쟁에 이기기 위한 전략이 바로 국제화다. 이러한 글로벌리제이션 추세 속에서 자본과 기술은 그야말로 국경을 모르고 이동하고 있다. 이제는 다국적 기업이 아니라 초국적 기업 또는 무국적 기업이 되고 있는 것이다.

기존 사고방식의 탈피

따라서 과거의 폐쇄된 사고방식에서 벗어나는 것이 가장 시급한 과제다. 현재 미국 노동부 장관인 로버트 라히쉬는 〈Who is us?〉라는 논문에서 본사는 미국에, 주주도 미국인, 탑 매니저도 미국인인데, 공장은 외국에 있는 A 회사와 본사도 외국에, 주주의 대부분은 외국인, 탑 매니저도 외국인인데, 공장은 미국에 있는 B 회사 중, B가 우리 회사라고 주장한다. 왜냐하면 공장을 미국에 지어 놓고 미국 근로자를 쓰고, 더 중요한 건 미국 근로자들을 그 과정에서 훈련시킴으로 해 미국경제의 생산성이 그만큼 향상되기 때문이다. 그렇기 때문에 B 같은 회사를 유치할 수 있는 정책을 세워야 한다고 주장한다. 과거 우리는 외국기업이 들어오는 것을 막는 것이 애국이라고 생각한 결함이 있었다. 시대상황에 따라 애국하는 방법도 달라져야 한다. 이제는 외국기업과도 필요시 손을 잡지 않으면 경쟁에서 질 수밖에 없다. 우리 기업보다 더 경쟁력 있는 나라

기업들이 전략적 제휴 등으로 손을 잡는다. 어제까지의 경쟁상대로 서 경원시하던 애플과 IBM이 손을 잡았다. 볼보와 르노는 합병까지 했다. 그만큼 경쟁 여건이 어려워졌다는 것이다. 세계적인 기업들의 경영혁신이 일어나고 있다. 미국의 포드 자동차 회사가 일본 자동차 기업을 도와주고 있다. 필요 없는 부서는 과감히 부서 전체를 없애기도 한다. IBM사는 85년에 직원이 43만여 명이었던 것이 작년 현재 23만 명으로 줄었다. 일본도 명예퇴직이라 해 생산성이 낮은(컴퓨터를 모르는) 40~50대들을 12~15달치 봉급을 주면서 내보내고 있다. 국제화를 해라, 하지 마라, 할 필요가 없다. 상황을 잘 파악한다면 다른 대안이 없다는 것을 알게 된다.

애국 방법도 바뀌어야 한다

우리 국민의 사고방식도 시대여건 변화에 맞게 바뀌어야 한다. 기존의 생각만 가지고는 안 될 일이 너무나 많다. 지금은 후반전이다. 전반전에 넣던 골문에 공을 차 넣으면 자살골이 된다. 예를 들어 외국기업을 무조건 거부하면 국제경쟁에서 이길 수 없다. 예를 들어보자. 영국의 어느 기업과 계약을 맺은 한국기업이 전수 받은 기술을 한 우리 기술자가 가지고 나가 새로운 공장을 차렸다. 이 것은 계약위반이었다. 그래서 영국기업이 제소를 했는데 외국기업이었기 때문에 우리 기술자에게 유리한 판단이 났다고 하자. 그 이후의 중요한 사실은 그런 기술이 한국에 들어오지 않는다는 것이다. 실제로 그 영국기업은 중국으로 가버렸다. 어느 것이 애국인가.

끝으로, 우리 모두 정신을 차려야 한다. 경제는 복리로 불어가기 때문에 눈 깜짝할 사이에 메울 수 없는 성장의 격차가 생긴다. 우리가 1차 5개년계획을 도입한 1962년 당시 1인당 국민소득이 우리는 87달러였고 필리핀과 북한, 태국이 230달러 정도였고, 인도와 스리랑카가 우리와 비슷한 수준이었다. 한 세대 30년을 지나고 나니 인도는 500달러가 안 되고 필리핀은 약 750달러, 태국은 약 2,000달러, 우리는 금년에 8,000달러다. 30년 사이에 이런 차이가 되었다. 30년 만에 이렇게 될 수 있다는 사실은 우리가 정신 차리지 않으면 앞으로 30년 후에 또다시 바뀔 수 있다는 점이다.

결론적으로 국제화를 어떻게 해야 하는가에 대해 복잡하게 국제화가 어떻고 할 것이 아니라 바깥세상이 어떻게 돌아가는지를 알고, 그러기 위해서는 어떻게 해야 하는가를 생각해야 하는 것이다.

〈제2장〉 1990년대의 새로운 세계경제질서와 한국

경제정책 맡고 있는 정부 역시 일류가 돼야

1994.
4.

월간무역
인터뷰

지난 2월 17~19일에 걸쳐 워싱턴에서 IIE(원장: 버그스텐)와 공동으로 '한·미 21세기 위원회'를 구성하고 돌아온 세계경제연구원 사공 일 이사장을 만나 보았다. '한·미 21세기 위원회'는 한·미 양국의 지도자급 인사들이 개인 자격으로 참가해 한미 간의 새로운 협력관계 구축을 목적으로 구성된 민간포럼이다. 사공 일 이사장은 87~88년에 재무부장관과 IMF 특별고문을 역임했으며, 현재는 교통개발연구원 이사장과 세계경제연구원 이사장을 겸하고 있다.

변화하는 국제경영 환경에 대처하는 우리 업체의 바람직한 대응태세는.

우리 경제는 UR협상 타결과 미국 시애틀에서의 APEC 정상 회담 이후 국제화와 세계화가 크게 강조되고 있다. 이러한 국제화는 보다 소박하고 상식적인 차원에서의 정부, 기업 등 각 경제주체에 의한 접근이 이루어져야 한다고 본다. 동서냉전의 해소 이후 세계 각국은 경제적 이익추구를 최우선의 과제로 삼고 있다. 또한 정보처리기술의 발달로 국가간 지역적 제한 역시 크게 해소되고 있다. 이러한 국제여건 변화 속에서 소박한 의미에서의 국제화란 우리가 우리식만을 고집하는 데서 벗어나 바깥세상의 변화를 이해하고 예측하는 능력을 갖추는 한편 다른 나라나 기업들과도 더불어 살아가는 지혜를 실천하는 것을 의미한다. 앞에서도 말한 바와 같이 오늘날 기업의 경쟁여건은 보다 첨예화되고 있으며 기술개발의 속도와 사이클은 개별 기업이 적용하기에는 벅찰 만큼 갈수록 짧아지고 있어 외국의 초일류기업조차 기업간·산업간 전략적 제휴를 통해 공동기술개발과 판매망 공유 등 각종 공존의 지혜를 짜내고 있다. 간단히 말해 이제 기업들은 경쟁에서 살아남기 위한 방편의 하나로 남과 더불어 사는 지혜를 배워야 하는 시점에 들어선 것이다. 이에 따라 우리 기업들도 과거의 폐쇄적 경영방식에서 탈피해 우리 기업들 간의 활발한 제휴와 더불어 선진기술 습득을 위한 선진국 기업들과의 기술제휴나 공동개발에 적극 참여해야 하겠다.

〈제2장〉 1990년대의 새로운 세계경제질서와 한국

이제는 그나마 기술제휴를 통해 얻을 수 있는 기술마저 한정되어 가는 추세이므로 기업들의 기술개발을 위한 기업정신 역시 불가결하다고 본다. 지난 UR 타결 과정을 보면서 우리는 우리 자신의 처지를 올바로 인식했어야 한다. 우리 경제는 부존자원의 부족한 가운데 그나마 갖고 있는 것은 풍부하고 우수한 인력자원이다. 이를 잘 활용해 선진열강에 의해 주도되는 세계경쟁질서의 틀 속에서 살아남아야 한다는 것이다. 이것은 우리가 국제화된 시각을 갖고 세계정세에 대한 정확한 판단과 대응책을 마련해야 한다는 것을 의미한다. 이를 위해 우리는 폐쇄적 사고에서 과감하게 탈피해 교육투자를 통해 개개인의 역량을 최대한 향상시키고 지역전문가를 양성하는 등 인력자원의 국제화를 이루어내야 한다.

우리 경제는 신정부 출범 이후 실명제의 실시와 각종 규제완화 조치를 통해 선진경제의 창출을 위한 몸부림을 치고 있다. 21세기 선진경제국가로 부상하기 위해 우리 경제가 실현해야 할 과제는,

우리 경제는 지난 1987년 6·29 이후 정치사회적 격변기를 거치면서 좀 더 긴 안목의 정책을 펴나가기에는 어려움을 겪었다. 우리나라는 현재 중진국에서 선진국으로 넘어가는 과도기적 단계인 상위중진국으로 불리고 있다. 그러나 경제의 선진화란 우리의

산업구조가 선진국화 된다는 차원에서도 볼 수 있어 이에 따른 도전이 많다. 경제구조의 선진화 또는 고도화란 우리 산업의 경쟁대상이 선진국이 되는 것을 의미하며 우리 제품의 성능이나 품질 역시 선진국 수준이 되어야 한다는 것을 의미한다. 즉 기존의 저임이나 중간기술을 활용한 중진국이나 후발국의 제품과 경쟁하는 것이 아니라 고도기술의 선진국 제품과 어깨를 나란히 하는 것이며 이를 위해서는 우리가 기존의 선진국 기술을 습득하는 이외에 우리 스스로 경쟁력 있는 신제품을 개발하는 능력도 갖추어야 한다는 것이다.

우리의 정책과제에 대한 접근은 선진국와의 비교에서 출발해야 한다. 정부의 규제완화 시책도 단순히 규제의 철폐라는 차원뿐만 아니라 선진국의 개별 규제 상황과 비교해 나쁘지 않은가 하는 차원에서 접근해야 한다. 우리 기업들이 선진국 기업과 경쟁한다는 것은 우리 기업 역시 선진국 기업과 같은 일류기업이 되어야 한다는 것이다. 물론 경제정책을 맡고 있는 정부 역시 일류가 되지 않으면 안 된다.

또한 우리 기업과 정부는 산업구조의 선진화를 위해 전략적 제휴, 기업의 리엔지니어링 등 각종 경영기법의 도입과 기술·품질 향상 등의 경영혁신을 통해 기업의 경쟁력을 높임과 동시에 산업구조의 고도화에 따른 후유증을 치유하기 위해 근로자 재교육, 기업 간 기술유통 촉진 등의 노력을 기울여야 한다.

우리 경제는 현재 미국경제가 되살아나고 일본 엔화의 강세에 힘입어 이른바 신3저시대를 맞고 있다. 과거 3저 호기 때의 상황을 잘 상기해 우리는 이러한 모처럼의 호기를 우리 발전의 좋은 계기로 활용해야 한다.

세계무대 속 한국경제 설계사

"세계화 추세가 가속화되는 시점인 만큼 우리 기업들은 이제 선진국 기업들과의 경쟁을 목표로 해야 살아남을 수 있다고 본다. 또 그러기 위해선 경영기법이나 생산기술 등 모든 면에서 세계 일류가 돼야 한다."

날로 치열해지고 있는 국제경제환경 속에서 기업의 생존전략을 역설하는 사공 일 전 재무장관은 특히 경쟁력 강화 차원에서 대기업과 중소기업의 역할을 강조하고 있다.

"대기업이나 중소기업 모두 국가경제를 위해 중요하다. 다만 역할을 굳이 논한다면 대기업이 해야 할 몫이 있고, 또 중소기업이 특화할 부문도 있는 만큼 상호보완적인 관계가 바람직하다고 본다.

한 예로 자동차산업은 2만여 개의 부품을 공급하는 많은 중소기업이 필요한 산업인 점을 감안할 때, 중소기업의 역할은 중요하다. 따라서 대기업이 잘 되려면 중소기업이 함께 잘 돼야 한다." 그러면서 그는 "우리는 바깥세상의 변화에 잘 적응하고 이를 적극 활용할 줄 아는 지혜를 길러 살길을 찾는 것이 중요하다"고 말한다.

세계화시대에 필요한 연구 주력

경북 군위 출생인 사공 이사장은 경북고와 서울대 상대를 나와 UCLA에서 경제학 박사학위를 취득한 학자출신의 경제관료. 지난 1968년 캘리포니아주립대 강사를 시작으로 학계에 첫발을 내디딘 후 뉴욕대 교수(1969~1973)와 영국 셰필드대 초청교수를 지냈다. 이어 KDI 수석연구원·연구위원·부원장과 경제과학심의연구위원, 산업연구원 원장을 거쳐 대통령경제수석비서관을 역임한 바 있다. 작년 2월에 문을 연 세계경제연구원은 이미 '경제두뇌집단'으로서 매우 의욕적인 활동을 하고 있어 국내외적으로 관심을 모으고 있는 연구원이다.

"세계화시대에 걸맞은 기업과 정부뿐 아니라 우리 모두의 국제적 안목이 필요하다. 이에 도움이 되고자 세계경제연구원을 설립하게 됐다."

최근에 출범한 민간차원의 '한·미 21세기위원회'의 공동위원장이기도 한 사공 일 이사장은 한·미간 우호 증진에 직·간접으로 기여하고 있다. 이 위원회의 구성원들은 한때 양측 모두 합해 60여명으로 구성되어 있으며 전·현직 장관, 국회의원, 언론인, 대학교수 등 사회지도층 인사들로 구성돼 있다. 사공 일 이사장은 미행정부가 슈퍼301조 등을 통해 통상정책을 국가안보의 핵심요소로서 다루고 있는 만큼, 이에 대한 대비책이 필요함을 강조한다.

"클린턴 대통령은 경제정책이 곧바로 미국 외교정책의 핵심이 될 것이라고 여러 차례 강조해 오지 않았나. 이에 미국의 주요 교역상대국과의 통상문제해결을 위해 사용할 수 있는 모든 수단을 다 동원하겠다고 천명했다. 바로 얼마 전에 있었던 미·일 정상 간의 포괄협상이 결렬되고부터 말이다. 따라서 미국시장 의존도가 높은 우리로서도 결코 '강 건너 불구경'만 할 수는 없다. 이에 적극적인 대비가 필요하다고 본다."

세계경제가 블록화 경향을 보이고 있는 원인은?

"2차대전 이후부터 1960~70년대 초반까지만 해도 미국이 세계경제를 주도하는 위치에서 리더십을 발휘해 왔다. 그러나 월남전을 고비로 미국경제도 내부 구조적인 문제, 무역·재정적자의 누적으로 1980년대 와서는 미국경제가 상대적으로 약화되었다. 반면에 유럽과 일본경제는 상대적으로 강화되어 세계경제가 다극화 현상을 보이게 된 것이다. 아울러 냉전 체제가 끝나다 보니 국가 간 관계에서 과거에 중시했던 이념이나 안보 요소보다는 경제적인 이해관계를 더욱 중시할 수밖에 없다. 결과적으로 경제적인 측면에서는 끼리끼리 모이는 현상이 나타나게 됐다. NAFTA, EU 등도 이러한 차원에서 볼 수 있다."

슈퍼301조의 부활이 일본시장을 겨냥했다는데.

"이 통상법이 일본을 일차 목표로 삼은 것만은 분명하다. 그 이면엔 미국의 계속되는 대일무역적자를 더 이상 용납하지 않겠다는 비장한 각오가 있다. 그래서 공격적이고도 일방주의에 입각한 슈퍼301조를 가지고 일본에게 압력을 가하고 있다. 이미 휴대용전화기 등 일부제품과 관련된 일본시장 개방은 성공하고 있다. 이 슈퍼301조와 공세적 시장개방 압력은 일본뿐 아니라 우리를 포함하고 다른 나라에도 적용된다고 해야 한다."

특히 사공 일 이사장은 이러한 국제간의 통상흐름 속에서도 우리 경제가 '신3저'의 호기를 맞은 만큼 이를 경제발전의 계기로 활용해야 함을 역설한다.

"현재 국제금리나 유가와 환율(달러 가치)이 낮은 수준에 있어 '신3저'라는 말이 나오게 된 것이다. 세계경제전체를 놓고 볼 때 경기회복의 기운이 일어나고 있다. 미국경제가 회복의 기미를 보이고 있다. 우리에게는 좋은 대외여건이 형성되고 있는 것이다. 다만 국내적으로 농작물 피해와 엔고의 여파로 인한 원자재 값 상승이 물가압력 요인으로 작용할 수도 있겠지만 신3저가 이러한 모든 것들을 상쇄할 수 있어 수출관련 시설투자의 증가를 기대할 수 있다."

주요 저서로 《한국의 금융구조》, 《경제개발과 정부 및 기업가의 역할》, 《세계 속의 한국경제》가 있다.

전환기 대구·경북, 무엇이 문제인가. 한국사회에서 '전환기'의 성격을 어떻게 볼 것인가

1994.
6. 23.

대구
사회연구소
특별강연
요지 및
인터뷰

경제적 측면에서의 전환기 내용

오늘날 한국경제는 두 가지 측면에서 큰 전환기를 맞고 있다고 볼 수 있다. 첫째는 한국경제발전단계 면에서 맞는 전환기이고. 둘째는 급변하고 있는 세계경제환경 변화에 적응해야 하는 측면에서 오는 전환기다. 한국경제는 경제발전단계 면에서 볼 때 큰 전환기를 맞고 있다. 1960년대 초 개발도상국 중에서도 가장 가난하고 경제적으로 낙후된 위치에서 경제개발에 국가적 에너지를 집결해 온 결과 오늘날 한국경제는 이른바 신흥공업국의 선두주자로 부상되어 있을 뿐 아니라, 선진공업국으로 발돋움할 수 있는 문턱에 와 있다. 실제 우리나라는 오늘날 선진제국들의 모임인 OECD에 곧 가입하기로 되어 있다.

바로 이런 측면에서 볼 때, 오늘날 한국경제는 여러 가지 큰 도전을 이겨내야 하는 중요한 전환기를 맞고 있다고 할 수 있다. 선진국이 된다는 것은 오늘날 선진제국처럼 산업의 고도화가 이룩되어야 한다는 것을 뜻한다. 이는 또한 이들 선진제국들이 생산하고 있는 제품시장에 뛰어 들어가서 경쟁해 이겨야 된다는 것을 말하는 것이다. 이제부터 우리의 경쟁상대는 여타 개도국들이 아니라 우리보다 모든 면에서 앞선 오늘날의 선진제국이라는 점을 잊지 말아야 한다.

이러한 전환기를 산업구조적인 측면에서 보면 노동집약적이고 중간기술 집약적인 산업구조에서 기술집약적이고 두뇌집약적인 산업구조로의 이행을 뜻한다. 이러한 산업구조조정의 과정은 기존의 산업에 종사하는 기업이나 근로자들의 입장에서는 고통이 수반되는 힘든 적응과정이다. 예를 들면 새로운 제품을 생산하는 새로운 기업으로 업종을 전환한다거나, 새로운 기술습득을 통한 새로운 직장으로 옮겨야 하는 일도 감내해야 하는 것이다.

또한 중요한 것은 이러한 전환기를 성공적으로 넘기기 위해

〈제2장〉 1990년대의 새로운 세계경제질서와 한국

우리 국민 모두가 해야 할 일이 많다는 것이다. 그중에서도 우리 국민 모두의 의식구조의 선진화가 시급하다. 세계 속에서 우리의 위상에 걸맞은 의식구조를 갖추어 나가야 하는 것이다.

사춘기를 지난 성인이 된 이후에도 계속해 남의 지탄의 대상이 되는 어린행동을 하는 것이 바람직스럽지 못한 것과 마찬가지로 국제사회 그 나라의 위상에 걸맞은 위상을 지켜 나가는 것이 중요하다. 세계 유수한 교역대국으로서 우리가 해야 할 일이 있는가 하면 국제규범과 질서를 솔선해 준수해야 하는 일들도 많다. 그리고 공동체의 일원으로서 지켜야 할 가장 기초적인 질서의식, 청결의식, 협동의식 등등 오늘날 선진국 등의 수준으로 올려야 하는 것은 국가경쟁력 제고라는 측면에서도 필수적인 것이다.

오늘날 세계경제 환경은 급변하고 있다. 2차대전 이후 지속되어 오던 냉전 체제의 종식, 세계경제를 주도해 오던 미국경제의 상대적 약화, 그리고 이른바 정보화 관련 기술의 눈부신 발달로 세계경제 환경이 급변하고 있는 것이다.

과거 냉전 체제 하에서는 안보와 이념이 국제관계를 결정짓는 핵심요소였다면, 냉전이 끝난 이 시점에서는 국가 간의 경제적 이해관계가 국제관계를 결정짓는 가장 중요한 요소가 되고 있다. 따라서 오늘날 모든 나라는 경제제일주의를 채택하고 국가경영과 외교의 우선순위를 경제에 두고 있는 것을 볼 수 있는 것이다. 이것은 결국 세계시장에서의 경쟁이 그만큼 더 치열해진다는 것을 뜻한다. 또한 그 동안 세계경제를 주도해 오던 미국경제의 상대적 약화와 일본 및 EU 경제의 상대적 강화는 세계경제의 다극화를 초래하고 국가 간 경제적 이해관계에 따라 끼리끼리 모이는 지역주의와 블록화를 불러오고 있다. 게다가 전자통신 기술과 컴퓨터 및 정보처리기술, 즉 이른바 정보화 관련 기술의 눈부신 발달은 이제 지구를 조그마한 마을, 즉 지구촌으로 축소하는 효과를 가져왔다.

기업하는 입장에서 보면, 이제 기업의 입지가 지리상의 거리에 크게 제약을 받지 않게 되었음을 뜻한다. 기업하기 유리한 곳이면 어디든지 기업입지 대상이 되는 것이다. 경제에 관한 한 국경의 개념이 약화되는 이른바 '국경 없는 국제경제시대'가 펼쳐지고 있는 것이다. 정보를 갖고 있고 정보를 활용할 줄 아는 세계적 기업들은 기업하기 유리한 여건을 범세계적으로 최대한 활용하게 된 것이다. 따라서 세계시장에서의 기업간 경쟁은 그만큼 더 치열해지게 된 것이다. 오늘날 세계적 기업들이 각종 경영혁신에 안간힘을 쓰고 있을 뿐 아니라, 국내외 기업을 막론하고 다른 기업들과도 각종 전략적 제휴를 마다하지 않는 것도 이렇게 더 어려워진 기업경영 여건을 극복하기 위한 것으로 볼 수 있다.

이러한 여건 속에서 오늘날 세계적 기업의 경쟁전략과 생존전략이 크게 달라지고 있는 것은 주목할 일이다. 제품 생산도 소비자의 다양한 취향에 맞는 특화된 제품을 생산할 수 있는 신축적인 생산체제를 활용할 뿐 아니라, 원자재 및 부품공급 기업과의 유기

〈제2장〉 1990년대의 새로운 세계경제질서와 한국

적인 제휴를 더욱 중시하고 있는 것이다

이러한 국제경쟁 여건 속에서 우리 기업들이 해야 할 일은 너무나 많다고 하겠다. 그러나 무엇보다 먼저 이러한 국제무대에서의 변화 자체를 이해하고 풀이할 수 있는 능력부터 길러야 하겠다. 국제적 안목 없는 기업은 이제 경쟁에서 생존하기 더욱 어려워졌다. 또한 우리 기업들도 국내외의 다른 기업들과도 제휴하고 협력할 수 있는 자세와 능력을 길러야 한다.

또한 우리 국민들도 우리가 필요로 하는 기술과 경영기법을 갖고 오는 외국기업들을 보는 시각도 고쳐야 한다. 우리 근로자를 고용해 훈련함으로써 이들의 생산성 향상에 기여하는 기업이라면 우리도 오늘날 거의 모든 나라에서와 같은 대우를 해주어야 할 것이 아니겠는가.

이에 더해 곧 출범하게 될 WTO 체제 하에서는 기존의 정부 보호막이나 직접적인 지원은 기대할 수 없는 이른바 무한경쟁이 펼쳐지게 될 것이다. 또한 앞으로 WTO는 종전의 GATT 체제 하에서와는 달리 국내정책으로만 다루어질 수 있었던 환경, 근로조건, 경제정책등도 다루게 될 것으로 보인다. 이러한 WTO 체제에 대한 준비 또만 시급하다고 하겠다.

대구·경북지역이 정권 창출지였음에도 다른 지역에 비해 낙후되어 있는 현실을 어떻게 볼 것인가?

민주주의를 오래 해 온 오늘날의 선진국들, 그중에서도 미국이 좋은 예가 되겠지만 대통령을 낸 주가, 또 시가 반드시 혜택을 더 받아야 된다고 생각하는지 한번 생각해 볼 필요가 있다. 물론 미국에는 주 정부가 있고, 또 우리와는 제도적으로 다른 면도 있으나 대통령, 부통령을 낸 그 자체를 그 지역의 자랑으로 생각할 뿐 아니라 오히려 상대적인 희생마저 감내하려는 자세마저 없지 않다고 한다.

어쨌든 대구 경북 지역이 상대적으로 낙후되었다는 것은 통계적으로 어떻게 정의 하느냐가 문제가 되겠지만 근본적으로 초기 내지 중기 산업화 과정을 거치면서 대구 경북 지역이 경제적 구조조정을 신속히 못한 이유가 크다고 본다. 예를 들면 이 지역의 주종인 섬유산업도 고부가가치화 돼야 하고 다른 산업도 유치해야 하는데 이런 구조조정이 지연된 것이 문제이며 앞으로의 과제다.

또한 대구 경북 지역은 정권 창출지로서 너무나 중앙정부 지향적이고 모든 문제를 중앙정부가 풀어 줄 것을 기대하는 경향은 없는지 한번 곰곰이 생각해 볼 필요가 있다고 본다. 또한 인재도 이젠 지방화시대에 맞는 중앙에서 역류하도록 하는 여건조성이 필요하다고 본다.

전환기 대구 경북이 직면하고 있는 핵심 문제는?

세계화시대. 국제화시대. 개방화시대, 지역화시대에 적응하기 위한 급선무는 대구 경북의 지나치게 보수적이고 배타적이며, 자기중심적인 사고에서 좀 더 진취적이고 남과 협조할 줄 알며, 남을 이해하고 더불어 살 줄 아는 지혜와 능력을 기르는 일이라고 본다. 이를 위해 필요한 것은 가정, 학교, 또 직장과 지역사회에서 일관성 있는 교육이다.

외지의 우리나라 사람들이 대구 와서 살기가 힘들다고 하는데 하물며 외국사람들이 와서 일하기는 얼마나 어려울까. 오늘날의 세계화시대에는 각종 기업의 전략적 제휴와 합작 등이 필요한데 대구 경북 기업들도 외국기업과 외국인과 손잡고 함께 일할 수 있어야 하지 않겠는가. 남과 함께 일할 수 있는 자세와 의식구조를 갖는 것도 중요하지만 외국을 알고 외국인들과도 같이 일할 수 있는 능력을 길러야 한다.

이런 측면에서 강의를 영어, 불어, 일어 등 외국어로 하는 국제대학 같은 것도 대구 경북지역에 민간 주도로 설립하는 방안을 검토해 볼 만하다고 본다. 이러한 대학에 외국의 일류 석학과 정책담당자를 초빙해 강의를 하는 일은 크게 어렵지 않다고 본다. 국제대학은 학위과정뿐만 아니라 최고경영자 과정 등 다양한 프로그램을 개설 운영할 수 있을 것이다.

또한 대구 세계무역센터와 국제종합전시장 건립을 추진하

는 것으로 알고 있는데, 이 지역 주민 모두의 국제화 안목을 넓힌다는 차원에서도 바람직하다고 본다.

대구·경북지역을 어떻게 발전시켜야 하나?

대구·경북 지역이 갖고 있는 유리한 여건을 최대한 활용할 수 있는 방향으로 발전전략을 펴야 한다. 대구는 이 지역의 중핵 도시로서 교육중심 도시이고, 또한 주변에 구미, 포항, 울산, 창원 등 공업단지를 끼고 있다. 아울러 경주, 안동 등 신라시대, 조선시대의 역사·유물·관광풍습의 명소가 집중되어 있는 지역을 배후에 두고 있다.

따라서 앞으로 대구는 첫째, 교육과 관련해 이들 주변 공업 단지가 필요로 하는 사람을 길러내고 부품은 하드웨어 생산뿐 아니라 소프트웨어를 생산하는 즉 두뇌 집약적인 인력과 기반을 제공하는 중핵도시로 발전시켜야 한다.

둘째, 우리의 고유한 문화와 전통을 그대로 잘 보존하면서, 이를 관광과 연결시킬 수 있는 조직과 서비스 정신을 기르는 일을 해나가야 한다. 참고로 덧붙이고 싶은 것은 섬유산업은 사양산업이 아니라는 것이다. 섬유산업 중에서 사양화되는 부분은 있겠으나, 제품의 고급화와 패션화를 해나간다면 수지맞는 부문이 많이 있다. 이는 아직도 우리보다 섬유수출이 더 많은 독일, 이탈리아의 경우를 생각해 보면 잘 알 수 있다. 이렇게 하려면 외국의 기술을 도입하고 외국인과 함께 일할 수 있는 능력이 있어야 한다. 이 지역의 산·학·연과 관·민이 다함께 이 지역의 장기적 발전에 동참해야 한다고 본다.

이 자리에서 꼭 말씀드리고 싶은 것이 있다. 우리는 1962년에 1차 5개년계획을 도입했다. 그때 우리 국민소득은 87달러였고 필리핀은 우리보다 국민소득이 두 배였다. 그런데 30년이 지난 오늘 우리는 작년에 7,500달러, 필리핀은 아직도 1,000달러도 안된 수준에 있다.

우리나라는 1960년 초반까지만 해도 우리 공무원들을 태국 타마삿대에 유학을 보냈다. 그리고 그때 마닐라 갔다 오면 잘사는 외국 갔다 왔다고 자랑했다. 그런데 오늘에 와서는 그 나라 젊은이들이 우리나라에 유학 오는 것은 말할 것도 없고 3D업종, 그것도 불법취업 하려고 들어오는 실정이다. 그러나 우리는 겸손해야 한다. 아직도 갈 길이 먼 나라기 때문이다.

지금 일본 등 여러 나라는 3만 달러가 넘는 소득 수준에 있다. 경제는 말할 것도 없고 정신적, 문화적인 측면 등 모든 면에서 선진국 수준으로 발전해야 한다.

끝으로 꼭 강조하고 싶은 것은 '외지 사람들이 와서 말 붙이기 힘든 곳'이 되어서는 안 된다는 점이다. 지금 이 시대는 세계화 시대이고 좋든 싫든 간에 그것이 현실이다. 남과 더불어 사는 지혜와 능력 없이 우리는 잘살 수가 없다. 자기중심적인 사고만으로 경쟁에 살아남을 수 없다. 경제뿐 아니라 삶의 모든 면에서 개방적이고 남과 더불어 살 줄 아는 능력을 기르는 것이 가장 중요하다. 주체성은 갖되 그러한 능력과 여유를 갖는 것이 중요하다는 것이다.

21세기 동북아시대의 국가발전 여건과 대응과제

1994. 8. 25.

교통개발
연구원
개원기념
기조강연
요지

왜 21세기는 동북아 시대가 될 것인가.

동북아의 핵심국인 한·중·일의 단순한 경제규모와 인구만으로도 동북아는 세계경제의 가장 중요한 지역의 하나임이 분명하다. 그러나 더욱 중요한 것은 이들 나라의 역동성이다. 세계 2차대전 이후의 일본을 선두로 1960년대에 들어오면서 한국, 대만, 홍콩이 그리고 최근에 와서는 12억 인구를 가진 중국경제의 역동성이 세계경제의 지속적인 성장과 번영을 위한 견인차 혹은 촉매 역할을 해 오고 있다.

최근 일본경제가 겪고 있는 단기적인 어려움에도 한·중·일 세 나라를 포함하는 동북아지역은 오늘날 세계경제의 또 다른 두 축인 북미대륙이나 EU에 비해 성장잠재력 면에서 분명히 우세하다. 이들 양대 지역에 비해 동북아 지역의 현재 역내 교역 비중은 훨씬 낮다. 이것은 이 지역의 미래 역동성을 크게 제고할 수 있는 중요한 잠재요인으로 볼 수 있다. 게다가 이 지역 국가 간의 상호보완성은 특히 높다. 단지 최근까지는 냉전시대의 상이한 이념과 체제가 이 지역 내 국가 간의 높은 경제적 상호보완성의 이점을 최대한 활용할 수 있는 길을 봉쇄해 온 것이다.

경제개발에 박차를 가하고 있는 중국의 풍부한 천연자원과 인적자원, 세계적 경제 초강대국인 일본의 첨단기술과 자본, 한국의 우수한 인력자원과 축적된 개발경험, 그리고 이 지역 후발개발 도상국들이 필요로 하는 중간기술이 결합될 때, 동북아지역은 세계 어느 지역에서도 볼 수 없는 역동성이 창출되어 21세기 세계경제의 중심이 될 수 있을 것이다.

21세기 동북아 시대를 위해 이 지역이 해야 할 일

오늘날 세계는 정보화 기술의 눈부신 발달과 함께 지구촌화와 지역화 추세의 가속화를 경험하고 있다. 특히 도로, 항만, 공항 등의 사회간접자본과 정보통신 관련 이른바 신사회간접자본의 기

〈제2장〉 1990년대의 새로운 세계경제질서와 한국

초투자가 이룩되어 있는 지역 내의 경제적 통합은 더욱 가속화되고 있을 뿐 아니라, '국경 없는 경제시대'로 줄달음치고 있는 것이다. 경제교류가 가장 유리한 이웃나라 간의 '자연적인 지역화'가 촉진되고 있는 것은 두말할 필요조차 없다.

동북아 지역도 최근 중국의 대외개방정책으로 이러한 세계적 추세의 가속화를 경험하기 시작하고는 있으나, 현재로선 극히 제한적일 수밖에 없다. 자연적인 지역화를 막아온 인위적인 장벽이 무너지긴 했으나 이 지역 경제통합의 기초가 될 각종 제도와 신구 사회간접자본 형성이 취약하기 때문이다.

따라서 21세기 동북아 시대 전개를 위한 이 지역 경제통합의 기초가 될 막대한 투자가 선행되어야 하는 것이다. 특히 이러한 투자는 그 규모의 방대함과 긴 회임기간뿐 아니라, 외부경제를 수반하기 때문에 시장기능에만 의존할 수 없다. 따라서 신설된 유럽 부흥개발은행(EBRD)과 유사한 성격의 '동북아개발은행'의 창설을 고려할 수 있다. 이 은행은 단순한 금융뿐 아니라 개발은행으로서의 각종 자문과 교육, 훈련 기능을 수행해야 한다. 이러한 동북개발은행의 창설은 이 지역 핵심국가들의 다자간 노력을 필요로 한다는 것은 두말할 여지조차 없다.

물론 이러한 다자간 노력은 이 지역 국가 간의 상호신뢰와 협력정신을 바탕으로 하는 집단리더십을 필요로 한다. 이 지역의 불행한 과거는 이웃 간의 신뢰기반을 송두리째 흩트려 놓았다. 따라서 우선 이 지역 국가 모두가 미래지향적인 신뢰기반 구축에 적극 나서야 한다.

오늘날 세계는 일본이 미국, EU와 함께 경제 초강대국으로서 '세계적인 리더십'을 발휘해 주기를 바라고 있다. 그러나 이러한 일본의 세계적 리더십은 우선 '지역 리더십'의 기초 위에서 가능하다. 가까운 이웃으로부터 신뢰와 존경 없이 세계적 리더십 발휘는 불가능한 것 아니겠는가? 동북아개발은행 창설을 통한 이 지역의 발전에 일본이 한국과 함께 앞장설 때, 일본은 이 지역에서의 신뢰기반과 세계적 리더십의 기초를 구축할 수 있을 것이며, 이 지역의 역동성은 배가될 수 있을 것이다.

21세기 동북아 시대의 우리 위상과 우리가 해야 할 일

동북아가 세계중심이 되더라도 우리나라는 일본, 중국 그리고 러시아라는 대국의 틈바구니에서 우리의 적절한 역할과 위상을 정립해 나갈 수밖에 없다. 우선 한반도의 안정이 이 지역의 안정과 번영에 부합한다는 논리와 이에 상응하는 우리의 솔선수범으로 주변 강대국의 이해를 촉구해 남북한 통일기반을 다져야 한다. 또한 남·북한통일은 다자적인 협력기반 위에서 우리의 '이니셔티브'로 추진해 나가야 한다. 동북아 개발은행과 같은 다자간 협력기구는 남북한 통일의 부담을 줄여 이 지역의 안정과 번영에 기여할 수 있

〈제2장〉 1990년대의 새로운 세계경제질서와 한국

을 것이다. 이러한 차원에서 우리는 이 지역 국가는 물론이거니와, 세계 모든 나라의 신뢰를 살 수 있는 기반을 구축하는 노력을 기울여야 한다. 국제사회에서 책임 있는 일원으로서 세계 속의 우리의 위상에 걸맞은 의무와 책임을 성실히 수행할 뿐 아니라, 국제사회에서의 다자간협력에 적극 참여해 우리 분수에 맞는 자기희생적 리더십도 발휘해야 한다.

이와 관련해 우리의 개발경험과 풍부한 인적자원을 최대한 활용해, 오늘날의 후발개도국과 전 사회주의국가의 발전에 도움이 될 수 있는 적극적인 시책을 펼 수 있는 방안의 마련도 바람직하다고 본다. 이는 흡사 '지구촌 마을에서 자수성가한 사람이 자기보다 못한 사람들을 도와주는 일'과 같이 남의 존경을 받을 수 있는 일인 동시에 장기적으로는 경제적 실리도 따르는 일인 것이다.

오늘날 우리나라는 후발개도국과 전 사회주의 국가의 경제개발과 기업경영에 도움이 될 인력의 보고라 해도 과언이 아니다. 전직 관료, 업계, 금융계 퇴직인사 등 값진 지능과 능력 그리고 의욕을 가진 얼마나 많은 전문인력이 우리사회 전반에 산재해 있는가. 이들의 활용을 위한 기존의 각종 국제기구와의 협력 강화뿐 아니라, 우리의 독자적인 제도의 마련도 필요하다. 물론 이러한 시책이 성공하려면, 이들이 하는 일에 국가시책의 우선순위가 부여되고 사회적인 인정이 따라야 한다는 것도 잊지 말아야 한다.

오늘날 세계화와 지역화 추세 속에서 살아가야 하는 우리 모두는 우선 가까운 이웃과 공존공영하려는 의식적인 노력부터 강화해야 한다. '이웃이 싫다고 이사할 수 없는 것'이 국가가 아닌가. 오늘날 가속화되고 있는 세계화와 지역화 추세에서 소외되고, 이를 활용할 줄 모르는 나라는 국제경쟁에서 그만큼 불리할 수밖에 없다는 점을 명심해야 한다.

21세기 동북아시대를 내다보며, 우리 위상에 맞는 리더십 발휘와 국제사회에서의 역할을 수행해 나갈 때, 우리는 21세기의 중심권에서 존경받는 나라가 될 수 있을 것이다.

세계경제환경 변화와 우리의 선택

1994.
12. 8.

한국발전
연구원
46회
조찬강연
요지

왜 세계경제환경 변화를 항상 예의주시 해야 하나

우리나라는 부존자원이 빈약하고 또 국토도 한정되어 있다. 반면에 가진 것이라고는 우수한 인적자원뿐이다. 따라서 이러한 인적자원을 잘 활용하고, 또 우리 국민 모두의 소득수준을 높이기 위해 우리는 숙명적으로 나라 밖으로 눈을 돌려야 할 수밖에 없다. 바꾸어 말하면 세계 속에서 우리의 살길을 찾지 않으면 안 되는 처지에 있다는 것이다. 밖에 나가서 남과 경쟁해 이겨야 하는 것이다. 그러나 우리는 불행히도 세계적인 경제 초강대국도, 군사 초강대국도 아닌 중소 규모의 나라에 불과하다. 따라서 우리는 국제경제질서와 국제규범, 혹은 '국제경쟁의 틀'을 우리가 원하는 방향으로, 또 우리에게 유리한 방향으로 우리가 주도해 만들어 갈 수 있는 입장에 있지 못하다. 즉, 우리는 남들이 만들어 놓은 국제규범과 경쟁의 틀 속에서 경쟁해 이겨야 하는 불리한 처지에 있는 것이다.

얼마 전에 종결된 UR 다자간 무역협상 과정이 이를 잘 말해 주고 있다고 하겠다. 이 UR은 간단히 말해 GATT 117개 회원국이 모여 국제무역에 관한 새로운 '국제경쟁의 틀'을 짜는 다자간 협상이었다. 그런데 이 종결과정을 지켜보면서 어떤 인상을 받았는가? 117개국 간의 협상이 아니라, 경제력을 기초로 한 협상력이 강한 미국과 EU 간의 협상인 것만 같은 느낌을 갖게 했을 뿐 아니라, 다른 나라들은 미국과 EU만 설득시키면 협상이 끝나는 것 같은 인상을 주기에 충분한 것이었고, 또한 그것이 사실이었다.

이렇게 힘센 나라들의 주장에 따라 쌀을 포함한 모든 농산물도 예외 없이 일정 기간 이후에는 모두 개방하고, 또 정부보조도 줄여야 한다는 원칙이 정해졌고 우리나라를 포함한 모든 나라가 이를 받아들이지 않을 수 없게 된 것으로 볼 수 있다.

이와 같이 우리는 남들, 특히 힘센 나라들이 만들어놓은 '경쟁의 틀' 속에서 우리의 살길을 찾아야 되는 처지에 있는 것이다. 따라서 우리는 세계경제환경과 국제질서변화를 항상 예의주시하지 않을 수 없고, 또 그러한 변화를 미리 예측해 적절히 대응할 줄 아는 남다른 지혜가 필요한 것이다. '힘이 없으면 꾀라도 있어야 되는' 것이다. 따라서 정부정책당국과 기업은 말할 것도 없거니와 우리 국민 모두가 국제적인 안목을 기르지 않고는 살아갈 수 없다고 하겠다. 더욱이 오늘날 세계는 격변하고 있다. 이 격변하는 세계 환경 속에서 우리 경제의 선진화를 이룩해야만 하기 때문에 세계환경 변화의 특성을 잘 이해하고 또 적절히 대응해 나갈 방안을 모색해야 하는 것이다.

오늘날 세계경제환경을 격변하게 하는 요인은 무엇이며, 이들이 시사한 바는 무엇인가.

그러면 오늘날 세계경제환경이 어떻게 격변하고 있으며, 이러한 변화가 우리에게 시사하는 바는 무엇인지를 한번 간추려 봄으로써, 적절한 대응책을 모색해 보기로 하자. 우선 세계환경, 특히 세계경제환경을 격변하게 하는 배후에는 다음 세 가지 요소가 작용하고 있다고 볼 수 있다. 첫째, 2차대전 이후부터 지속되어 오던 동서양진영간의 냉전의 종식을 들 수 있다.

두 번째 요소는 2차대전 이후 세계경제를 주도해 오던 미국경제의 상대적인 약화다. 세 번째 요소로 들 수 있는 것은, 광섬유, 광케이블, 인공위성 등과 같은 통신기술과 컴퓨터와 정보처리기술의 눈부신 발달이다. 과거 냉전 체제 하에서는 안보나 이념이 국제관계를 결정짓는 중요한 요소였을 뿐 아니라, 국제관계에 있어서 우방 혹은 혈맹이라는 개념은 큰 의미가 있었다. 그러나 냉전이 끝난 이 시점에서는 국가 간의 경제적인 이해관계가 국제관계를 결정 짓는 가장 중요한 요소가 되었다. 따라서 이제 모든 나라는 경제제 일주의를 채택하고 경제에 우선순위를 두는 국가경영체제를 구축하지 않을 수 없게 된 것이다. 이러한 각국의 경제우선주의는 결국 우리의 국제경쟁여건을 그만큼 더 어렵게 만든다는 것을 뜻한다.

또한 세계경제를 주도해 오던 미국경제는 월남전 이후 상대적으로 약화되기 시작해, 1980년대에 들어서는 이른바 쌍둥이 적자, 즉 재정적자와 무역적자에 허덕이게 되었고, 많은 구조적인 문제에 시달리게 되었다. 그 결과, 세계경제를 주도해 끌고 갈 수 있는 힘이 줄어든 것이다. 반면에 세계경제는 미국이 남겨놓은 지도력의 공백을 메워줄 나라가 없는 형편에 처하게 된 것이다. 이러한 세계경제를 주도할 수 있는 나라가 없는 상황은 불가피하게 다음과 같은 결과를 초래하게 되었다. 첫째, 세계는 흡사 '어른 없는 마을'처럼 되어, 세계경제의 다극화를 초래하게 되었다.

그 결과, 국가 간 경제적 이해관계에 따라 끼리끼리 모이는 지역주의 혹은 블록화가 성행하게 될 소지가 커질 수밖에 없게 되었다. NAFTA의 발효, EC의 EU로의 탈바꿈, APEC 가맹국 정상회의 개최 등도 이런 차원에서 볼 수 있을 것이다. 둘째로, 세계경제를 어느 한 나라가 주도해 끌고 갈 수 없는 상황 하에서 세계는 몇몇 경제력이 상대적으로 큰 나라들이 협조해 끌고 가는 집단지도력을 필요로 하게 됐다. 그런데 문제는 이러한 지도력의 발휘에는 여러 가지 비용과 부담이 따른다는 것이다. 이는 2차대전 이후를 생각해 보면 잘 알 수 있다. 2차대전 이후 상당 기간 동안 미국의 경제력이 튼튼했기 때문에, 패전국의 경제재건을 위한 대대적인 원조계획과 제3세계의 많은 개도국을 도와주기 위한 방대한 원조계획도 마련했을 뿐 아니라, IMF, 세계은행 그리고 GATT의 창설을 주도해 세계경제의 번영에 크게 기여한 바 있다.

더욱 중요한 것은 미국의 자국시장을 넓게 개발해 많은 나라의 대미수출을 크게 늘릴 수 있는 기회를 제공했다. 물론 미국이 상당한 비용과 부담이 따르는 이와 같은 지도력을 발휘한 것도 따지고 보면 냉전 체제 하에서 미국 국익에 크게 도움이 되는 것이 있었기 때문이다. 그러나 중요한 것은 미국경제가 이를 뒷받침할 수 있었기에 가능했다는 점이다.

따라서 이제는 경제력이 상대적으로 강한 나라들이 이런 일들을 공동으로 하지 않을 수 없게 되었고, 그에 따르는 비용 분담 문제로 마찰의 소지 또한 커졌다는 것이다. 그런데 이 비용 분담을 지난번 걸프전 때처럼 현금을 분담하는 것도 중요하나, 더욱 중요한 것은 시장개방이다.

미국이 일본에 대해 시장을 개방하라고 처음 압력을 가했을 때, 일본 측은, "우리가 시장개방을 하면 무얼 하나 당신들은 물건을 팔지도 못하고 남 좋은 일만 시키면서 왜 그러느냐"고 한 데 대해, 미국측은 "그래도 좋으니 시장을 개방하라. 다른 나라들이 일본에 와서 물건을 많이 팔면, 미국에 와서 덜 팔 것이 아닌가"라고 맞선 일이 있다. 이러한 측면에서 볼 때 시장개방도 비용 분담의 중요한 일환인 것이다.

따라서 세계경제의 지속적인 번영에 필요한 비용을 분담한다는 뜻에서도 상대적으로 경제력이 큰 나라에 대한 밖으로부터의 시장개방 압력은 있게 마련이라고 볼 수 있다. 상대적으로 경제력이 있는 나라로는 이른바 G7을 들 수 있으며, 한국을 포함하는 신흥공업국들이 G7 다음으로 경제력 있는 나라로 꼽히게 될 것은 당연하다. 이런 측면에서 볼 때 외부로부터 우리나라에 대한 시장개방 압력도 불가피한 것이라 할 수 있다.

세계경제환경을 격변하게 하는 세 번째 요소로 전자통신기술과 컴퓨터 및 정보처리기술의 눈부신 발달을 들었는데, 이러한 이른바 정보화 관련 기술의 획기적인 발달은 이제 지구를 하나의 조그마한 마을, 즉 지구촌으로 축소하는 효과를 가져왔다. 특히 기업하는 입장에서 보면, 이제 기업의 입지가 지리상의 거리에 크게 제약을 받지 않게 되었을 뿐 아니라, 기업하기 유리한 곳이면 자본과 기술이 마음대로 드나들게 되었다. 게다가 냉전체제가 무너지고, 오랫동안 존속해 온 인위적인 장벽이 제거된 결과, 12억 인구를 가진 중국과 6억에 가까운 구소련과 동구권 여러 나라도 세계적 기업의 입지대상이 된 것이다.

〈제2장〉 1990년대의 새로운 세계경제질서와 한국

이제 기업하기 유리한 곳이면 어디든지 자본과 기술이 들어가게 되어 있다. 이를 두고 흔히 국경 없는 경제시대라고들 한다. 본사는 A나라에 두고, 부품은 B나라에서 만들어서, 최종제품 제조는 C나라에서, 그리고 판매는 세계 전체를 상대로 하는 기업경영의 범세계화가 가능해진 것이다. 또한 경제제일주의를 선택하고 있는 모든 나라들은 경쟁적으로 이러한 자본과 기술을 유치해 자국 근로자들의 일자리를 마련하기 위한 온갖 노력을 경주하고 있는 것이다.

이러한 변화가 시사하는 바는 무엇인가. 이는 세계 시장에서의 기업경쟁여건이 그만큼 더 어려워졌음을 의미하는 것이다. 정보를 갖고 있고, 또한 정보를 활용할 줄 아는 기업들은 기업하기 유리한 요소가 있는 곳은 다 활용하게 될 것이기 때문에 경쟁이 그만큼 치열해질 수밖에 없는 것이다. 이렇게 치열해진 경쟁에 대비하기 위해 오늘날 세계적 기업들은 각종 경영혁신을 통한 경쟁력 제고에 안간힘을 기울이고 있는 것이다.

오늘날 세계적 기업들은 기업경영 능률화를 위한 각종 경영제도의 혁신과 대대적인 인력감축 계획을 도입하고 있는 것을 볼 수 있다. 오늘날 유럽제국과 미국의 높은 실업률도 이러한 경영혁신 노력과 무관한 것이 아니다. 심지어 종신고용으로 유명한 일본 기업들마저 명예퇴직 등의 명분으로 특히 중간관리층 인력을 감축하는 방법을 널리 활용하고 있는 것을 볼 수 있다.

또한 이렇게 치열해진 기업 간 경쟁에 대응하는 노력의 일환으로 일어나고 있는 새로운 현상이 세계적 기업 간에 맺어지는 각종 전략적 제휴다. 어제까지만 해도 경쟁사로 서로 경원시하던 기업들이 신제품의 공동개발이나 공동판매망을 구축하기위해 손을 잡고 있는 것을 볼 수 있다. 심지에 때 따라서는 기업 간 합병도 마다하지 않고 있다.

이에 더해 작년에 이룩된 UR 다자간무역협상의 종결도 기업경쟁환경을 크게 변화하게 하는 중요한 또 다른 요인으로 볼 수 있다. 즉, UR 협상종결을 기업입장에서 보면 이제부터는 정부의 보호막이나 지원을 기대할 수 없는 세계시장에서의 기업 간 무한경쟁시대를 맞게 되는 것을 뜻한다.

또한 그 동안의 GATT 체제는 정부 간의 협약을 집행, 감독또는 조정하는 특별기구가 없었는데, 이번 UR 종결로 앞으로 이러한 기능을 맞게 될 WTO의 창설기반이 만들어졌다. 따라서 WTO시대의 다자간협약은 더욱 철저히 집행되고 조정될 것으로 보아야 할 것이다.

세계경제 환경변화에 대응한 우리의 선택은 무엇인가

우선 정부가 해야 할 일이 많다. 무엇보다 먼저 아직도 우리 모두의 의식구조 속에 남아있는 은둔의 왕국 시대적 폐쇄성과 배타성을 타파할 수 있는 의식구조개선을 위한 노력이 있어야 하겠다. 이러한 노력의 일환으로 다음 세대를 위한 국민교육의 내용과 교과를 바꾸는 것도 필요하나, 기성세대의 국제적 안목과 식견을 넓히는 데 도움이 될 홍보와 교육도 중요하다는 것이 강조되어야 할 것이다.

둘째, 무한경쟁시대에 대비한 국가경쟁력 제고를 위한 모든 노력을 경주해야 한다. 무엇보다 먼저 정부부문 스스로의 생산성 향상을 위한 행정, 입법, 사법부의 비능률부문을 제거하는 제도와 관행의 개선계획이 마련되어야 할 것이다. 우리의 새로운 경쟁상대가 될 오늘날 선진제국이 능률의 기준이 되어야 한다는 점을 잊지 말아야 한다.

셋째, 우리 기업에게 필요 이상의 규제나 간섭이 아직도 남아 있다면 이들은 과감히 제거되어야 한다. 무한경쟁시대에 경쟁해 이겨야 하는 우리 기업을 우리 스스로가 발목을 묶어 핸디캡을 주는 일은 없어야 할 것임은 두말할 여지가 없다.

넷째, UR의 후속조치로서의 법과 제도, 그리고 행정관행을 국제규범에 맞게 고쳐야 함은 물론이거니와, 농업과 서비스 등 새로운 부문의 개방에 대한 산업구조조정과 경쟁력강화 방안이 마련되어야 한다.

다섯째, UR 이후 WTO 체제 하에서의 다음 라운드에 대비한 준비도 지금부터 해야 할 것이다. 특히 환경부문에 대한 필요한 제도정비와 중장기 투자계획을 마련해야 한다.

여섯째, 세계무대에서 우리의 입지를 조금이라도 강화하고, 우리에게는 더욱 중요한 세계경제환경에 영향을 미치게 될 중요한 국제기구나 포럼에 적극 참여해 우리의 영향력을 행사할 수 있는 기반을 마련하는 노력도 있어야 한다. 아울러 이러한 기관에 젊고 유능한 공직자들의 파견근무와 연수를 적극 권장하고, 이를 제도화할 필요도 있다.

끝으로, 앞으로 쉽게 사라지지 않을 지역주의 추세에 적극 참여할 수 있는 전략도 마련되어야 한다. 우리와 같이 협상력이 상대적으로 약한 나라의 경우 다자주의가 최선이기는 하나, 지역주의 추세가 가속화하는 현실을 무시할 수 없을 뿐 아니라, 오히려 이러한 추세를 잘 활용할 줄 아는 지혜를 길러야 하는 것이다.

물론, 기업이 해야 할 일은 더 많다. 무엇보다 먼저 우리 기업도 기업경영의 세계화 추세를 외면한 채, 오늘날의 무한경쟁에서 이길 수 없다는 점을 인식해야 한다. 우선 국제적인 안목을 갖고 국외의 유리한 여건을 적극 활용해야 함은 물론이거니와, 국내에서 국내외기업을 막론하고 다른 기업과 손잡고 일할 수 있는 적극적인 태도와 능력을 길러야 한다.

우리 기업들보다 훨씬 더 경쟁력 있는 세계적 기업들이 경영시야를 세계화하고 나아가 다른 경쟁력 있는 세계적 기업들과 각종 전략적 제휴를 꺼리지 않는 상황에서 우리 기업들이 이러한 추세를 외면하고 이들과 경쟁할 수 없다는 것은 당연하다고 하겠다.

게다가 우리는 이제 산업구조의 고도화를 위한 새로운 선진 기술이 필요한데, 여기에 필요한 선진기술들은 돈만으로는 살 수 없는 것이 대부분이다. 따라서 이러한 기술을 가진 기업들과 손잡고 일하는 길밖에 없는 것이다.

그런데 우리가 필요로 하는 세계적 기업들과 손잡고 일할 수 있으려면 우리 기업도 이들이 필요로 하는 것을 갖고 있어야 한다. 그렇지 않으면 왜 세계적 기업들이 하필 우리 기업들과 손잡으려 하겠는가. 따라서 우리 기업들도 이들 세계적 기업이 필요로 하는 생산기술이든, 경영기법이든 관계없이 세계 일류의 기술을 갖추어야 한다. 이를 위해 기업 내에 국제적 안목과 식견을 갖춘 지역전문가 내지 국제경영인을 양성해야 한다는 것은 재삼 강조할 필요조차 없다고 하겠다.

아울러 특히 강조되어야 할 것은 건전하고 생산적인 노사관계풍토를 조성하는 데도 많은 노력이 경주되어야 할 것이다. 기업하기에 불편하거나, 골치 아픈 나라에 구태여 세계적 기업이 들어와 우리와 함께 일하려 하지 않을 것은 두말할 필요조차 없다.

우리 국민 모두가 해야 할 일 또한 많다. 우선 우리 국민 모두는 세계화시대에 살며 세계 속에서 우리의 살길을 찾아야만 되는 우리의 처지를 깊이 인식할 필요가 있다. 이러한 인식을 바탕으로 외국인에 대한 막연한 피해의식과 패배주의, 그리고 지나친 배타성에서 벗어나야 할 것이다. 그러기 위해 우리 모두는 세계와 바

깥세상을 우선 알아야 하고 외국과 외국인, 그리고 외국기업과도
더불어 살 줄 아는 지혜를 길러야 하는 것이다.

〈제2장〉 1990년대의 새로운 세계경제질서와 한국

국제환경변화에 민첩한 대응을

1995.
6.

미래의 세계

현재 국제경제환경은 중·장기 양측면에서 큰 변화를 경험하고 있다. 중기적인 측면에서는 기존의 세계경제질서가 무너지고 새로운 질서가 형성되고 있다. 장기적인 측면에서는 인류의 기존 생활방식과 소비행태 및 생산방식이 크게 바뀌는 구조적인 대변화가 일어나고 있다.

세계 속의 살길 찾아야 할 대한민국

이러한 국제환경변화는 숙명적으로 세계 속에서 살길을 찾아야만 되는 우리에게 지혜로운 대응을 강요하고 있다. 게다가 오늘날 우리는 선진·통일국가를 이룩해야 하는 벅찬 도전에 직면해 있다. 따라서 국제환경변화의 특성과 내용을 남보다 더 잘 이해하고, 남보다 더 신속하게 대응할 줄 아는 지혜가 요구된다. 이를 위해서는 무엇보다 국가경쟁력 제고를 위한 종합적인 전략을 마련하고, 그 테두리 안에서 정부, 기업 그리고 우리 국민 모두가 할 일을 찾아야 한다. 우선 정부는 세계화시대에 부응해 정부부문 스스로의 생산성 향상을 위한 기존 제도와 관행의 개선 계획을 마련해야 한다. 특히 현존 제도와 관행의 상당부분은 기존 국제질서를 배경으로 한 경제발전 초기의 산물이라는 점을 고려할 때 달라진 대내외 여건에 적절한 개선이 이룩되어야 한다.

기업하기 좋은 환경 만들어야

다음으로 정부는 우리나라를 '세계에서 기업하기 가장 좋은 곳'으로 만들기 위해 기업활동에 대한 필요 이상의 간섭이나 규제를 물론 철폐해야 할 뿐 아니라, 건전하고 생산적인 노사관계 여건 조성에도 노력해야 한다. 중요한 것은 무한경쟁시대에 우리의 경쟁상대는 오늘날의 선진제국이라는 사실이다. 또한 우리 기업들이 세계적 기업과 각종 전략적 제휴를 할 수 있으려면 이들 세계적 기업들이 원하는 세계일류 기술 내지 경영기법을 창출해내야 하는 것이 중요하다. 아울러 기업 내에 국제적 안목과 식견을 갖춘 지역전문가 내지 전문경영인을 양성해야 할 뿐 아니라, 외국 전문경영인들도 활용하는 방안이 강구되어야 한다.

〈제2장〉 1990년대의 새로운 세계경제질서와 한국

폐쇄적 사고에서 벗어나야

이러한 정부시책과 기업경영전략이 성공하려면 우리 국민 모두의 국제적 안목을 높이고, 아직도 남아있는 폐쇄적 사고방식과 외국 것에 대한 거부감과 배타심, 그리고 패배감에서 벗어나 '남과 함께 일하고 협조할 줄 아는 능력'을 배양해야 한다. 이를 위해 차세대를 위한 교육개혁과 기성세대를 위한 해외연수, 훈련, 파견과 분야별 국제전문인 양성을 위한 프로그램이 마련되어야 한다. 특히 공직자의 경우 해외근무 경험이 추후 승진과 보직에 유리하게 반영되는 구체적인 인사제도의 마련이 시급하다. 또한 영어를 위시한 외국어 교육의 조기실시 내지 강화, 그리고 외국어로 강의하는 국제대학 설립, 운영은 빠를수록 좋다고 본다. 이러한 국제대학에서는 학위 프로그램도 중요하나 최고경영자과정의 운영도 중요하다.

국제사회에서 존경받는 나라 돼야

다음 새로운 국제질서 속에서 우리의 위상을 공고히 하고 국제사회에서 '책임 있고 믿을 수 있는 나라'가 될 수 있도록 우리 모두가 해야 할 일도 많다. 무엇보다 우리의 국제적 위상에 걸맞은 시장개방 등 국제적 공공재의 제공에 너무 인색하지 말아야 한다. 또한 개척자적 국가로서 우리의 개발경험과 중간기술 보유국의 이점을 최대한 이용하는 방안으로 정부와 민간부문에서 경제개발에 관한 귀중한 경험을 쌓아온 인적 자원을 적극 활용해야 한다. 특히 현재 일선에서 물러나 있는 많은 인력을 활용해 낙후된 나라들을 도와주기 위한 제도적 장치를 마련하는 것이 바람직하다.

또한 정보화시대에 대비한 가장 중요한 일은 '지식을 길러내고 창의력을 함양'하는 산업이라 할 수 있는 교육부문에 대한 대대적인 개혁이다. 오늘날 선진 제국에 비해 너무나 뒤떨어진 초·중등 교육 여건과 교육내용의 질적 향상을 위한 개혁은 물론이거니와, 정보화시대에 대비한 교육부문에의 막대한 투자를 위한 기여금 입학 등 민간투자재원의 적극적인 활용방안의 마련이 시급하다. 현재 교육예산 지출 중 90퍼센트 이상이 초·중등 교육 부문에 쓰이고 있는 점을 감안할 때, 고등교육의 질적 향상을 위한 민간투자재원의 활용이 무엇보다 중요한 일이다. 또한 암기위주의 교육에서 탈피하기 위해 대학에 들어가서 열심히 공부하게 하는 동기를 부여할 수 있는 학사제도의 도입도 필요하다.

정보화시대를 대비한 교육부문 개혁과 함께 지식산업의 육성기반이 될 지적재산권 등 각종 제도 정비와 함께 우리의 발상전환을 필요로 하는 부문이 많다. 특히 우리의 하드웨어 중심적 사고와 가치기준에서 탈피할 수 있는 발상의 전환이 시급하다.

〈제2장〉 1990년대의 새로운 세계경제질서와 한국

남과 더불어 살 줄 아는 지혜 길러야

우리는 오랫동안 '은둔의 왕국'으로 칩거하며 바깥세상 돌아가는 것을 외면하고 살아온 대가를 치른 쓰라린 경험을 갖고 있다. 오늘날 우리 사회의 지도층과 지식층은 물론이거니와 우리 국민 모두가 꼭 한 세기 전에 우리나라가 범한 우를 다시 되풀이하지 않기 위해 해야 할 일이 많다. 그중에서도 새롭게 형성되고 있는 세계경제질서와 곧 도래하게 될 정보화시대에 대응하는 적절한 전략 모색에 우리 모두의 지혜를 모으는 것이 시급하다. 21세기를 아시아·태평양시대 혹은 동북아시대로 특징짓는 것을 흔히 본다. 우리가 항상 유념해야 할 것은 그러한 시대가 오더라도 우리나라는 주변의 초강대국 틈바구니에 끼인 중간규모의 나라로서의 위상에서 큰 변화가 있을 수 없다는 점이다. 따라서 우리는 대외여건 변화에 민첩하게 대응할 줄 알고, 남과 더불어 살 줄 아는 뛰어난 능력과 지혜를 길러나가야 한다. 그리고 남들이 가볍게 다룰 수 없는 지구촌에서 존경받을 수 있는 나라로서의 위상을 굳건히 다져야 하겠다.

기업도 남과 손잡을 줄 알아야

　　우리 기업인들은 독립심·모험심이 강하지만 남과 더불어 손을 잡고 발전한다는 개념은 부족한 것 같다. 오늘날은 아무리 일류 기업일지라도 혼자서 모든 것을 할 수는 없으며 '혼자'를 고집한 기업은 망할 수도 있다는 사실을 우리 기업인들이 유념해 주었으면 한다. 우리나라와 같은 자본주의 시장경제체제 하에서 경제가 잘 된다는 것은 민간기업가들이 잘한다는 것을 의미한다. 우리 경제가 지난 30년간 다른 나라에 비해 매우 빠른 성장을 한 것은 다른 나라에 비해 우리 민간기업이 평균적으로 잘해왔기 때문이라고 할 수 있다는 것이다. 그러나 이제 우리 경제는 선진국 자가 진입을 위해 한 단계 더 도약해야 할 시점이다. 그러므로 지금까지의 우리 기업은 주로 선진기업을 쫓아가는 데 노력을 집중했다면 이제부터는 선진기업과 동등하게 경쟁해야 할 입장에 놓여있다. 그런 면에서 우리 기업인들은 새로운 도전의 기로에 서 있다고 할 수 있다. 기업 내에 많은 전문인력을 확보해야 하고 세계시장을 개척함에 있어서도 보다 장기적이고 국제적인 안목으로 일을 해나가야 하며, 기업 운영 면에서도 다른 개도국보다 잘해 되는 게 아니라 적어도 선진국 수준에 도달해야 한다. 알다시피 오늘날 세계는 냉전 체제의 종식으로 모든 나라가 경제제일주의를 표방하고 있으며 정보기술의 발달로 나날이 지구촌 경제화 되고 있다. 이렇게 어려운 시점에서 우리 국민 모두가 국제적인 안목을 갖고 국제적인 변화를 예의주시하고 대응능력을 키워나가야겠지만, 무엇보다도 기업인의 역할이 크다고 본다. 급변하고 불안정한 기업 환경에서 세계적인 기업들도 다운사이징·벤치마킹·전략적 제휴 등으로 끊임없이 경영혁신과 변화를 모색하고 있는데, 우리 기업이 그들과 경쟁해 이기려면 그들보다 더욱 노력하고 그들보다 앞서나가지 않으면 안 된다.

제휴 통해 선진기술과 경영 배워야

그중에서 필자가 특히 강조하고 싶은 것은 전략적 제휴다. 오늘날에는 IBM과 애플, IBM과 후지쓰같이 과거에 경쟁상대로서 서로 경원시하던 세계적인 기업들이 서로 손잡고 생존과 도약을 모색하고 있다. 일일이 열거할 수 없을 정도의 수많은 기업이 공동으로 제품을 개발하고, 시장 판로를 함께 활용하고, 상호기술을 교환하고, 공동마케팅 활동을 하는 등 제휴 내용도 다양하다.

그러나 우리 기업은 이런 면에서 매우 취약하다. 외국기업과는 물론 우리 기업간에도 협력과 제휴가 좀처럼 쉽지 않다. 얼마 전 우리 기업들이 상호 특허를 공유하기로 했다는 소식이 있었다. 매우 좋은 일이지만 외국의 경우 그런 일은 다반사로 뉴스거리가 못 된다.

우리는 좋게 말해 독립심이 강하지만 나쁘게 말하면 남과 협력하고 남과 더불어 살아가는 마음가짐과 훈련이 되어 있지 않다. 잘 모르는 상대에 대해 배타적이며, 특히 외국기업에 대해서는 거부감이 더욱 심하다. 오늘날 막강한 외국기업들도 제휴를 통해 경쟁력을 배가시키고 있다.

선진기업이 되려면 기업의 외형뿐만 아니라 생산·기술·경영기법·마케팅기법 같은 소프트웨어 면에서도 선진국 수준에 도달하지 않으면 안 된다. 그러나 이러한 많은 부분은 돈 주고도 살 수 없는 것으로서, 함께 일하면서 어깨 너머로 배우거나 함께 생활하며 직접 느껴야만 습득될 수 있는 것이다. 한편, 우리 기업보다 훨씬 경쟁력 있는 외국의 기업들이 상호 제휴해 경쟁력을 배가시킨다면 우리가 단독으로 겨루어서 결코 이길 수 없다. 그러므로 우리 기업들도 하루 빨리 필요한 파트너와 손을 잡고 협조해 경쟁력을 키워나가겠다는 자세가 필요하다. 아무리 일류기업이라고 할지라도 모든 것을 혼자 할 수는 없으며 '혼자'를 고집하면 망할 수도 있는 시대가 도래했음을 우리 기업인들이 명심해주기를 바란다.

더욱 중요한 것은 '제휴'를 위한 능력을 갖추어야 한다는 점이다. 먼저 자신이 필요한 기술을 갖고 있는 기업, 손을 잡을 기업이 어떤 기업인지 알아야 하며, 그들과 접촉할 만한 언어와 협상 능력을 가진 전문가를 기업 내에 확보해야 한다. 뿐만 아니라 상대방에게 줄 게 있어야 한다. 기업활동이 자선사업이 아닌 이상 이익이 없다면 누가 우리 기업과 손을 잡으려 할 것인가. 그러므로 생산기술이든 경영 기법이든 우리 기업도 상대가 원하는 것을 갖도록 해야 하며, 상대의 이익에 대한 배려 또한 필요하다.

1997.
3.

월간무역

다보스 세계경제포럼에 다녀와서

해마다 이맘때쯤이면 스위스의 다보스란 조그마한 산골 스키마을은 세계 각국에서 모여든 각계 지도자들로 크게 붐빈다. 이 곳에서 세계경제뿐 아니라, 국제정치·사회·문화 등 거의 모든 분야에 걸친 주요현안과 그 해결방안에 관한 권위 있는 토론이 이루어질 뿐 아니라, 보다 나은 지구촌의 내일을 위한 각종 새로운 아이디어와 앞을 꿰뚫어보는 비전이 제시되는 세계경제포럼 회의가 열리기 때문이다. 코피아난 UN 사무총장, 빌 게이츠 미국 마이크로소프트 사장, 네탄야후 이스라엘 총리, 야세르 아라파트 팔레스타인자치정부 수반, 뉴윗 깅그리치 미국하원 의장, 체르노미르딘 러시아 총리, 레나토 루지에르 WTO 사무총장, 존 스위니 미국 AFL-

CIO 노조위원장, 미국 인텔의 앤드류 그로브 사장, 북한의 김정우 대외경제협력추진위원장, 그리고 주요국 중앙은행 총재, 재무장관 등 경제담당 장관들과 세계를 주름잡는 민간기업 총수들과 회의장 안팎에서 예사롭게 마주칠 수 있는 다른 회의가 또 있을까.

금년에도 이 회의는 지난 1월 30일부터 2월 4일까지 1,700 여 명에 달하는 세계 지도급 인사들이 참석한 가운데 열렸다. 금년 도 회의의 주제는 '네트워크 사회의 구축'이었다. 오늘날 우리는 19 세기 말에 시작된 산업혁명에 따른 산업사회가 이제 이른바 디지 털 혁명에 따른 전자 · 통신기술과 정보처리기술의 발달로 정보화 시대 혹은 지식사회로 전환되고 있는 과정에 놓여 있다.

이러한 시대와 사회에서는 필요한 네트워크를 누가 가장 잘 엮어내고 또 활용하느냐에 따라 각 분야의 승자가 결정될 것은 자 명하다. 기업경영은 말할 것도 없고, 정치·경제·문화·사회 어느 분 야를 막론하고 세계적 네트워크를 가장 효율적으로 활용해야 한다 는 것은 두말할 여지가 없다. 바로 이 다보스 회의는 모든 참석자 들이 자기들이 필요한 아이디어와 아이디어 소유자들을 찾아내고 또 이들과 네트워킹을 할 수 있는 가장 효율적인 곳이기도 하다.

아이디어와 비전박람회로서의 다보스 포럼

세계에서 가장 바쁜 사람들이 많은 경비를 부담하면서 이 회의에 참여하는 것은 자기들의 생각을 세계적 '아이디어와 비전 박람회'에 전시하려는 의도도 있으나, 세계적 권위를 자랑하는 각 분야의 지성들이 전시하는 아이디어와 미래지향적인 비전에 접해보려는 것이 주목적이 아니겠는가. 이러한 점을 고려할 때 더욱 안타까웠던 것은 복잡한 국내사정으로 인해 우리의 정책담당자들과 기업인들이 이번 회의에 많이 참석하지 못한 사실이었다. 오히려 국내문제가 어려우면 어려울 때일수록, 이러한 국제회의에 여유 있게 참석하는 것을 용납해주는 우리 사회의 새로운 풍토가 언제쯤 이룩될 것인지 안타깝다.

6일간에 걸쳐 동시다발적으로 진행된 많은 주제의 회의에 참석하며 참신한 아이디어와 비전에 접하면서 배우고 느낀 것이 많았던 것은 두말할 여지가 없다. 더욱이 불과 80여 명밖에 되지 않는 직원을 갖고 있다는 세계경제포럼이 이런 방대한 규모의 회의를 그야말로 빈틈없이 조직하고 운영하는 능력에 먼저 감탄하지 않을 수 없었다.

모든 주제마다 많은 사람이 보고 싶어 하고 들어보고 싶어 하는 세계적 권위자들을 다수 참여토록 한 것에서부터, 회의진행과 회의내용 요약발표에 이르기까지 전체 회의운영이 거의 완벽하게 이루어졌다. 이것은 매사를 빈틈없이 철두철미하게 이룩해내기로 원래 유명한 스위스 국민들의 저력을 과시하는 좋은 예가 될 수 있을 것이다. 무엇이든 하려고 마음만 먹으면 해낼 수 있는데도 불

〈제2장〉 1990년대의 새로운 세계경제질서와 한국

구하고, '대충대충, 빨리빨리 증후군'에 시달리고 있는 우리의 현실과 너무나 대조적이라고 할 수 있지 않을까.

소프트웨어 중요성 강조돼야

실제 다보스의 회의장 시설이나 숙박시설 등 하드웨어 측면만 보면 세계 최고 수준의 국제회의를 치르는 데 미흡한 점이 없지 않았다. 그러나 놀랍게도 주어진 시설을 최대한 짜임새 있게, 그리고 효율적으로 활용할 수 있는 지혜, 즉 소프트웨어 쪽에 철저한 준비가 되어 있기 때문에 모든 회의의 운영과 회의 참석자들의 편의 제공에 전혀 어려움이 없었다고 본다. 과연 우리들은 이러한 행사를 준비함에 있어 충분한 시간과 정력을 소프트웨어 마련에 넣고 있는지 반성해 볼 문제다.

스위스인들이 세계경제포럼의 운영을 통해 보여준 이러한 능력은 바로 '사람이 만들어낸 비교우위'의 중요성을 더욱 잘 말해 주는 것이라고 볼 수 있을 것이다. 이웃의 프랑스나 스페인, 혹은 이탈리아 같은 나라들은 그들의 조상들이 물려준 문화적 유산만 잘 보존·관리해도 외화를 크게 벌어들일 수 있는 입장에 있다. 그러한 입장에 있지 못한 스위스는 스스로의 머리를 써서 무(無)에서 유(有) 내지 고부가가치를 생산해내는 일들을 잘 하고 있는 것이다.

이번 회의의 여러 가지 주제 중 새삼스레 우리의 관심을 끈 것은 다름 아닌 '21세기, 누구의 것인가?'였다. 다가오는 21세기의 정보화시대, 지식사회에서는 가장 중요한 전략적 자원이 '지식'과 '창의력'이라는 것은 이제 우리 모두가 잘 알고 있는 사실이다. 따라서 21세기 준비는 국민들의 지식과 창의력이 최대한 발휘될 수 있는 여건을 조성해주는 일이 가장 중요한 것이라고 볼 수 있다. 이러한 여건 속에서 국민들의 지식과 창의력이 최대한 배양되고 이를 바탕으로 이룩된 비교우위에 의한 국가경쟁력이 높은 나라가 21세기를 주도하게 될 것은 자명하다. 따라서 한마디로 21세기 준비는 국민들의 지식과 창의력을 최대한 길러줄 수 있는 교육부문의 개혁에 중점을 두어야 할 것이다.

기술적자에서 하루속히 벗어나야

교육부문 개혁의 구체적인 프로그램으로 강조되어야 할 것은 컴퓨터 및 멀티미디어 활용방안에 관한 교육이다. 이와 관련해 이번 다보스 회의에서 세계 PC 칩 시장의 80퍼센트를 차지하고 있는 미국 인텔의 앤드류 그로브 사장의 연설 내용은 주목할 만하다. 그는 현재 유럽은 미국에 비해 PC 소비가 약 절반 정도에 불과할 뿐 아니라, 유럽의 e메일 활용은 미국의 10분의 1에 불과하다고 지적하며, 유럽의 이러한 '기술적자'에 따른 유럽 기업들의 상대적인 경쟁력 약화를 경고했다. 그리고 그로브 사장은 이미 인텔은 세계 방방곡곡의 지사 및 계열사들과 연결된 컴퓨터 5만대의 전자통신망을 통해 하루 100만 건의 메시지를 주고받는다고 했다. 그리고 그는 연설 도중 갖고 나온 PC 모니터를 통해 미국의 계열사 사장과 얼굴을 보며 화상회의를 해보이기도 했다. 물론 인텔은 소비자들과도 이러한 방법으로 부단한 의견교환을 함으로써 소비자의 기호에 맞는 제품을 적시에 생산해내는 체제를 갖추고 있다. 이러한 인텔과 아직도 정보화시대의 이기를 활용할 줄 모르는 구태의연한 기업 간의 경쟁에서 누가 승자가 될 것인가는 두말할 여지가 없는 것 아닌가. 그로브 사장은 모든 기업들이 '기술적자'에서 하루속히 벗어나도록 노력해야 하며, 그러기 위해 최고경영층이 앞장서는 지혜와 지도력이 필요하다는 점을 강조하는 것도 잊지 않았다.

미래의 선택은 우리의 것

우리나라의 모든 기업도 하루속히 정보화시대에 경쟁력 있는 기업이 되기 위해서는 그로브 사장이 강조한 바와 같이 각 기업 차원에서 할 일들이 많다. 그러나 우리 사회 전반에 걸쳐 정보화시대에 최대한의 속도로 적응하기 위해서는 초등학교 교과과정부터 달라져야 할 것은 물론이며, 모든 교육기관에 PC 등 정보화시대의 이기를 최대한 보급·활용하는 일이 중요하다고 하겠다. 이러한 교육부문의 개혁과 더불어 각종 제도와 관행을 세계화시대에 걸맞게 개선해 나가는 나라가 21세기를 주도하게 될 것이다.

구체적으로 21세기는 어느 특정 국가 혹은 특정 지역이 주도할 것인가에 대한 전문가들의 의견은 반드시 일치하지 않는다. 그러나 이번 다보스 회의에서 대부분의 참석자들은 선진국들 중에서 현재 경제가 가장 잘 되고 있고, 정보화시대 준비에 앞서있는 미국이 앞으로 상당 기간 계속해 세계를 주도해나갈 것이라는 분위기는 감지할 수 있었다고 본다. 그러나 MIT의 폴 크루그만 교수의 비관적인 견해에도 불구하고 우리나라를 포함하는 동아시아 제국의 지속적인 성장을 감안할 때 21세기는 아시아 경제가 주도하게 될 것이라고 보는 전문가들도 많았다.

물론 선택은 우리의 것이다. 이제 우리 모두는 과거의 속박으로부터 벗어나 미래지향적인 사고와 행동으로 21세기 준비에 매진해야 할 것이다. 19세기 말, 바깥세상 돌아가는 것을 외면하고 다가오는 20세기 준비를 소홀히 한 결과 나라마저 잃게 된 쓰라린 우리의 역사를 되돌아보며, 우리 국민 모두가 심기일전할 때다.

〈제2장〉 1990년대의 새로운 세계경제질서와 한국

구조조정 핵심은 무엇인가

1998.
7. 21.

중앙일보

구조조정이란

요즘 우리 생활 주변에서 가장 빈번히 접하게 되는 용어로 '구조조정'을 들 수 있을 것이다. 도대체 구조조정의 핵심은 무엇인지 다시 한 번 생각해보자. 첫째, '구조조정'이란 용어는 세계은행이 개발도상국들의 특정 프로젝트 지원을 위한 프로젝트 차관과는 별도로 구조조정차관을 도입하면서 경제전문가들 사이에는 널리 사용된 지 오래됐다. 그런데 여기서 말하는 구조조정은 상당히 광의의 개념으로 개발도상국 경제가 지속적으로 성장·발전하는 데 필요한 정부를 포함하는 공공부문·금융부문·산업 및 기업부문·노동시장 등 각 분야에 걸친 제도 개선을 포괄하는 것이다. 참고로 현재 우리나라가 받고 있는 IMF 긴급구제금융 중에는 이러한 제도개선 지원에 쓸 수 있는 세계은행의 구조조정차관이 포함되어 있다. 어쨌든 이러한 광의의 개념인 구조조정은 IMF 긴급구제금융 조건으로도 제시되고 있다. 물론 그 속도와 방법에 관해서는 이견이 있을 수 있겠지만 그 필요성에 관한 큰 이견은 있을 수 없을 것이다. 차제에 정부는 이러한 구조조정 시책을 강력히 추진할 필요가 있다는 것을 다시 한 번 강조하고자 한다.

둘째, 좀 더 협의의 구조조정 개념도 있다. 그것은 특히 80년대 미국의 대기업들이 경쟁력 제고를 위해 도입한 각종 경영혁신을 통한 '기업재편'과 같은 뜻으로 쓰이는 기업 구조조정이다. 이 기업재편은 경쟁기업과 전략적 제휴와 합병, 그리고 전문화를 위한 주력업종 이외의 비주력업종 기업 내지 사업의 정리 등을 통해 이룩된다. 그러나 이 기업재편의 가장 중요한 내용은 대폭적인 인력감축, 혹은 규모 줄이기다.

미국에서는 지난 80년대 이래 현재까지 4,400만 개에 달하는 일자리가 줄어 든 것으로 알려져 있다. 그러나 다행히도 미국경제는 같은 기간에 7,300만 개의 새로운 일자리를 창출해 전체적으로는 오히려 2,900만 개의 일자리가 늘어났다. 이것은 미국 노동시장의 유연성과 벤처기업을 포함하는 중소기업이 일자리 창출에 얼마나 기여하고 있는지를 잘 말해주고 있다. 이것은 노동시장이 경직적인 EU의 경우와는 너무나 대조적이다. 1991년부터 현재까지

〈제2장〉 1990년대의 새로운 세계경제질서와 한국

미국은 1,400만 개 이상의 일자리를 창출해낸 반면 EU는 500만 개의 일자리가 오히려 줄어들었다는 사실은 우리가 눈여겨보아야 할 대목임에 분명하다.

기업재편이 핵심인 구조조정

그러나 현재 많은 사람이 쓰고 있는 구조조정이란 용어는 바로 이러한 기업재편을 가리키는 경우가 많다고 본다. 물론 금융기관 구조조정도 금융기관 재편이란 측면에서 생각하는 사람이 많을 것이다. 과다차입에 의한 업종 다변화와 과잉·중복 투자가 우리 대기업 그룹의 문제라는 것은 모두가 잘 아는 사실이다. 따라서 우리 기업의 재편도 대폭적인 인력감축과 많은 비주력업종 기업 처리를 주 내용으로 할 수밖에 없을 것이다. 따라서 정부는 우선 대량실업에 따르는 사회적 충격을 완화할 수 있는 사회안전망 구축에 최대한 노력해야 할 것이다. 실업자 지원과 대출 및 고용보험 대상은 가능한 한 늘려야 할 것이다. 이를 위해 재정적자 폭을 늘리는 것은 불가피하다고 본다. 이것은 성공적인 기업재편을 위해 필요한 것이란 점을 잊지 말아야 한다. IMF와 세계은행도 적절한 수준의 사회안전망 구축을 위한 재정적자 폭의 확대에는 상당히 긍정적인 것이 보통이다. 또한 대기업 그룹들의 비주력업종 기업 처리를 원활히 할 수 있는 제도적 장치도 강화돼야 할 것이다. 이른바 '빅딜'로 통용되고 있는 기업교환은 어디까지나 기업 자신의 계산에 의해 추진돼야 할 것임은 두말할 여지도 없다. 단지 정부는 이러한 기업교환이 원활히 이뤄질 수 있도록 '경제구조조정 특별법'(가칭)을 제정해 한시적으로 운영할 필요도 있다고 본다. 이와 관련해 꼭 강조돼야 할 것은 우리의 대기업 그룹이 스스로 기업교환이든 다른 방법을 활용하든 간에 업종전문화 방향으로 그룹을 재편할 각오를 가져야 한다는 점이다.

끝으로 은행을 포함하는 우리 금융기관들의 구조조정과 관련해 반드시 유의해야 할 점은 상대적으로 건실한 국내 금융기관으로 하여금 무리하게 다른 부실 금융기관을 인수·합병하게 하는 것은 금융부실의 확산을 막기 위해 피해야 한다는 것이다.

〈제2장〉 1990년대의 새로운 세계경제질서와 한국

은행 부실채권 정리 서둘러라

1998.
8. 18.

중앙일보

정말 힘들고 속상한 긴 여름이다. 환란에 찌든 경제, 숨 막히는 금융경색에다 연이은 폭우로 전에 경험하지 못한 큰 물난리까지 겹쳐 우리 국민 모두의 마음을 더욱 가라앉게 하고 있다. 그러나 이런 때일수록 정신을 가다듬고 좀 더 긴 안목에서 우리가 해야 할 일들을 흔들림 없이 추진해 나가야 한다.

은행 구조조정, 일본식 점진주의 피해야

이 시점에서 무엇보다 중요한 것은 경제위기 극복을 위해 필수불가결한 경제 구조조정 노력에 박차를 가하는 일이다. 특히 정부 주도로 추진할 수밖에 없는 은행 구조 개선에 박차를 가해야 한다. 필자는 지난주 미국 호놀룰루 소재 동서문화센터와 KDI가 공동으로 개최한 '한국 금융위기'에 관한 국제회의에 참여한 바 있다. 특이할 만한 사실은 이 회의에 참석한 거의 모든 외국석학들은 현재 정부가 추진하고 있는 은행 구조조정 개편시책은 단호하고 과감한 정책의지가 결여돼 있을 뿐 아니라 시간을 벌며 점진적으로 추진하는 이른바 '일본식 점진주의' 원칙에 그 바탕을 두고 있다는 공통된 인식을 갖고 있었다는 점이다.

현재 일본경제가 제자리걸음 내지 뒷걸음질치고 있는 것은 일본 정부가 은행 부실채권 정리를 과감하고 신속하게 추진하지 못한 데 기인한다는 것은 이미 알려진 사실이다.

이번 회의에서는 최근 또다시 금융·외환위기를 겪은 멕시코의 은행 부실채권 처리 경험과 그 정책적 시사점들이 주로 논의되었다. 멕시코는 1994년 12월 '페소화 위기'를 맞았고, 1995년도 멕시코 경제는 6.5퍼센트의 마이너스 성장을 기록했다. 그러나 멕시코는 경제성장세를 곧 회복해 1996년 5.2퍼센트, 1997년 7.0퍼센트의 GDP 성장을 이룩했다. 이에 더해 멕시코는 페소화 위기가 시작된 지 2년도 채 되지 않은 1996년 8월부터 미국과 IMF 등으로부터 들여온 긴급구제금융의 일부를 갚기 시작한 바 있다. 바로 이러한 측면에서 멕시코는 페소화 위기를 빠른 시일 내에 성공적으로 극복해냈다는 평가를 받고 있는 것이다.

〈제2장〉 1990년대의 새로운 세계경제질서와 한국

그러나 우리가 유의해야 할 점은 거시경제지표로 본 멕시코 경제의 빠른 회복에도 불구하고 은행부문 전체의 부실채권은 오히려 매년 늘어나고 있을 뿐 아니라 은행대출 총액은 줄어들어 금융경색 현상은 심화되고 있다는 사실이다. 특히 수출과 무관한 내수산업과 중소기업부문은 더욱 심각한 금융경색과 경기위축을 경험하고 있다. 이것은 전반적인 경기만 회복되면 금융을 포함한 경제구조의 문제들이 자동적으로 해결될 것이라는 막연한 생각이 잘못된 것임을 말해주고 있다.

멕시코를 타산지석으로

어쨌든 이러한 멕시코의 사례를 보며 우선 두 가지 의문이 제기될 수 있다. 도대체 멕시코는 어떻게 심각한 금융경색에도 불구하고 GDP 성장이 가능했던가 하는 것이 첫 번째 의문이다. 그러나 이 의문은 멕시코 경제의 특수한 주변 여건에 비추어보면 곧 해명될 수 있다. 즉 멕시코는 1994년 초 발효된 NAFTA에 따라 미국에 대한 수출을 크게 늘릴 수 있었을 뿐 아니라 수출 관련 업체들은 국제금융시장에서 특히 미국계 금융기관들을 쉽게 활용할 수 있어 국내 금융경색의 피해를 최소화할 수 있었던 것이다. 이 점은 현재 우리의 금융경색이 수출과 내수기업 구분 없이 확산돼 있을 뿐 아니라 일본경제의 침체 등 우리의 주변 여건이 좋지 않은 것과는 대조적이다. 두 번째 의문은 경제성장세의 회복에도 불구하고 은행 부실채권은 어떻게 계속 늘어나며, 금융경색 현상은 오히려 심화되었나 하는 것이다. 멕시코 정부는 당초 방대한 규모의 은행 부실채권을 일괄 처리할 때 수반될 높은 재정비용과 정치적 부담을 고려해 점진적 처리 방안을 택했다. 그 결과 상당한 규모의 부실채권이 남아있는 은행들의 예금은 계속 빠져나가는 한편 내수산업 경기부진에 따른 기업 부도의 증가로 이들 은행의 부실채권은 늘어나고 신규대출은 더욱 줄어들 수밖에 없게 된 것이다.

이러한 멕시코 사례에 비추어 볼 때 무엇보다 시급한 것은 현재 우리 은행들이 안고 있는 진정한 부실채권의 정확한 규모의 파악과 이를 일괄 처리할 수 있는 규모의 자금을 확보하는 일이다. 아울러 성업공사의 확대 개편 혹은 새로운 가교은행의 설립도 필요하다고 본다. 은행 부실채권 정리 없는 금융구조 개편은 사상누각에 불과하다는 점을 잊지 말아야 한다.

위기의식으로 재무장하자

1998.
9. 1.

중앙일보

위기가 변화를 촉진한다

"실제의 위기이든 감지된 위기이든, 오직 위기만이 진정한 변화를 만들어 낸다."

일찍이 노벨경제학상을 수상한 바 있는 밀턴 프리드먼 교수가 현상유지에 안주하려는 경향을 지닌 사회지도층을 의식하고 한 말이다. 어느 사회에서나 그 사회지도층이 위기의식에 충만할 때 더 나은 내일을 위한 변화와 개혁이 가능할 것임이 틀림없다. 지난 2분기의 경제성장률은 18년 만에 최저인 마이너스 6.6퍼센트로 곤두박질쳤고 실업률은 7.6퍼센트에 이르게 됐다. 문제는 이러한 경제난국이 단순히 경기순환적인 것이 아니라 우리 경제의 근본적인 구조적 취약성에 기인한다는 데 있다. 건국 이래 가장 심각한 경제위기에 처해 있다 해도 과언이 아니다.

그런데 현재 우리 사회지도층은 강한 위기의식을 갖고 당면한 경제난국 타개에 총 매진하고 있다고 할 수 있을까. 이와 관련해 최근 외국 언론과 필자가 만나 본 대부분의 주요 외국 인사들은 한결 같이 현대자동차 노사분규와 그 타결과정, 그리고 곧 실시될 것으로 보도되고 있는 정치권의 경제청문회계획 등을 지적하며 정부와 우리 사회지도층의 위기의식과 개혁의지에 대해 회의적인 시각을 갖고 있다는 사실에 주목해야 한다. 실제 지난해 말 IMF 긴급구제금융 신청 직후 우리 사회에 충만했던 위기의식이 벌써 크게 약화된 것이 사실 아닌가. 이 시점에서 우리 모두는 다시 한 번 현 경제상황의 심각성을 깊이 인식하고 위기에 대처하는 결연한 의지를 되찾아야 한다. 이것만이 새로운 패러다임에 걸맞은 발상의 전환과 구각(舊殼)에서 벗어나는 용기와 지혜를 우리에게 줄 수 있기 때문이다.

위기의식의 재무장 시급하다

돌이켜 보면 당면한 경제난국도 다가오는 위기를 미리 감지하고 이에 적절히 대응하지 못한 데서 비롯된 것이라고 할 수 있다. 이른바 디지털혁명이 가져다준 정보화 관련 기술의 눈부신 발달과 함께 주요 선진제국이 취한 대폭적인 금융개혁과 금융자유화 조치는 각종 파생 금융상품과 새로운 금융기업의 출현을 재촉했다. 그

〈제2장〉 1990년대의 새로운 세계경제질서와 한국

결과 세계 금융시장의 깊은 통합이 이룩되는 '금융의 세계화' 현상을 불러오게 된 것이다. 이 금융의 세계화는 다시 이 지구촌을 '국경 없는 경제' 혹은 '무한경쟁' 시대로 줄달음치게 한 것이다. 이러한 금융의 세계화 현상과 무한경쟁시대의 도래가 지닌 시사점을 면밀히 분석·이해했더라면 현재 우리가 당면한 경제위기도 미리 감지하고 적절한 대응책을 마련할 수도 있었을 것이다.

그런데 우리 정부는 금융의 세계화에 대비해 건전한 금융 감독체계를 마련함과 아울러 은행을 비롯한 우리 금융산업의 경쟁력 강화를 위한 부실채권 정리 및 금융기관 구조조정 시책을 미리 펴지 못했던 것이다. 게다가 정치권은 정부가 뒤늦게 마련한 금융개혁 법안들마저 제때 처리하지 않았을 뿐 아니라 기아자동차 처리도 오히려 지연시키는 쪽으로 몰고 갔던 것 또한 사실이다. 더욱이 정부는 세계화라는 세계경제사적 추세인 객관적 형상을 국가정책 목표를 내걺으로써 이 추세에 무조건 부화뇌동하는 것으로 비쳐 세계화 관련 시책 자체에 대한 국민들의 거부감마저 불러오게 된 점도 지적돼야 할 것이다.

과거에도 우리는 수많은 위기를 잘 넘겨 온 경험이 있다. 그래서 당면한 경제위기도 과거식으로 대충 넘길 수 있다는 생각에서 달라진 것이 없다면 정말 큰 일이 아닐 수 없다. 따라서 무엇보다 먼저 정부와 정치권이 당면한 경제위기의 특성과 심각성을 우선 깊이 인식하고, 이를 우리 국민 모두에게 정확히 알릴 수 있도록 각종 경제 교육·홍보 활동을 강화해야 한다. 또한 경제 구조조정에 수반되는 고통과 비용 분담에 우리 사회의 각계각층이 적극 동참해 줄 것을 강력히 촉구해야 한다. 이와 동시에 정부는 명확한 중·장기 비전을 제시하고 경제개혁 프로그램의 구체적인 집행계획을 마련해 이를 국내외에 널리 홍보해야 할 것이다. 이러한 것들을 담은 '경제재건 3개년계획(가칭)'을 마련하는 것도 바람직하다고 본다. 우리 모두가 위기의식을 되찾아 고통스런 이 경제난국을 전화위복의 계기로 삼는 지혜를 발휘할 때임을 다시 한 번 명심하자.

〈제2장〉 1990년대의 새로운 세계경제질서와 한국

글로벌 리더십 아쉽다

1998.
9. 22.

중앙일보

　가정이든 회사든, 작은 조직이든 큰 조직이든 그 조직이 잘 되려면 올바른 리더십이 있어야 한다. 특히 그 조직이 위기에 처해 있을 때는 더욱 그렇다. 이것은 국가나 지구촌 전체의 경우에도 마찬가지다. 현재 세계경제는 지난 반세기 동안 경험해보지 못한 최악의 위기상황에 놓여있다. 지난해 7월 초 태국에서 시작된 외환위기는 이웃 인도네시아를 거쳐 우리나라로 확산됐고 최근에 와서는 러시아를 강타한 후 브라질을 위시한 남미제국과 동구권 경제로 빠르게 전염되고 있다. 지금까지 아시아 외환·금융위기에 전염된 나라들은 거의가 최근에 자본시장을 개방했거나 계획경제체제에서 시장경제체제로 전환함으로써 급변하고 있는 세계금융체제에 새롭게 편입된 나라다. 그런데 이러한 주변국들의 경제위기가 현재 세계경제를 주도하고 있는 주요 선진경제, 특히 미국경제에까지 전염된다면 세계경제는 대공황으로까지도 이어질 수 있다는 데 문제의 심각성이 있다. 놀랍게도 7년 이상 장기 호황을 누려온 미국경제가 최근에 와서 그 성장세 둔화의 기미가 보이고 있을 뿐 아니라 주가의 불안정한 등락을 경험하고 있기 때문에 많은 지구촌의 세계인들은 불안해하고 있다. 게다가 세계 제2 경제대국인 일본경제는 지난 80년대의 남미와 같이 '잃어버린 10년'이란 딱지가 붙을 정도로 이미 오래전부터 심한 침체를 경험하고 있다.

선진국 동시 금리인하를

며칠 전에는 IMF가 1년 전에 내놓은 올해 세계경제 전망치 4.25퍼센트를 그 절반 수준에도 못 미치는 2퍼센트로 하향 수정했다는 보도가 있었다. 과연 세계경제는 대공황의 늪으로 빠져들어가고 있는 것이다. 결론적으로 말해 그럴 확률은 높지 않지만 그 가능성은 충분히 있다고 할 수 있을 것이다. 그래서 당면한 세계경제의 위기관리는 물론이거니와 이러한 위기를 사전에 예방할 수 있는 세계금융체제 구축을 위해 글로벌 리더십이 아쉬운 것이다. 이러한 관점에서 볼 때 며칠 전 빌 클린턴 미국 대통령이 앞으로 한달 내에 세계 22개 주요국(G22) 재무장관 및 중앙은행 총재 회의를 열고 아시아 금융위기와 세계금융체제에 관한 논의를 하자고 제의한 것은 시의적절한 것이라 하지 않을 수 없다. 개인적인 문제로 곤

〈제2장〉 1990년대의 새로운 세계경제질서와 한국

욕을 치르고 있는 클린턴 대통령이 이와 관련해 얼마나 강력한 리더십을 발휘할 수 있을지 의문이나 세계인 모두가 이러한 미국의 글로벌 리더십에 거는 기대는 클 수밖에 없다.

무엇보다 먼저 미국이 주도해 독일을 위시한 주요 선진국의 동시 금리인하가 이룩될 수 있도록 리더십을 발휘해 줄 것을 기대해 본다. 이것은 주변 국가들의 문제가 미국경제와 여타 선진국에 까지 전염되는 것을 막는 데 기여할 뿐 아니라 현재 경제위기를 맞고 있는 나라들의 금리 부담을 줄여 이들의 외환위기 타개에도 크게 도움이 될 것은 자명한 일이다. 또한 일본 엔화 가치의 상대적 절상을 통해 이들 나라의 대(對)일본 수출 증가에도 기여하게 될 것이다.

따라서 며칠 전 미국 연방 준비제도 이사회 앨런 그리스펀 의장이 아직까지는 선진국들의 금리인하 공조 노력은 없다는 발언을 한 바 있으나 우리는 미국이 금리인하에 앞장서 주기를 기대하고 있는 것이다. 그리스펀 의장이 현재 세계가 사실상의 미국 달러본위제도 아래 있다는 사실을 재인식하고 미국의 통화·신용정책을 펼쳐줄 것을 우리가 기대하는 것은 큰 무리가 아니라고 본다.

부채조정 구체방안 마련도

또한 클린턴 대통령이 언급한 바 있는, 현재 경제위기에 처한 아시아 제국의 부채조정에 관한 구체적인 방안이 이른 시일 내에 마련되기를 기대해 본다. 물론 이것은 미국 행정부가 내놓은 IMF 증액에 관한 승인마저 미뤄온 미국 의회 동의를 얻어야 하는 것이기 때문에 두고 볼 일이다. 아울러 이번 G22 회의에서는 1944년에 그 기본 틀이 짜인 기존 세계금융관리체제를 금융의 세계화 시대에 걸맞게 보완·개편하는 구체적 방안도 논의되길 기대한다. 이러한 글로벌 리더십을 기대하는 한편, 세계경제가 대공황을 겪게 되지는 않더라고 앞으로 상당 기간 저성장과 금융 불안에서 벗어나기 힘들 것이라는 전제 아래 우리는 적절한 장·단기 대응책을 마련해야 할 것이다.

세계가 할 일 우리가 할 일

1998.
11. 4.

중앙일보

　우리 지구촌의 영향력 있는 유지 모임이라 할 수 있는 미국 등 G7이 '50년 만의 국제경제 최악의 위기'에 빠져 있는 지구촌 경제의 활성화를 위해 뒤늦게나마 분주히 움직이기 시작했다. 퍽 다행스러운 일이다.

미국 주도의 선진국 동시 금리인하

　얼마 전 빌 클린턴 미국 대통령은 G7뿐 아니라 주요 신흥시장 국가 15개국을 더한 G22의 재무장관과 중앙은행 총재회의를 소집한 바 있고 며칠 전 런던에서는 G7 재무장관들이 몇 가지 구체적 방안을 제시한 바 있다. 또한 지난번 워싱턴에서 개최된 IMF와 세계은행 기이치 재무상은 아시아 통화위기 극복을 위해 300억 달러를 제공하겠다고 밝힌 바 있다. 게다가 미국의 통화당국은 2차에 걸친 금리인하를 감행하고 독일을 위시한 여타 선진국들의 동시 금리인하를 유도한 바 있다. 정말 한 치 앞을 내다볼 수 없는 것이 우리 인간임을 다시 한 번 확인해 주는 일임에 분명하다. 지난해 7월 초 지구촌 한구석에 위치한 상대적으로 조그마한 나라 태국에서 시작된 환란이 이웃 인도네시아를 거쳐 한국에까지 전염되고, 그 이후 러시아를 거쳐 브라질과 여타 남미제국까지 확산돼 세계경제의 거의 3분의 2를 휩쓸게 될 것을 내다본 사람은 아무도 없었던 것 아닌가. 심지어 이 환란의 여파가 미국에까지 번져 미국 금융체제 자체를 흔들어 놓을까 우려한 미국 통화당국이 파산지경에 놓인 LTCM이라는 헤지펀드를 긴급구제하는 일까지 일어나게 되리라는 것은 더더욱 상상하지 못했던 일이다.

금융의 세계화시대 대비해야

실제 미국정부는 지난해 8월 초 IMF가 주선한 태국을 위한 긴급구제금융에 직접 참여하지 않을 정도로 아시아 금융위기를 '바다 건너 먼 불'로만 생각했다. 금융시장 관련 이론 개발에 기여한 공로로 지난해 노벨경제학상을 수상한 분들마저 바로 LTCM에 투자했다고 하니 다른 사람들이야 두 말 할 필요조차 없을 것 아닌가.

이제 G7은 이번 아시아 금융위기 확산을 보며 이른바 '금융의 세계화'가 가져다 줄 수 있는 부정적인 측면을 절감하게 된 것 같다. 하루에도 1조5,000억 달러에 달하는 거래가 이루어지는 국제 외환 시장에서 일어날 수 있는 '무리근성(herd instinct)'의 갑작스런 발작은 단기성 자금의 유출입을 크게 증폭시켜 특히 금융시장이 취약하고 폭이 좁은 나라에 미칠 수 있는 폐해서는 막대할 수밖에 없고, 이 여파는 결국 전 세계로 확산돼 세계경제 전체의 침체와 몰락마저 가져올 수 있다는 점도 인식하게 된 것이다.

그러나 이번에도 지구촌 유지들이 움직임이 요란스런 말잔치로만 끝나지 않기를 바라는 것은 비단 필자만이 아닐 것이다. 특히 G7정상회담과 말레이시아에서 개최될 APEC 정상회의에서 좀 더 구체적인 실천방안들이 나오기를 기대해 본다. 아시아 금융위기의 확산을 차단하고 현재 위기에 처한 나라들의 빠른 경제회생을 위해 선진제국의 더욱 과감한 동시 금리인하와 구체적인 수요진작 정책이 발표되고, 특히 일본 금융개혁의 상당한 진척 결과 발표와 함께 일본이 내놓은 300억 달러의 구체적인 활용방안이 나오기를 기대해 본다. 이와 동시에 새로운 국제금융 여건에 맞는 신세계 금융관리체제 구축의 청사진도 제시돼야 할 것이다.

이와 관련해 현재 문제되고 있는 헤지펀드의 투명성 제고와 공시제도 강화, 여타 단기 자본 유출입에 대한 통제문제, IMF의 운용개선, IMF, 국제결제은행(BIS), 세계은행 등 관련 국제기구의 기능 조정 및 더욱 기밀한 협조체제 구축문제 등에 관한 구체적인 방안제시도 있어야 할 것이다.

구조조정 늦춰선 안 돼

그러나 이러한 지구촌 전체가 해야 할 일과 별개로 우리 스스로 할 일들을 더욱 신속하고 과감하게 추진해야 한다는 것은 재삼 강조할 필요조차 없는 일이다. 행여나 세계경제 여건의 일시 호전으로 우리의 금융·기업 및 노동시장의 고통스런 구조조정 속도를 늦추게 된다면, 지금까지 우리 국민 모두가 지불한 엄청난 희생이 무위로 돌아갈 뿐 아니라 앞으로 더 큰 대가를 치르게 될 것이라는 점을 명심해야 할 것이다.

문제의 핵심
잊지 말아야

1998.
11. 24.

중앙일보

IMF 긴급구제금융이란 응급처치

갑작스러운 대외 지불 외환부족으로 국가 부도 직전에 처한 우리나라가 IMF 긴급구제금융 신세를 지게 된 이후 지난 1년 동안 IMF 처방과 지시에 따른 고통스러운 온갖 경제개혁과 구조조정 작업을 추진하고 있다. 이러한 우리 경제는 응급처치실에서는 긴급수혈과 산소공급의 도움으로 급한 고비를 넘긴 이후, 중환자실을 거쳐 일반병실로 이송돼 병의 근본원인을 제거하기 위한 각종 대수술과 체질 강화를 위한 고통스런 임상치료 과정을 거치고 있는 환자의 경우와 흡사하다고 할 수 있을 것이다. 병원 응급처치실에서는 목숨만 부지될 수 있는 일이라면 의사가 시키는 대로 무엇이든 따르겠다던 환자도 일단 급한 고비를 넘긴 이후에는 응급처치가 잘못돼 오히려 환자의 체질을 근본적으로 악화시켜 놓았다거나, 필요 없는 수술을 받게 하고 지나치게 강도 높은 치료제를 사용함으로써 환자의 건강이 오히려 악화됐다고 불평하는 경우도 있을 수 있다. 그리고 그것이 또한 사실일 수도 있을 것이다. IMF 구제금융 신세를 지게 된 지 1년이 된 이 시점에서, IMF가 긴급구제금융 조건으로 우리에게 강요한 고금리 등 거시경제 운영에 관한 제약들과 경제구조조정에 관한 기본방향과 각종 시책의 선택에 관한 상당한 비판의 소리가 나오고 있는 것이 사실이다.

IMF 응급처치 왜 불가피했나 반성해야

그러나 이 시점에서 더욱 중요한 것은 IMF 처방의 잘잘못을 가리려는 것보다 왜 우리가 구차스럽게 IMF 긴급구제금융을 받지 않으면 안됐나를 재점검하고 문제의 핵심을 찾아 이를 신속히 제거함으로써 앞으로는 이런 일이 다시 일어나지 않도록 하는 데 모든 지혜를 모으는 일이라고 본다. 한마디로 우리나라가 생각지도 않은 IMF 신세를 지게 된 핵심은 '과잉차입에 의존한 기업다변화 위주의 과잉투자와 대기업, 특히 재벌의 과잉차입을 허용했을 뿐아니라 투자상대의 위험분석이나 기업신용평가를 도외시한 채 운영해 온 은행을 비롯한 여타 금융기관의 총체적 부실'에 있다고 할 수 있다. 물론 이런 문제가 발생하게 된 배후에는 여러 요인이 있었던 것은 이미 알려진 사실이다. 특히 정부는 금융 감독·감시체

〈제2장〉 1990년대의 새로운 세계경제질서와 한국

제를 제대로 마련하지 않은 채 금융시장, 특히 단기자본시장을 서둘러 개방한 것이라든지, 과거 산업정책의 소산인 대마불사의식의 확산과 이로 인한 대기업과 금융기관의 도덕적 해이 문제를 해소하지 못한 책임을 면할 길이 없다. 따라서 정부의 각종 제도개선과 올바른 정책의 선택으로 이러한 요인들을 제거해 나가야 함은 두말할 여지조차 없다.

또한 한국경제가 환란을 피할 수 없었던 것에 대해 세계경제체제의 문제에서 발생한 갑작스런 '국제금융 전염병'에 말려들었기 때문이란 시각에서 외부요인을 강조할 수도 있다. 그러나 아무리 심한 전염병도 각종 질병 예방을 위한 철저한 체질 관리와 함께 이런 전염병에 대비해 적절한 예방조치를 취한 사람은 피해가 게 될 것이라는 사실을 인정한다면 외부요인이 문제의 핵심은 아니라고 할 것이다. 이 점은 아직도 건재한 대만과 IMF 긴급구제금융 신세를 지지 않고 배겨내고 있는 싱가포르와 홍콩 등 우리나라를 제외한 아시아의 네 마리 용의 경우를 보면 잘 알 수 있는 일이다.

어쨌든 우리나라는 지난 1년 동안 엄청난 고통을 감내하면서 금융기관 정리와 각종 금융개혁 그리고 기업, 특히 재벌지배구조 개선과 재벌구조조정 작업을 고통스럽게 추진해 왔다. 그러나 아직도 우리의 경제개혁 작업과 관련해 주요 외국 언론과 신용평가기관들이 상당히 비판적인 시각을 갖고 있는 것이 사실이다. 며칠 전 방한 중인 빌 클린턴 미국 대통령이 한국 재벌개혁의 필요성을 수차 지적한 것도 이러한 시각을 반영한 것이라고 보아야 할 것이다. 기업경영의 투명성 제고와 기업지배구조 개선과 아울러 5대 재벌 구조조정작업은 미룰 수 없는 일임에 분명하다. 이를 위해 정부는 하루속히 '경제구조조정 특별법'의 마련 등을 통해 재벌과 금융기관의 신속한 구조조정 여건을 제도적으로 뒷받침해줘야 한다. 기업구조조정과 관련된 세제상 혜택은 국민적 부담임에 틀림없다. 그러나 기업구조조정이 지연됨에 따라 경제회생이 어려워질 때 국민들은 실업과 소득 감소뿐만 아니라 기업 조세수입 감소 등의 형태로 결국 더 큰 부담을 지게 될 수밖에 없다는 점을 잊지 말아야 할 것이다.

경제 구조조정에
전력 경주해야

1998.
12. 15.

중앙일보

끝이 보이지 않는 매연이 꽉 찬 터널 속에서 멈춰버린 자동차에 갇혀 있는 사람의 머릿속에는 낙관적인 생각과 비관적인 생각이 수시로 교차하게 마련이다. 이 시점에서 우리 경제의 내일을 내다보며 우리 머릿속에 낙관과 비관이 교차하는 것도 처음 당해본 심각한 경제위기의 불확실성 속에서 나타나는 불가피한 현상일 것이다.

그런데 최근에 와서 내년도 우리 경제에 관한 낙관론에 힘을 어느 정도 실어줄 수 있는 금리·주가 등 금융 관련 지표의 개선과 함께 일부 실물경제지표의 호전 조짐이 나타나고 있어 퍽 다행한 일이다. 그래서인지 정부 일각에서는 현재 우리 경제는 경기저점을 통과하고 있거나 이미 지났을 가능성마저 있다는 분석이 나돌고 있다는 소리까지 들린다. 필자는 이러한 낙관적인 생각에 찬

물을 끼었을 생각은 추호도 없으나 섣부른 낙관이 가져다줄 수 있는 국민들의 실망과 인내심을 갖고 필요한 구조조정을 추진해가는 데 조금이라도 소홀해질 수 있는 가능성을 우려한다.

구조적 경기침체에 초점을 맞추어야

현재 우리 경제가 당면하고 있는 경기불황은 단순한 경기순환적인 것이 아닌 경제구조 개편 과정에서 발생한 구조적 경기침체다. 따라서 필요한 금융 및 기업구조 개편안의 확정뿐 아니라 이러한 개편안이 구체적으로 실천될 때 경기활성화의 가닥을 잡을 수 있게 될 것이다. 특히 금융개혁과 관련해선 주요 부실은행의 근본적 구조 개편과 부실채권 처리 문제가 어느 정도 매듭지어질 때 금융경색에 따른 실물부문 침체가 서서히 사라지게 될 것이다.

며칠 전 정부와 5대 재벌 간에 합의된 재벌구조조정안의 경우도 마찬가지다. 재벌구조조정의 핵심은 부채비율 개선을 통한 재무구조 건전화와 수익성보다 매출액 증가, 시장점유율 확보가 빚은 과열·중복투자 해소와 함께 지나친 경영다각화를 지양하고 무한경재시대에 살아남을 수 있는 경쟁력 있는 분야에 전략을 경주하는 전문화를 도모하는 것이라고 할 수 있을 것이다. 따라서 5대 재벌의 구조조정안이 실행에 옮겨질 때 기존의 일부 공장 폐쇄와 인력감축 등 고통스러운 다운사이징이 수반될 수밖에 없다. 따라서 기업구조조정이 제대로 추진될 수 있게 하기 위해 무엇보다 중요한 것은 사회 안전망의 최대한 확충과 협조적인 노사정체제의 유지, 그리고 우리 국민 모두가 고통 분담에 적극 참여하려는 자세가 필요한 것이다. 물론 이러한 기업구조조정은 하루아침에 이뤄질 수 없다.

그러나 심한 고통이 수반되는 재벌구조조정이 당초 계획된 일정에 따라 실행에 옮겨질 때 우리 경제에 대한 대외 신뢰도는 제고될 것이며, 원활한 외자유입도 이뤄지게 될 것이다. 현재 국제금융권과 주요 외국 언론은 한국정부 정책당국의 기업구조조정에 대한 강한 의지만은 의심하고 있지 않다고 보인다. 그러나 이들은 아직도 재벌구조조정이 원활히 이룩될 것임을 확신하는 단계에 와있다고는 볼 수 없다.

현재 추진 중에 있는 금융구조 개편이 어느 정도 마무리되고 주요 재벌개혁이 가시화되고 있지 않은 상황 아래서 일부 외부 변화와 경기부양시책에 따른 일부 경제지표의 개선에 지나치게 고무돼서는 안 될 것이다. 이와 관련해 '신경제 100일 계획'의 실시와 국제 반도체 가격 상승, 일본 엔화의 평가절상에 따른 우리 경제지표의 일부 호전으로 경제구조의 근본적인 문제가 묻혀버렸던 경험을 상기할 필요가 있다고 본다.

일본의 잃어버린 10년, 타산지석삼아야

또한 우리는 지난 10여 년간 일본 경험도 참고할 필요가 있다고 본다. 일본이 90년대 들어와 거품이 사라지면서 더욱 심각해진 은행 등 금융기관의 부실화 문제 해결을 계속 미루는 대신 경기진작을 위한 일시적 미봉책에 연연해 온 결과 90년대는 일본의 '잃어버린 10년'이 되고 말았다. 지난 10여 년간 일본경제는 거의 제자리걸음을 해오다시피 하다가 지난 1년 동안에는 전후 최악의 연속 4분기 마이너스 성장을 경험하게 된 것이다. 물론 일본의 경우는 우리와 다른 측면이 많다는 점을 유의해야 한다. 무엇보다 먼저 일본은 선진국 중에서도 이미 소득수준이 높은 나라기 때문에 '잃어버린 10년'을 경험하고도 큰 문제없이 지탱될 수 있는 나라다. 게다가 일본은 세계 최고의 채권국으로서 심각한 금융위기에도 불구하고 외환위기는 걱정하지 않아도 되는 것이 우리의 경우와는 판이하다고 하겠다.

따라서 우리는 일본과 같은 정책의 오류를 범할 수 있는 여지조차 없다는 점을 반드시 잊지 말아야 한다. 다시 한 번 강조하지만 이 시점에서 가장 중요한 것은 경기저점 통과 이후 한국경제가 대외여건 악화에 흔들림 없이 지속적인 성장을 이룩할 수 있는 기반을 다지는 구조조정에 전력을 경주하는 것이다.

〈제2장〉 1990년대의 새로운 세계경제질서와 한국

<제3장>

1980년대 초의 경제정책 패러다임 전환

- 질적 성장과 국민복지 향상 -

금융산업 효율화해야

경제발전이란 단순히 실물경제의 양적 성장만이 아니라, 지속적인 성장을 저해하는 낙후된 경제구조 및 제도의 개선을 수반하는 과정으로 봐야 한다. 물론, 실물경제 측면뿐 아니라 금융 측면의 구조적·제도적 개선을 포함한다. 실물경제의 발전은 생산의 분업화, 저축과 투자의 분업화, 금융 중개의 분업화를 수반하며, 이러한 분업의 심화는 곧 금융의 양적 성장과 함께 질적 개선을 수반하게 된다는 것이다.

금융과 경제발전

금융과 실물경제 간의 상관관계는 '금융연관비율,' 즉 금융자산 잔액의 국부에 대한 비율 등을 통해 알 수 있으나 금융과 실

〈제3장〉 1980년대 초의 경제정책 패러다임 전환

물경제 간의 인과관계는 이론적으로나 실증적으로 아직 불명확한 상태에 있다. 금융의 발전이 어떠한 경로를 통해 얼마만큼 실물저축을 증가시키고, 나아가 경제발전에 기여하는가 하는 함수관계는 아직도 학자들 간에 논란의 대상이 되고 있는 실정이다. 그러나 금융의 발전이 기존 저축의 배분을 더욱 효율화함으로써 실물경제의 발전 잠재력을 향상시킨다는 점에 이의를 제기하는 사람은 많지 않다. 최근에 후진국 경제발전 이론가들이 금융의 효율화 내지 발전을 강조하는 것은 이러한 측면에 주 근거를 두고 있다. 이들 경제발전 이론가들은 현재 많은 후진국, 특히 우리 같은 중진국 대열에 속한 나라들의 경우, 기존 실물저축마저 비효율적으로 배분되고 있어 금융의 효율성 제고가 중요하다고 강조하는 것이다. 이 시점에서 우리의 금융구조 및 제도의 재정비를 통한 금융효율화 노력이 배가되어야 하는 이유다.

금융에도 시장 메커니즘 살려야

이와 관련해 시장 메커니즘을 최대한 허용함이 금융효율화 내지 발전의 첩경이란 사실은 다시 한 번 강조돼야 하겠다. 좀 더 구체적으로 금리가 제 기능을 하게 하고, 은행 및 비은행 금융기관들도 경쟁을 원칙으로 하는 기업으로서 경영될 때 금융의 효율화가 촉진될 수 있다는 것이다. 금융의 발전이 실물경제의 잠재력 자체를 늘려줄 것인가는 논외로 하더라도, 기존 경제발전 잠재력 자체를 최대한 현실화한다는 측면에서 그 의의가 큰 것이다.

더 잘사는
내일을
향해

경제성장은 복리의 게임이다

한국경제는 1962년부터 시작된 3차의 경제개발 5개년계획을 거치는 동안 10퍼센트의 연평균 성장률을 기록해 오늘날 후진국의 선망의 대상이 되어 있다. 필자는 얼마 전에 KDI 주최로 열린 학술대회에 참가했던 동남아 국가(방글라데시, 인도, 파키스탄, 필리핀, 스리랑카, 태국)에서 온 대표들과 함께 포항·울산지역 산업시찰을 간 적이 있다. 서울역에서 신기하리만치 정확하게 제시간에 떠나는 새마을호 차창 밖에 질서정연하게 펼쳐지는 오곡이 풍성한 들판과 새마을사업으로 정돈된 평화로운 농가들을 보는 이들의 눈엔 이루 형용할 수 없는 부러움이 꽉 차 있었다. 위용에 넘친 포항종합제철,

울산 현대조선소, 즐비하게 늘어선 석유화학공장을 시찰한 후 깨끗하게 단장된 경부고속도로를 달려 상경할 땐 이들 모두가 자책에 가까운 탄성마저 아끼지 않았다. 정말 자랑스러웠다. 우리 경제는 지난 10여 년 동안 눈부신 발전을 해왔다. 오늘날 이들 동남아 국가들에서 볼 수 있는 보편적인 빈곤과 범국민적 실의는 여기서는 사라졌다. 비록 10여 년이란 길지 않은 기간에 이룩한 고도성장의 결과는 놀라운 것이었다. 경제성장은 복리의 게임이기 때문이다.

저축증대와 내자동원을 극대화해야

앞으로도 우리나라는 고도성장세를 이어가야 한다. 그러기 위해 저축극대화를 위한 범국민적인 노력이 있어야 한다. 이러한 노력으로 정부는 제4차 5개년계획 기간 중 국내저축률(총저축의 GNP에 대한 비율)을 1977년의 20.7퍼센트에서 1981년에는 24.9퍼센트로 제고할 계획이다. 대만이나 일본(이들의 저축성향은 현재 우리보다 상당히 높으며 그들이 현재의 우리와 비슷한 소득수준일 때의 저축성향도 우리보다 5~10퍼센트포인트 높았음)의 경험에 비추어 볼 때 달성 가능한 목표라고 본다. 물론 우리 국민 모두의 건전한 소비생활과 저축의 습관화가 있어야 한다.

산업조직 및 독과점에 관한 정책 강화돼야

1977

KDI
정책토론회
자료

예상되는 경제력 집중 심화

광공업 센서스에 의하면 제조업의 산업 내 비중은 1961년의 13.4퍼센트에서 1976년의 30.0퍼센트로 증가했을 뿐 아니라, 1961~1975년 중 제조업의 부가가치(불변가격)는 20.8배, 출하량은 20.1배, 고용은 4.8배로 각각 증가했다. 반면 동 기간 중 제조업 부문의 기업체수의 증가는 1.4배에 그쳐 제조업 부문의 기업규모가 대형화된 것을 알 수 있다. 또한 동 기간 중 대기업일수록 성장속도가 빠른 반면 중소기업의 성장속도는 상대적으로 낮고 도산율이 높아, 부의 집중 심화가 가속된 것으로 보인다. 부의 집중 심화 현상은 재벌그룹 기업의 전체 제조업 부문 비중과 성장추세에서도 엿볼 수 있다. 즉, 주요 재벌그룹(46개) 제조업 기업의 부가가치가 전 제조업 GDP 중에서 차지하는 비중은 1973년 32퍼센트, 1974년 33퍼센트, 1975년 36퍼센트였으며, 이들 기업이 총제조업에서 차지하는 비중은 1973년 0.72퍼센트, 1974년 0.91퍼센트, 1975년 0.93퍼센트였다.

앞으로도 계속될 제반 국제경쟁력 강화 노력과 중화학공업의 육성전략에 따라 기업규모의 대형화와 주요산업의 독과점구조 심화가 예상되며, 대기업군 혹은 재벌그룹의 상대적인 고도성장으로 인한 부의 소유 집중화가 가속될 것으로 보인다.

필요한 독과점규제법의 보완·강화

규모의 경제를 수반하는 주요 제조업의 육성과 수출증진을 위한 국제경쟁력의 강화를 위한 기업 대형화로 주요산업의 독과점화는 앞으로 더욱 심화될 것으로 보인다. 따라서 독과점기업의 행태를 바람직스런 방향으로 유도하는 행위규제주의적인 원칙에서 독과점 규제전략을 펼 수밖에 없다. 실제 1975년 3월 시행된 '물가 안정 및 공정거래에 관한 법'은 우리나라 최초의 적극적인 독과점 규제법으로 주 내용은 최고가 지정, 긴급 수급의 조정, 불공정 거래

행위 금지, 경쟁제한행위의 원칙적인 금지를 규정하는 등 행위규제주의적 독과점 규제에 초점이 맞추어져 있다. 반면에 기업간 임원겸직, 기업합병, 복합기업 등 구조적인 문제에 대한 규제 조치는 없다. 따라서 앞으로 예상되는 독과점구조의 심화에 따른 독과점규제법의 보완·강화가 필요하다고 본다.

공정경쟁과 대·중소기업 간 협력체제 및 소비자 보호체제 강화도 필요

첫째, 경쟁가능 기업간 임원 겸직 및 합병은 경쟁제한행위의 규제대상이 되어야 한다. 특히 기업합병 규제와 관련해 건전기업의 부실기업 흡수합병, 기업과의 유효한 경쟁을 위한 중소기업 간의 합병, 생산 규모의 경제를 이룩하고, 나아가 국제경쟁력 강화를 위한 합병 등 소망스러운 합병이 있는가 하면, 단순한 소유의 집중을 통한 경쟁제한을 위한 합병과 같이 사회적으로 바람직하지 못한 합병이 있다. 따라서 무차별적 기업합병을 허용하거나 장려하는 일은 없어야 한다.

둘째, 국내시장의 협소함과 한정된 수출시장을 고려할 때 독과점화가 불가피한 경우, 규모의 경제에서 오는 독과점기업의 이윤은 가격인하를 통해 사회적 이익으로 환원시킬 수 있는 제도가 필요하다. 그러나 지나친 행정적 규제 자체도 여러 가지 비효율성

을 수반하게 되므로, 과감한 수입자유화를 통한 경쟁도 촉진해야
한다.

셋째, 기업간 담합행위를 없애고 독과점기업의 행태에 관한
제반 행위규제는 객관적으로 보아 절대경제력이 강한 독과점기업
의 영향력을 중립화시킬 수 있는 것이어야 한다.

넷째, 1972년의 '기업공개촉진법' 제정 이래, 계속 추진되어
온 기업공개시책은 계속되어야 할 것이다. 기업공개는 가족 혹은
족벌위주의 폐쇄적 경영방식을 지양하고 국민에게 책임질 수 있
는 경영합리화를 도모해 국제경쟁력을 강화한다는 측면과 함께,
기업공개를 통해 일반국민이 고도성장의 과실배분에 직접 참여할
수 있는 기회를 제공해 미래의 공평한 소득재분배에 기여할 수 있
다는 측면도 있다. 특히 정부의 고도성장전략의 제반 혜택을 누려
온 이른바 국민적 대기업의 경우, 이들 기업의 이윤분배에 일반국
민이 직접 참여할 수 있는 기회를 마련한다는 것은 더욱 중요하다.

다섯째, 단순한 사업위험 분산을 위한 포트폴리오 다변화
를 목표로 형성된 백화점식 복합기업의 재벌그룹은 계열기업의 특
화·전문화의 방향으로 유도되어야 할 것이다.

마지막으로 산업의 독점화 및 기업의 대형화 추세 속에 어
려움을 겪게 될 중소기업의 문제는 대기업·중소기업 간의 효율적
협력체제의 구축으로 해결해 나가야 될 것이다. 이러한 협력체제
는 대기업군의 특화, 전문화정책의 일환으로 추진 가능한 중소기

업의 계열화를 통해 이룩될 수 있다. 끝으로 소비자 보호를 위한 제반 조치도 필요하며 소비자 보호의 제도화를 위한 법적·제도적인 보완이 있어야 한다.

능력에 맞는
복지사회 건설

　　국가발전의 새로운 목표로 제시된 복지국가 건설은 우리 국민 모두에게 주어진 당면 과제인 동시에 장기 과제다. 복지국가의 건설을 위해 장기간 노력을 경주해 온 오늘날의 선진서구제국의 경우에도 그들 국민 모두가 만족하는 완전한 복지국가를 이룩했다고 자부하는 나라는 아직 찾아볼 수 없다. 이러한 선진서구제국의 경험에 비추어 볼 때 복지국가의 건설이란 장기적인 목표달성을 위해 우리에게 주어진 당면과제는 우리의 현재 능력에 알맞은 구체적이고 단계적인 국민복지증진을 위한 계획의 수립과 이의 효율적인 집행이라 할 수 있겠다.

　　먼저 국민의 기본생활요건이 충족되어야 하겠다. 한마디로 최소한의 의식주 해결을 위한 고용기회가 국민 모두에게 주어져야 할 것은 물론이거니와 특히 빈곤층의 생활을 개선하기 위한 의료

시설의 확충, 서민주택 및 대중교통수단의 확대 공급이 선결되어야 할 것이다.

이에 첨가해 교육투자 및 오염된 생활환경의 개선을 위한 투자가 확충되어야 할 것이다. 이러한 구체적인 사업의 집행에는 민간부문의 참여를 적극 유인해야 할 것은 물론이나 현 단계에서는 재정에 의한 정부의 주도가 불가피하다고 본다. 따라서 우리의 능력의 한계는 결국 정부재정의 한계를 뜻하고 우리 국민 모두의 조세부담능력의 한계를 뜻한다. 발권력에 기초 인플레이션적인 정부의 복지지출은 고용기회 확충을 위한 필요불가결한 장기적인 성장잠재력을 잠식할 뿐만 아니라 복지사업의 주 수혜대상인 빈곤층에게 부담을 상대적으로 중과하게 되어 복지사업 자체의 의의를 상실하게 하는 결과를 초래하게 되는 것임을 잊어서는 안 된다.

따라서 우리의 당면과제인 복지국가건설을 위해서는 경제성장을 해치지 않는 범위 내에서 빈곤층에게 상대적으로 중과되지 않는 새로운 조세원의 확보가 불가피하다고 하겠다.

동시에 정부재정운영의 효율화를 통해 정부지출의 절감을 기해야 함은 물론이며, 이와 관련해 경제개발 초기에 불가피했던 정부의 각종 지출활동도 차제에 재검토할 필요가 있다고 본다. 끝으로 우리 모두가 잊지 않아야 될 사실은 공짜 복지국가 건설은 있을 수 없다는 것이다.

사회개발과
비엔나 오페라좌

2차대전 후 서구제국의 재건을 위해 미국 국무장관 G. C. 마셜의 제안에 의해 마련된 이른바 마셜계획과 관련해 흥미로운 일화가 있다. 당시 오스트리아정부는 국내자금으로 발전소 건설계획을 세우고 마셜계획에 의한 미국 원조자금으로 유명한 비엔나 오페라좌를 재건하려는 계획을 했다. 미국의 원조당국은 오페라좌 재건의 긴요성을 인정하지 않았기 때문에 원조자금의 활용 방안에 이의를 제기하고 오스트리아 원조계획을 취소하려 했다. 이에 오스트리아정부는 계획을 변경해 국내조달자금으로 오페라좌를 재건하고 마셜계획자금으로 발전소를 건설토록 계획함으로써 마셜계획 자금을 성공적으로 확보할 수 있었다는 것이다. 따라서 오스트리아정부는 마셜계획의 덕분으로 자국의 산업발전을 위해 필요불가결한 발전소 건설도 하고 사회개발의 일환으로 볼 수 있는 오페라좌를

〈제3장〉 1980년대 초의 경제정책 패러다임 전환

재건할 수도 있었다. 이 일화에 내포된 경제적 의의는 여러 가지가 있겠으나 우선 이 일화를 오늘날 우리가 당면하고 있는 문제와 관련해 한번 생각해 보자. 현재 우리는 계속적인 산업발전을 위한 막대한 투자재원의 확보는 물론이거니와 국민복지증진을 위한 재원의 마련이 동시에 필요하다. 그러나 우리는 전후 오스트리아의 경우와는 달리 우리 자산의 재원에 의존하지 않으면 안 되는 형편에 있다. 따라서 제한된 우리의 재원을 직접적인 생산활동과 현재 필요로 하는 국민복지증진을 위한 투자에 배분하는 문제는 우리 국민 모두가 함께 생각해 결정해야 할 투자재원 활용의 우선순위와 구조화의 문제로 귀착된다.

국민의 복지증진을 위한 투자와 관련해 잊어서는 안 될 사실은 이러한 투자도 국민의 생산활동에 간접적으로 큰 영향을 미친다는 점이다. 국민의 정신적 육체적 건강 없는 생산활동은 곧 생산성의 저하를 뜻하며 낙후된 후세 교육으로 내일의 산업발전을 기할 수 없다는 점이다. 전후 오스트리아 정부가 오페라좌의 재건을 발전소 건설에 맞먹는 우선순위를 준 것은 결코 우연한 것으로 보아 넘길 수 없을 것이다.

인플레이션 악순환에서 벗어나야

　　수년 전 뉴욕의 어떤 식당은 100주년 기념으로 100년 전에 그 식당에서 사용하던 메뉴를 그대로 사용한 적이 있다고 한다. 그 메뉴에 적힌 가격도 물론 100년 전 가격을 그대로 두었다. 영하의 기온에도 불구하고 이 식당에 자리를 얻으려고 1,000여 명이 3~4 시간을 밖에서 줄을 지어 소란을 피웠다고 한다.

　　서울의 어떤 싸전에서 오늘 하루 동안만 20년 전의 값으로 쌀을 판다고 할 때 그 싸전 앞 광경은 과연 볼만한 것이 아니겠는 가? 왜? 두말할 것도 없이 이는 그 동안 물가상승 즉 인플레이션이 지속되었기 때문이다. 물가가 1년에 10퍼센트씩 지속적으로 상승 한다면 7년마다 물가는 배가 된다. 만약 물가가 1년에 20퍼센트씩 지속적으로 상승한다면 물가는 약 3년 반 후에는 배가 된다. 인플레가 지속될 것으로 예상되는 상태 하에서는 누구나 인플레에 따른 피해로부터 자신을 방어하려고 노력할 것이다. 그러나 인플레의 피해로부터 자신을 방어할 수 있는 수단인 재원과 활동력이 상대적으로 약한 사람일수록 인플레의 피해를 상대적으로 더 받게 된다.

또한 인플레는 저축보다 소비를 조장한다. 이는 저축이란 미래의 소비를 위해 오늘의 소비를 연기하는 행위인데 인플레에 따른 화폐가치의 하락은 현재소비를 연기함으로써 얻을 수 있는 미래소비의 득을 줄이게 되기 때문이다. 좀 극단적인 예로 이른바 초고속 인플레를 경험한 1차대전 후의 독일의 경우를 생각해 보자. 1923년의 독일 물가수준은 1921년 물가수준의 340억 배에 달했다고 한다. 이때 저금통장에다 열심히 저축하는 바보스런 동생과 있는 돈을 몽땅 털어 맥주만 마시고 게을러 빠져서 맥주병(나중에 쓸 수 있는)을 그대로 방에다 쌓아둔 주정뱅이 형이 있었다면 결과적으로 누가 더 현명한 짓을 한 것으로 나타날까?

해방 이후 우리 경제는 지속적인 고도의 인플레를 경험해 왔으며 가계·기업 등 모든 경제단위는 가능한 모든 수단(예를 들면 동산 등 실물자산 보유)을 동원해 인플레의 피해를 최소화하려고 노력해 온 것이 사실이다. 그 결과는 우리 경제의 장기적인 성장과 사회적 형평의 기반을 약화시키는 것이었다. 하루속히 인플레의 악순환에서 벗어나야 한다.

경제
운용방식의
전환

　　제5차 5개년계획(1982~1986)과 관련해 정부의 경제운용방식이 전환되어야 할 것이라는 말을 자주 듣는다. 이는 정부와 기업 간의 새로운 관계가 정립되어야 한다는 뜻으로 해석할 수 있다.

　　경제개발 초기의 우리 기업들은 자본축적 면에서나 위험 부담능력 면에서 극히 유치한 단계에 있었을 뿐 아니라 기업인들의 대부분은 극히 제한된 경험만을 갖고 있었다. 따라서 고도성장을 지상목표로 하는 당시의 정부는 각종 정책수단을 동원해 기업 및 기업인의 활동을 적극 주도하게 되었으며 주요 전략산업 분야에서는 공기업의 형태로 기업 내지 경영활동에 정부가 직접 참여하게 되었다.

이러한 정부 주도적인 성장전략 하에서 우리 민간기업의 규모는 급격히 성장하게 되었고 그 결과 오늘날 일부 대기업은 세계 유수기업 대열에 어깨를 나란히 하기에 이르렀다. 또한 전체 국민경제에서 차지하는 공기업부문의 비중이 크게 늘어난 것도 주지하는 바와 같다.

그러나 민간기업 규모의 성장은 주로 정부가 장악하고 있는 국내의 부채에 의존해 온 결과 오늘날 우리 민간기업의 재무구조는 너무나 취약한 상태에 있다. 앞으로 상당한 재무구조 개선 노력이 없이는 더욱 치열해질 국제경쟁에서 이기기 힘들 것이다. 이와 관련해 정부의 경제운용방식의 전환이 필요하다고 할 수 있다. 즉 정부 주도에 의한 기업의 양적 성장에만 치중하는 종전의 정부-기업 관계를 지양하고 기업이 시장기구를 통해 내실을 기하면서 성장할 수 있는 여건을 조성해 주는 새로운 정부-기업 관계가 정립되어야 한다는 것이다.

오늘날 우리 기업의 약화된 재무구조가 정부 주도적인 성장전략에 따른 각종 제도적 모순에 기인하는 하나의 부작용으로 볼 수 있다면 기업의 재무구조 개선은 관련 있는 여러 제도를 우선 개선해 줌으로써 기업이 자발적으로 추진해 나가도록 해야 할 것이다. 한 마디로 과거와 같은 기업 과보호·과간섭이 지양되고, 기업의 정부 과의존적 경향에서 탈피할 수 있는 새로운 정부-기업 관계가 이룩되어야 하겠다.

정부의 경제운용방식의 전환은 공기업 부문에서도 이룩되어야 함은 물론이다. 오늘날 우리 민간기업 및 기업가는 기존 공기업의 일부를 인수·운영할 능력을 구비하고 있으므로 공기업의 민영화도 단계적으로 추진되어야 할 것이다.

민간 주도 경제운용과 정부의 역할

민간 주도 경제운용의 의의

일국의 자원배분체제를 간단히 경제체제라고 한다면, 이려한 경제체제의 운용을 정부가 아닌 민간 주도로 하는 것을 민간 주도 경제운용이라 할 수 있을 것이다. 즉, 시장을 통한 가격기능에 따라 가계와 민간기업의 의사결정이 이룩되고, 주로 이들의 의사결정에 따라 자원이 배분될 때 그 경제체제는 민간 주도로 운용되는 것이라 할 수 있는 것이다. 이러한 민간 주도 경제운용도 경제계획과 양립할 수 있다. 그러나 경제계획은 유도계획적 성격으로 명령적 계획과는 다른 것이어야 한다. 근본적으로 사유재산권이 보장되는 자본주의체제도 각종 시장 불완전 요소, 각국의 정치, 문화, 역사적 특성 및 경제발전도에 따른 여건변화 등을 고려해 정부의 역할이 민간의 역할을 보완하는 이른바 혼합경제체제가 운용되는 것이 보통이다. 따라서 혼합경제체제가 민간 주도냐 정부 주도냐 하는 것은 '주도'라는 어휘가 뜻하는 바와 같이 상대적인 개념으로 봐야 할 것이다.

과거 경제운용방식

우리의 과거 경제운용방식을 정부 주도라고 특징짓는 것이 보통이다. 이것은 우리 경제의 운용에 정부의 역할이 상대적으로 컸었다는 사실을 말하는 것이다. 예를 들면 1963~80년간 공공부문(일반 정부, 정부기업 및 정부관리기업 포함)의 투자가 국민총투자에서 차지하는 비중이 연평균 40퍼센트에 달했고, 나머지 민간투자도 동 기간 중 금융기관의 정책금융 비중과 사실상 공기업이었던 시중은행과 균형금리 이하 수준에서 배분되는 은행 여신운영과 정부의 외자관리 방식 등을 고려할 때 민간투자의 대부분도 정부 의사결정의 영향이 컸다고 볼 수 있다. 그 외에도 각종 인허가 업무, 각종 수단을 통한 민간기업활동에의 관여 등을 고려할 때 우리 정부가 자원배분에 미친 영향은 상당히 컸던 것으로 볼 수 있다. 민간기업의 높은 부채(부채의 대부분은 정부가 장악)비율은 상기 정부정책의 효과를 높여주는 하나의 수단이 되었다(partial mutuality). 또한 한국공기업부문의 상대적으로 높은 비중도 정부 주도적 경제운용의 중요한 일면이다.

과거의 정부 주도적 경제운용의 배경과 결과

정부 주도를 촉진하는 요소로서 민간부문의 전반적인 취약성, 민간기업의 영세성, 민간기업가의 경험부족, 시장불완전 요소의 만연, 경제발전에 전념할 정치 지도력의 출현과 우리의 문화적 전통을 빼놓을 수 없다. 대량실업과 절대빈곤의 만연을 해결하기 위한 정책은 고도성장 우선, 선성장 후분배로 특징지을 수 있을 것이다. 그러나 고도성장의 달성과 절대빈곤문제의 완화는 이룩되었으나 시간이 경과함에 따라 안전기반을 위약하게 했을 뿐 아니라, 상대적 빈곤과 경제의 비능률을 심화시켰다.

민간 주도 경제운용을 위한 앞으로의 과제

민간 주도 경제운용의 필요성은 능률 향상을 통한 우리 경제 제2 도약의 기틀을 구축하려는 데서 찾을 수 있고, 민간 주도 경제운용의 가능성은 민간부분의 성장 및 시장기능의 발전에 따른 경제 여건의 성숙에서 찾을 수 있다. 이를 위해서는 우선 각종 제도의 정비와 민간경제활동에 대한 정부 간섭의 축소(예: 금융구조 개편, 각종 인허가 업무의 개선, 공정거래질서 확립, 공기업의 민영화 내지 자율화)가 필요하며, 그 외에도 명실상부한 유도계획의 실시와 시장기능의 활성화를 통한 자원배분의 효율화를 기해야 할 것이다.

민간 주도 경제운용과 정부의 새 역할

아담 스미스가 "어느 개인의 이익을 위해서는 결코 수행되거나 유지될 수 없는 공공사업의 수행과 공공기구의 유지"를 정부가 해야 할 일이라고 주장한 것과 케인즈가 "국가가 해야 할 가장 중요한 일은 민간인이 이미 수행하고 있는 활동에 관련된 것이 아니라, 개인의 활동범위 밖에 있는 제 기능과 국가가 수행하지 않으며 아무도 수행하지 않을 활동에 관련된 것이다"라고 피력한 것의 유사성에 비추어 볼 때 아담 스미스도 근대자본주의경제에서 필요불가결한 케인즈적 총수요관리, 환경오염관리, 소득재분배 내지 소득유지정책 등 경제환경 변화에 연유하는 새로운 문제를 정부가 해결해야 된다고 보지 않았을까?

사회개발과 상대적 빈곤해소를 위한 제반 정책이 정부가 하지 않으면 안 되는 새로운 일이라면, 이런 분야에 정부가 개입한다고 민간 주도에 역행한다고 할 수 있겠는가? 따라서 민간 주도와 정부 주도는 상대적인 개념일 뿐 아니라 민간이 할 수 있고 더 잘

할 수 있는 분야에 정부가 개입하는 상대적 비중을 고려하는 개념

이어야 할 것이다.

1981.
8. 3.

경향신문

양에서 질의 경제 시대로

빈곤의 악순환에서는 벗어났지만

빈곤의 악순환에서 탈피하고 자립경제 기반을 구축해보겠
다는 강력한 정치적 의지로 마련된 경제개발 5개년계획이 처음 실
시된 것은 1962년이다. 이제 우리의 경제계획 역사도 어언 20년이
되었다. 그 동안 우리 경제는 눈부신 고도성장을 지속해, 이제 1960
년대 초반에 심각했던 절대빈곤의 문제를 거의 해소했을 뿐 아니
라, 이른바 신흥공업국의 일원으로 세계의 주목을 끌기에 이르렀
다. 지난 20년 동안 우리 경제의 규모는 GNP 기준으로 거의 5배
정도 커졌고, 1인당 실질 GNP를 기준해 본 우리 국민의 평균 생활
수준도 3배 이상 향상된 것으로 나타나고 있다. 어쨌든 그 동안 정

〈제3장〉 1980년대 초의 경제정책 패러다임 전환

부 주도로 추진된 고도성장 위주의 개발전략은 우리 경제의 양적 성장을 이룩하는 데 일단 성공했다고 보아야 할 것이다. 그러나 문제는 이러한 성공에 수반된 여러 가지 심각한 부작용을 이 시점에서 해결하지 않으면 안 된다는 데 있다. 이것이 곧 5차 5개년계획의 주요 배경이며 그 시발점이 되는 것이다.

경제·사회의 균형 있는 발전을 향해

5차 5개년계획의 기본방향은 우선 '경제개발'이 아닌 '경제 사회발전'으로 동 계획의 명칭이 바뀐 데서 찾아볼 수 있다. '경제 성장'과 구분 없이 사용해오던 '경제개발'이란 용어 대신 경제의 질적 혹은 구조적 개선을 수반하는 개념인 '경제발전'으로 경제의 질적 개선을 강조하고 있다. 또한 '사회'를 추가함으로써 사회개발 혹은 지역 간 소득계층 간의 균형 발전을 강조하고 있다. 구체적 계획 내용을 보면 먼저 경제의 질적 개선과 관련해 물가안정, 투자효율 극대화, 능률향상, 경쟁력 있는 비교우위 산업 육성 등을 강조하고 있으며, 사회개발과 관련해 생활기초수요 충족, 국토의 균형개발과 쾌적한 환경 조성 등이 강조되고 있다. 이러한 5차 5개년계획은 새로운 시대적 여건과 국민의 소망에도 부응할 뿐만 아니라, 질적 개선을 통한 내실 없이는 지속 성장이 불가능하다는 측면에서 바람직스런 것이라 할 수 있겠다. 5차 5개년계획의 또 다른 하나의 중요한 특징은 이른바 유도계획의 장점을 최대한 활용하겠다는 데서 찾아볼 수 있다.

유도계획의 특징과 장점을 최대한 살려야

유도계획은 다음 두 가지 측면에서 특징지을 수 있을 것이다. 첫째, 유도계획은 계획 작성 과정을 중요시한다. 계획 작성 과정에 정책당국은 물론이며 사회 각 분야의 전문가들이 함께 참여해 상호 의견교환과 토론을 통해 범국민적 중지를 모으게 된다. 둘째, 이러한 계획 작성 과정에서 도출된 전망은 하나의 가이드라인으로서 경직된 목표치와는 다르다. 또한 경제를 실제 전망치에 수렴토록 하기 위해서는 민간경제활동을 촉진하는 유인장치를 마련해 어디까지나 민간 주도로 이루어지도록 해야 한다. 금번 5차 계획을 작성하는 과정에서는 30개 정책과제에 관한 토의를 위해 KDI가 마련한 정책협의회에 약 200명의 민간인이 참여한 바 있다. 우리의 유도계획은 프랑스 등에 비해 미흡한 측면이 많다. 그러나 유도계획적 계획 작성을 위한 정부의 노력은 높이 평가되어야 할 것이다.

제2 도약을 위한 구조적 문제 해결

과거 20여 년간 지속된 정부 주도적 고도성장 과정에서 축적되어 온 여러 가지 구조적인 문제를 해결해야 우리 경제의 제2의 도약이 가능할 것이다. 물가의 안정기반이 확립되고 시장경제 기능이 활성화됨과 동시에 금융구조의 개편과 건전한 생산체제의 확립으로 투자효율의 극대화와 경쟁력 있는 산업이 육성되도록 해야 한다. 그리고 국민적 화합에 필요한 적정한 사회개발이 이룩될 때 우리 경제는 연평균 7~8퍼센트 수준의 성장 궤도에 진입할 수 있을 것으로 보인다. 이것이 곧 한국경제의 제2의 도약이다. 즉 우리 경제의 제1의 도약이 연평균 10퍼센트 수준의 고도성장 궤도로의 진입을 뜻했었다면 이 시점에서의 제2의 도약은 안정기반 위의 적정한 고도성장 궤도로 진입하는 것을 뜻한다고 볼 수 있다.

돌이켜 보면 1, 2차 5개년계획은 우리 국민에게 특별한 의의를 가졌었다. 제1차 5개년계획은 계획에 필요한 자료도 부족하고 계획 경험과 능력도 미흡한 상태에서 서둘러 작성되었다. 그러나 이 계획은 두 가지 측면에서 그 의의가 컸다. 첫째, 국민들에게 처음으로 경제개발에 주력하겠다는 정부의 진지한 의지를 보여주었다는 것, 둘째, 정치지도자들과 정부관료들로 하여금 경제문제를 보는 올바른 시각을 갖게 하는 계기가 되었다는 점을 들 수 있을 것이다.

또한 제2차 5개년계획의 중요한 의의는 제1차 5개년계획에 이어 당초 성장목표를 초과달성하게 됨으로써 우리 일반국민과 정책 당국에게 경제자립에 대한 상당한 자신감을 주는 계기가 되었다는 측면에서 찾아볼 수 있을 것이다. 다시 말해 제2차 5개년계획의 성공적 추진은 과거 경제에 대한 부정적 사고에서 벗어나 우리도 잘 할 수 있다는 긍정적 사고로 전환하는 계기가 되었다는 것이다.

우리 국민 모두의 참여와 고통분담 중요하다

제1, 2차 5개년계획 기간 중에 추진된 사회간접자본의 확충과 대외지향적인 공업화 정책은 제3, 4차 5개년계획기간 중의 획기적인 수출 증대와 산업화에 크게 기여했다. 따라서 제1, 2차 5개년계획은 장기침체의 수렁에 빠져 있던 우리 경제의 제1의 도약을 이루어 한국경제 발전에 큰 전기를 마련한 것으로 볼 수 있다. 제5차 경제사회발전 계획이 한국경제 발전에 또 하나의 중요한 전기를 마련할 수 있도록 우리 국민 모두가 합심하고 고통을 나누는 마음으로 함께 참여하는 것이 무엇보다 중요하다고 본다.

〈제3장〉 1980년대 초의 경제정책 패러다임 전환

공급측면 경제학과 레이건의 실험정책이 우리에게 시사하는 것

1981.
8. 4.

경향신문

미국의 고민과 공급측면 경제학

케인즈이론이 근대경제학과 경제정책분야에 미친 영향은 너무나 지대해 '케인즈혁명'이란 표현까지도 우리는 거리낌 없이 써왔다. 이러한 케인즈이론에 대한 심각한 도전이 오늘날 미국을 중심으로 일어나고 있다. 바로 '공급측면 경제학'이다. 그럼 먼저 공급측면 경제학이 등장하게 된 미국경제의 배경과 공급측면 경제학의 주요 내용을 간략하게 살펴보기로 하자.

케인즈이론에 따르면 불황, 실업 등 거의 모든 경제문제는 유효수요의 문제로 볼 수 있기 때문에 이러한 경제문제를 치유하기 위해서는 적절한 총수요관리가 필요하다는 결론을 도출할 수 있다. 실제로 케인즈이론에 바탕을 둔 총수요관리정책은 케인즈의 '일반이론'이 나온 이래 지난 50여 년간 미국경제정책의 근간이 되어 왔다고 해도 과언이 아니며, 특히 1960년대의 케네디·존슨 행정부 하에서 케인즈적 총수요관리정책은 절정에 달했다고 볼 수 있다. 동시에 많은 경제학도가 우려해 온 전후 미국경제의 장기침체 가능성을 말끔히 씻어버리는 듯 전후 미국경제는 역사상 그 유래를 찾기 힘들 정도로 장기간에 걸친 번영을 누리게 되었고 미국경제의 장래에 대한 낙관론을 불러일으키게 되었다. 그러나 이러한 낙관론이 지배하던 미국경제에 심각한 문제가 나타나기 시작했다.

즉 경제침체 속에서 고도 인플레가 지속되는 이른바 스태그플레이션 문제에 부닥치게 된 것이다. 이러한 스태그플레이션, 특히 1973년 제1차 오일쇼크 이후 지속된 스태그플레이션은 시간이 경과함에 따라 개선되기는커녕 악화일로에 빠지게 되었다는 데 문제의 심각성이 있다. 설상가상으로 서독이나 일본 등 기타 선진제국에 비해 부진한 생산성 향상과 저조한 저축, 투자는 미국경제의 앞날을 더 어둡게 물들이게 된 것이다.

그 동안의 케인즈적 총수요관리에도 미국경제가 이러한 처지에 놓이게 되자 케인즈이론에 대한 심각한 도전이 일어나게 되었고 그중 가장 중요한 것이 바로 공급측면 경제학이다. 공급측면 경제학이 등장하기 이전에도 케인즈이론에 대한 도전 내지 '반케인즈혁명'의 시도가 없었던 것은 아니다.

즉 밀턴 프리드먼 시카고대 교수를 중심으로 하는 이른바 통화론자들의 케인즈이론에 대한 거센 반론이 있었다. 그러나 통화론도 근본적으로 수요측면 경제학으로서 총수요관리의 특정 정책수단의 유효성에 관한 이의를 제기한 것이지 케인즈적 접근방법에 대한 근본적인 도전은 아니었다고 볼 수 있다.

어쨌든 공급측면 경제학은 현재 미국이 당면하고 있는 경제문제를 순전히 공급측면의 문제로 보기 때문에 문제의 해결책도 당연히 공급측면에서 찾아야 된다고 보는 것이다. 따라서 공급측면 경제학의 근원은 '공급은 수요를 창출한다'는 이른바 '세이의 법칙' 내지 생산성 향상을 중시해온 아담 스미스 이래의 고전학파 이론에까지 거슬러 올라갈 수 있을 것이다.

하여간 오늘날 공급측면 경제학을 내세우고 있는 사람들은 스태그플레이션의 해결을 위해서는 먼저 생산성의 향상이 있어야 하고, 생산성 향상을 위해서는 법인세의 하향조정, 감가상각기간의 단축, 투자세액 공제제도의 강화 등을 통해 기업투자가 촉진되어야 한다고 주장한다.

또한 그들은 투자를 뒷받침할 수 있도록 저축이 증진되어야 하며 저축증진을 기하기 위해 상대적으로 저축을 많이 한다고 볼 수 있는 소득계층, 중산층 이상 고소득계층에게 중과되고 있는 소득세율을 하향조정해야 한다고 본다. 이러한 소득세율의 하향조정은 근로의욕을 높여 노동공급을 증대시키는 효과도 있을 뿐 아니라 감세를 통한 경제활동의 활성화는 결국 세수증대를 유발해 균형재정목표 달성에도 기여할 수 있다고 보는 공급측면 경제학자들도 있다.

또한 이들 대부분은 미국정부의 사회복지와 관련된 지출을 대폭 삭감할 것과 기업활동에 지장을 주고 있는 각종 규제의 철폐도 주장한다. 현재 레이건 행정부 경제정책은 이러한 공급측면 경제학에 바탕을 두고 있으며 얼마 전에 미국 의회를 통과한 감세안은 그 좋은 예라 할 수 있을 것이다.

공급측면 경제학에 대한 전통경제학자들의 반응

'케인즈혁명'에 따라 생성된 이른바 신경제학의 총수격이며 노벨상 수상자인 폴 사무엘슨 MIT 교수는 레이건 행정부의 경제정책을 한마디로 부익부 빈익빈 정책이라고 특징지을 뿐만 아니라 지금까지 미국이 추진해오던 인도주의적 정책에 역행하는 이런 정책을 꼭 채택해야 될 것인가 하는 가치판단의 차원에서 반문을 하기도 한다. 또한 정통적인 생각에 젖은 많은 학자들은 레이건 행정부가 추진하고 있는 대폭적인 소득세 감축이 과연 개인의 소비 아닌 저축으로 연결될 것이며 근로의욕을 자극해 노동공급을 늘리는 데 기여할 수 있을 것인지에 대해 극히 회의적이다.

　나아가 그들 대부분은 아직까지 실증적으로 입증되지 못한 공급측면 경제학의 처방에 대해 불안감을 나타내고 있다. 특히 '제로섬 사회'로 더욱 유명해진 MIT의 레스터 더로교수는 오늘날 미국경제가 당면하고 있는 제반 문제는 미국사회 깊숙이 뿌리박힌 구조적인 문제에 그 근원이 있기 때문에 좀 더 고통스럽더라도 이러한 구조적인 문제를 해결하지 못하는 한 레이건 행정부가 추진하고 있는 경제정책은 뜻대로 성공할 수 없을 것이라고 단정적인 결론을 내린다.

공급측면 경제학과 한국경제

　이제 마지막으로 공급측면 경제학이 우리에게 시사하는 바가 무엇인가를 간단히 살펴보자. 최근에 와서 우리나라에서도 공급측면 경제학에 대한 관심과 인기가 상당히 높아지고 있는 것이 사실이다. 한편, 생각해 보면 공급측면 경제학은 우리에게 전혀 새로운 것이 못 된다고 할 수도 있을 것이다. 2차대전 후 생성된 후진국 개발이론의 대부분은 오늘날 경제측면 경제학의 주 관심사인 생산성 향상, 투자촉진 및 저축증대를 강조해 왔을 뿐 아니라 선성장 후 분배적 접근방법에 그 바탕을 두어 왔다고 볼 수 있다.

　1960년대 들어오면서 시작된 우리의 경제개발계획과 이에 따른 각종 경제정책도 이러한 후진국 경제개발이론에 크게 의존해 온 것이 사실이므로 공급측면 경제학이 우리와 인연을 맺은 지는 상당히 오래되었다고도 할 수 있을 것이다.

그러하다고 해서 오늘날 미국에서 선풍을 일으키고 있는 공급측면 경제가 우리에게 시사하는 바가 전혀 없다는 것은 결코 아니다. 가장 중요한 것으로 기업활동에 불필요한 각종 규제 내지 정부간섭을 배제함으로써 우리 경제의 잠재능력을 최대한 발휘토록 해야 한다는 것이다.

또한 미국, 일본, 서독 등에 비해 볼 때 이미 너무 높은 수준에 있는 근로소득세율과 법인세율을 하향조정해 저축과 투자를 더욱 촉진해야 될 것이라는 주장도 가능할 것으로 본다. 그러나 미국의 경우와는 달라서 우리 정부의 지출을 대폭 삭감할 수 있는 여유가 없는 실정을 감안할 때 세율 하향조정은 현실적인 한계에 부딪히게 될 것이다.

끝으로 우리의 복지정책을 공급측면 경제학과 관련해 생각해 보자. 지난 20여 년간 우리는 공급측면 경제학에 바탕을 둔 '선성장 후분배'의 경제정책을 실시해온 것이 사실이다.

그러나 현재 이 시점에서 우리는 분배문제의 정책적 배려를 하지 않을 수 없을 뿐 아니라 적어도 교육·주택·의료 등 국민생활의 기초수요 충족을 위한 정부 지출을 점진적으로 확대해 나갈 수밖에 없지 않겠는가? 따라서 레이건 행정부에 의한 복지관련 지출

삭감이 우리에게 시사하는 바는 우리의 복지정책을 포기하라는 것
이 아니라 우리의 능력에 알맞은 복지정책을 모색해야 된다는 것
이라고 보아야 할 것이다.

금융 산업 개편과 금융자율화

금융산업의 능률을 제고하기 위해 금융산업의 개편 내지 금융자율화 조치가 마련되어야 한다는 논의는 최근 수년간 적극적으로 전개되어 왔을 뿐만 아니라 금년에 들어와서는 한일은행의 민영화와 신종 기업어음 시장의 개설 등 일련의 중요한 조치들이 정책당국에 의해 계속 추진되고 있다.

이에 즈음해 금융산업과 국민경제와의 관계를 한국적 현실에 비추어 한 번 더 음미해 보기로 하자. 금융산업의 국민경제적 기능은 한마디로 국민경제의 성장과 발전을 지원하고 촉진하는 데 있다고 할 수 있을 것이다. 물물교환경제에 수반되는 불편과 비능률, 저축과 투자의 분업이 충분히 이룩되지 못한 데 따르는 자금동원과 배분의 비효율 기능만을 고려하더라도 금융기능의 중요성을 짐작할 수 있을 것이다.

경제의 성장과 발전을 지원하는 기능을 금융의 소극적 기능, 실물경제의 성장과 발전을 촉진하는 기능을 금융의 적극적 기능이라 구분할 때 금융의 소극적 기능을 원활히 수행하기 위해서도 실물경제의 규모에 상응하는 금융산업의 성장과 발전이 이룩되어야 할 것임은 분명하다.

금융산업의 개편 내지 금융자율화를 주장할 때 우리 금융산업은 실물경제의 성장과 발전도에 비해 상당히 낙후되어 있다는 사실을 통계적으로 제시하는 것이 상례처럼 되어 있다.

즉 금융자산총액의 실물자산총액에 대한 비율 또는 금융자산총액이나 총통화의 GNP에 대한 비율 등 각종의 이른바 금융관련비율이 외국의 경험에 비해 상대적으로 낮다는 점을 제시하는 것을 흔히 본다.

이러한 금융산업의 낙후성에 관한 주장의 주 내용을 보면 우리의 금융은 억압되고 비자율적으로 운영되어 금융의 적극적 기능은 고사하고 소극적 기능마저 원활히 수행되지 못하고 있는 형편이어서 실물경제의 성장과 발전을 오히려 제약하기에 이르렀다는 것이다. 따라서 금융산업의 개편과 자율화는 반드시 이룩되어야 한다고 보는 것이다.

그럼 왜 우리 금융산업은 이러한 형편에 처하게 되었을까? 이는 1960년대에 들어오면서 채택된 고도성장을 위한 정부 주도의 개발전략 하에서 금융을 중요한 정책수단으로 활용하지 않을 수 없었기 때문이라고 할 수 있을 것이다. 자본축적의 기반이 없는 민간기업들이 고율의 투자를 지속하려니 외부금융 특히 은행금융에 크게 의존하지 않을 수 없었고 고도성장을 계획적으로 추진하려는 정부는 민간투자를 촉진해야 될 뿐만 아니라 투자의 정책적 우선순위에 따라서 융자의 방향이 결정되도록 그 영향력을 행사하지 않을 수 없었다. 따라서 은행을 위시한 금융기관의 자율성과 금융시장의 가격에 제약이 가해지게 된 것이다.

이러한 금융억압 상태가 지속되다 보니 금융산업은 그 본래의 기능을 제대로 수행할 수 없는 상태에 이르게 되었다고 볼 수 있다. 1980년대 제2의 도약을 위해 과거의 정부 주도적 개발전략은 민간 주도적 개발전략으로 전환되어야 하고 민간 주도적 개발전략으로의 전환을 위해서는 금융산업의 개편과 금융자율화가 선행되어야 한다는 주장도 여기에 근거가 있는 것이다.

어쨌든 현재 추진되고 있는 금융산업 개편의 주목적은 전술한 금융산업의 본래의 기능을 활성화함으로써 국민경제의 성장과 발전에 적극 기여토록 하자는 것이며 금융자율화의 추진은 각 금융기관도 하나의 기업으로서 가격기구를 통한 경쟁의 바탕 위에서 자율적으로 운영될 때 금융 본래의 기능이 가장 효율적으로 수행될 수 있다는 데 근거를 두고 있는 것이다.

끝으로 금융산업의 개편과 금융자율화와 관련해 앞으로 꾸준히 추진되어야 할 몇 가지 과제를 지적하지 않을 수 없다. 즉 첫째, 행정부와 중앙은행과의 새로운 관계의 정립, 둘째, 정책금융의 축소조정, 셋째, 은행금리의 궁극적 자율화의 과제다.

안정의 바탕 위에서 이룩되어야 할 제2의 도약은 재정과 금융정책의 조화와 보완관계를 필요로 하며 이는 결국 행정부와 금융통화운영위원회 간의 분명한 권한과 책임관계를 필요로 하며 산업정책과 관련해 정책금융이 축소조정 되지 않는 한 과거 금융배분방식의 타성에서 벗어날 수 없을 것이며, 은행자금 배분에 관한 가격기능이 활성화되지 않는 한 은행 운영의 자율화는 극히 제한적이지 않을 수 없을 것이다.

인플레의
악순환을
막아야

1980~81년의 우리 경제는 불황·인플레·국제수지 악화에 시달리고 있다. 1980년의 경우 GNP성장률이 마이너스 5.7퍼센트를 기록했으며 물가상승률은 도매물가 38.9퍼센트, 소비자물가 28.7퍼센트를 기록했다. 실업률도 1975~79년의 평균 3.2퍼센트에서 5.2퍼센트로 크게 늘어났다.

이 같은 배경에는 대내외 여건의 악화가 있었다. 우선 원유 가격의 급등과 세계경기의 침체다. 유가가 1979년 배럴당 17달러 95센트에서 1980년에는 32달러 92센트로 72.3퍼센트가 뛰었다. 이 같은 유가상승에 영향을 받아 세계경기가 침체의 수렁에 깊이 빠져 들어갔다. OECD 국가들은 1.3퍼센트로 1976~79년 기간의 성장에 비해 성장세가 이례적으로 둔화되었다. 이 중 세계경제의 견인차 역할을 해온 미국의 경제가 마이너스 0.2퍼센트를 기록했다. 세계경제의 침체와 더불어 국내에서는 10·26 이후의 정치·사회적인 불안정으로 인해 국내투자 분위기가 크게 위축된 데다 농작물 작황마저 부진, 국내경제가 마이너스 성장을 기록하지 않을 수 없었다.

정부는 누적된 경제의 구조적 문제를 해결하고 경기부양을 위한 제반 정책을 펼쳐야 했다. 금융긴축 기조를 지속하고 환율인상 등 수출지원을 강화시켜 나갔다. 이러한 1980년대의 대응전략이 부분적으로나마 효과를 나타내기 시작, 1981년에는 GNP성장률 8.5퍼센트, 수출 208억 달러(실질증가율 15.2퍼센트), 수입 250억 달러(실질증가율 10.2퍼센트), 물가도 도매와 소비자가 18~19퍼센트 상승으로 1980년보다 크게 개선될 전망이다.

1982년 우리 경제정책의 기본 과제는 5개년계획에 제시된 구조개혁과 제도의 개선을 꾸준히 추진함으로써 물가안정 기반을 정착시키고 장기적으로 지속될 수 있는 성장체질을 강화하는 동시에 국제수지적자를 근본적으로 개선하는 데 있다. 1982년에는 불투명한 세계여건에 비추어 국제수지적자를 45억 달러 수준에서 유지하고 7~8퍼센트의 GNP 성장과 함께 물가상승을 10~14퍼센트에서 억제해야 한다. 국제수지개선을 위해서는 기술혁신, 생산성 향상을 통해 국제경쟁력을 강화하고 단기적으로는 가격경쟁력을 유지할 수 있도록 각종 국내 원가 상승 요인의 최소화, 달러화강세를 반영하는 환율의 신축적인 유동화, EC지역 등 수출 부진 지역에 대한 특별대책을 강구해야 할 것이다.

물가안정을 꾀하기 위해서는 각 계층의 높은 인플레 기대심리 해소 내지 높은 인플레에 대한 보상 요구의 자제가 필요하다. 또 식료품가격·공공요금·임금 등의 과다한 인상요구를 자제해야 하며 정부, 기업, 근로자, 가계 등의 각종 지출을 억제, 총통화증가율을 22퍼센트에서 유지하고 종합재정수지 적자의 축소를 모색해야 한다.

1982년 경기는 세계경기회복속도, 국제수지 제약, 물가안정속도 여하에 따라 크게 좌우된다고 할 수 있다. 그러므로 주택 수요를 촉진할 수 있도록 특별 대책을 마련하고 국제금리 및 국내 물가상승추세에 맞춰 공금리를 하향조정하는 한편 에너지 이용의 합리화, 중소기업과 기술개발 부문에서 생산성 향상을 위한 투자 촉진, 산업지원제도의 재조정 등 시책을 펴나가야 한다.

재벌과 중소기업에 관한 정부정책

1982

KDI
내부토론
자료

최근 적극 추진되어온 중소기업 육성시책과 최근의 경제력 집중에 관한 정부시책에 대해 재계 일부에서는 정부시책 내용을 올바르게 이해하지 못하거나 정부시책을 자의로 해석하고 불만을 터뜨리는 경향이 있다. 예를 들면 "정부는 중소기업의 육성에 몰두한 나머지 대기업을 죽이려 들고 있어, 이젠 대기업의 장래가 불투명하고 기업할 의욕이 없다"는 것과 이른바 재벌 그룹의 일각에서는 "여신관리를 너무 강화해 대기업이 투자를 못하게 되고 국제경쟁력을 상실하게 하며, 외국의 대기업처럼 기업 규모를 늘려나가는 것을 막음으로써 국제경쟁에서 불리하게 한다"고 하는 등의 불만이 있다. 시장경제를 바탕으로 하는 자본주의 체제의 지속적인 발전을 위해서는 유능한 대기업인을 포함하는 모든 민간기업가들의 창의력과 성취욕을 최대한 활용해야 한다는 것은 두말할 필요가 없겠다. 따라서 이들 기업인들이 정부시책의 타당성을 이해하고, 적극 협조해 줄 수 있는 여건을 만들어 주고, 사회 여론이 정부시책의 타당성을 뒷받침해 주도록 유도해 나가야 하겠다.

중소기업과 재벌에 대한 정부시책

우선 정부시책의 내용과 방향에 대한 명확한 이해가 필요하다. 우선 '재벌'과 '대기업'은 분명히 다른 것이다. 재벌이란 계열기업그룹을 통상 지칭하는 것으로서 재벌 내에는 대기업도 있을 수 있고 중소기업까지도 있을 수 있다. 오늘날 우리의 재벌문제는 재벌총수 산하에 많은 기업을 거느리고 있을 뿐 아니라, 이들 기업은 조세상의 혜택을 누리거나 경제력집중의 이점을 최대한 살리기 위해 기업간의 독립성을 모호하게 하는 상호출자방식 등으로 연결되어 있으며, 전문분야가 아닌 많은 분야에 걸쳐 이른바 '문어발식' 경영을 하는 데서 비롯되는 것이다. 따라서 재벌의 문제는 1개 기업의 규모가 크다는 뜻에서의 대기업 문제와는 전혀 다른 것이다.

현재 정부가 추진하고 있는 여신관리는 예를 들어 외국의 대규모 자동차회사나 조선회사와 경쟁하기 위해 회사의 규모를 키우려는 것을 막기 위한 것이 아니다. 현재 정부가 시행하고 있는 여신관리는 1개 기업이 국제 규모로 크기 위한 투자를 막으려는 것이 아니라, 국제규모로 키우는 투자재원 조달방법으로 먼저 재벌그룹 산하에 소유하고 있는 비업무용 부동산이나 비주종기업을 우선 처분토록 유도하려는 것이다.

경제력 집중 혹은 재벌은 국가경제 전체 입장에서 볼 때 전문화를 하지 않기 때문에 오는 비능률과 경제력집중을 배경으로 유망 중소기업을 포함하는 다른 기업에 대해 불공정한 피해를 줄 우려가 있는 것이 문제다. 특히 상호출자 등으로 얽혀서 재벌 산하의 비능률적인 기업이 경제력집중의 힘으로 오히려 능률적인 여타 독립기업을 젖히고 살아남게 되는 비능률을 초래할 수 있어 국민경제의 능률향상을 저해할 수 있는 것이다.

또한 개별 재벌그룹의 입장에서 보더라도 사람의 능력은, 정도의 차이는 있겠으나 한계가 있기 마련이므로 수십 개 회사를 능률적으로 거느린다는 것이 어려울 뿐 아니라 최근 미국 등에서도 전문화를 하지 않는 기업그룹의 비능률 등 각종 문제를 반영해 증권시장에서 이들 기업그룹의 주가가 떨어져, 이들 그룹들도 주력기업 이외의 회사를 처분하는 예에서 보는 바와 같이 개별 재벌의 입장에서 보더라도 현재 정부가 추진하는 시책은 바람직스런 것이다.

따라서 현재 정부가 추진하고 있는 시책은 대기업이 규모의 경제를 얻기 위해 국제 규모로 커가는 것을 막으려는 것이 아니라, 오히려 이를 도와줄 뿐 아니라 우리 기업의 재무상태도 개선시켜 국제경쟁력을 향상시키는 방향으로 유도하려는 것이다. 즉 이미 부채비율이 다른 나라의 대기업에 비해 지나치게 높기 때문에, 기업의 규모를 키워나가는 데 있어서 과거처럼 부채에만 의존할 생각을 버리고 소유 비업무용 부동산이나 비주력 기업을 처분하거나, 증권시장에서 주식을 발행해 자금을 조달하도록 하려는 것이다. 이렇게 증권시장에서 주식의 발행을 통해 자금을 동원하게 되면 더욱 많은 사람이 국제적인 우리 대기업의 주주가 될 수 있어 이들 대기업을 국민 모두가 아껴주는 장점도 생기게 될 것이다.

　　대기업과 중소기업 간의 문제도 정부시책을 분명히 이해하지 못한 데서 파생되는 것이 많다. 한 가지 분명한 것은 1980년대에 접어들면서 강조되어 온 중소기업 육성시책은 대기업은 이제 팽개치고 중소기업만 육성하자는 것이 아니다. 과거에도 정부는 입버릇처럼 중소기업 육성을 논의해 왔으나 중소기업이 소외되어 온 것이 사실이다. 그러나 오늘 우리 경제의 발전단계와 각종 기계 및 첨단산업의 비중이 높아진 선진형 산업구조에 비추어볼 때, 우리의 대기업은 전문화되어 효율성이 높은 중소부품업체들의 내실 있는 발전을 필요로 하고 있음을 알 수 있다. 중소기업과 대기업이 공존공영하는 이웃 일본이나 독일의 예에서 대기업의 국제경쟁력도 중소기업의 내실 있는 발전에 의해 향상된다는 측면을 더욱 잘 볼 수 있다. 따라서 대기업들은 계열화, 기술지도 등 각종 수단을 동원해 중소기업육성에 앞장서 주어야 될 것이다.

재벌과 중소기업에 대한 앞으로의 정책방향

재벌그룹이 주종업종을 중심으로 전력을 경주하도록 적극 유도해 나갈 것이다. 예를 들어서 '산업조직 합리화법(가칭)'을 제정해 시한부 운용으로 재벌 산하 비주종업종 기업정리를 유도하는 방안을 검토할 것이다.

일단 비주종 기업이 정리된 이후에 남은 계열기업들도 상호 출자를 통한 비정상적인 운영을 막고 기업간 독립성을 유지토록 해 이들 기업도 기업고유의 효율성에 따라 기업의 성패가 결정될 수 있도록 상법이나 공정거래법 등을 보완해나갈 것이다. 앞으로도 여신관리는 계속 추진하겠으나 각 계열기업의 주종업종의 특성에 따라 여신관리지수비율을 구분해 적용토록 하는 방안을 마련할 것이다. 현재 정부가 추진하고 있는 중소기업육성시책도 계속 추진되어야 할 것이나, 이러한 시책도 무작정 중소기업 육성만을 위한 육성시책이 아닌 경제적 효율성에 입각한 것이어야 할 것이다.

오늘의 세계 각국은 산업조정의 와중에 있고 이에 따른 높은 실업의 상존으로 국제시장에서의 각종 보호무역주의 추세가 강화되고 있는 것이 사실이다. 그러나 우리는 수출의 성장을 통해 선진

조국 창조를 하루 속히 이룩해야 하는 역사적 과업을 수행해야 하는 임무를 띠고 있다. 이러한 과업의 수행에 도움이 되는 방향으로 정부의 시책을 추진하고 이러한 시책은 국가는 물론 각 기업에게도 이로운 것임을 깊이 인식하고, 모든 기업인이 정부시책 추진에 적극 참여해야 할 것이다.

경제개발과 정부 및 기업가의 역할

1982.
1. 1.

매일경제

경제개발을 추진하는 과정에서 정부와 기업의 역할이 어느 수준에서 조화를 이루어나가야 가장 소망스러운가는 쉽게 단정지어 말할 수 없을 것 같다. 그것은 각국의 정치·문화·역사적 배경과 경제발전 단계가 판이하기 때문이다. 말하자면 정부시책의 강도와 기업가의 역할은 보편타당한 해답을 구하기보다는 개별 국가의 특성에 맞추어 강구되어야 할 것으로 보인다. 우리나라의 경우 지난 20여 년간 정부 주도적 경제개발전략을 추진하는 동안 모든 자원배분은 정책 당국의 의사에 의해 결정되어 온 게 사실이다. 그러나 오늘의 시점이 민간 주도적 경제운용방식으로 이행하는 과정이라는 점을 감안할 때 앞으로 정부의 역할은 명령적 계획에서 유도계획으로 전환되어야 하며 기업과 기업가의 자원배분 의사가 크게 확대되어야 할 것으로 보인다. 따라서 기업가는 과거의 정부 의존적 습성에서 시급히 탈피, 냉혹한 시장원리에 적응할 수 있는 성질을 키워나가야 할 것이다. 경제개발과 정부 및 기업가의 역할에 관해 명쾌한 분석을 내린 사공 일 KID 연구위원의 제언을 싣는다.

자본주의 경제체제 하에서의 경제개발은 주로 민간기업가의 활동에 의존하는 것이 당연하겠으나 민간기업가의 경험과 위험부담 능력이 부족하고 기타 시장 불완전 요소가 곳곳에 산재하는 개발도상국에 있어서는 경제개발을 위한 정부의 여러 가지 활동에도 크게 의존하지 않을 수 없는 것이 사실이다. 그러나 경제개발을 위한 정부와 민간기업가의 활동이 어느 정도 수준에서 조화를 이루어야 할 것인가 하는 문제에 대한 보편적인 해답은 있을 수 없다. 왜냐하면 각국의 정치·문화·역사적 특성과 이들이 처한 경제발전 단계 등 기타 특수요인에 따라 각국 특유의 정부-민간기업가 관계가 성립되고 나아가 경제발전을 위한 정부 역할의 수준과 강조가 결정될 것이기 때문이다. 게다가 특정국에 있어서는 경제개발이 진행됨에 따라서 제반 여건이 부단히 변화할 것이고 여기에 병행해 정부와 민간기업가 활동의 적정 조화 자체도 부단히 변화하게 될 것이기 때문이다.

어쨌든 지난 20여 년간 지속된 정부 주도의 경제개발 전략을 앞으로는 민간 주도로 전환해야 한다는 것이 오늘의 중론이다.

(제3장) 1980년대 초의 경제정책 패러다임 전환

그럼 먼저 과거의 정부 주도적 개발전략의 배경과 그 내용을 살펴보고 나아가서 그 동안 변화해온 제 여건에 미루어 볼 때 민간 주도적인 개발전략이 왜 필요하며 또 가능한가를 검토해 보기로 하자.

왜 민간 주도 개발전략이 필요하며 또 가능한가

먼저 정부 주도적 개발전략의 배경을 살펴보자. 정부 주도적 개발전략이 채택된 1960년 초 민간기업의 대부분은 영세했고 자본축적이 거의 전무했으며 또한 대부분의 민간기업가는 경험이 부족해 경제개발에 필요한 중요한 프로젝트를 감당해낼 만한 자본과 위험부담 능력이 부족한 상태에 있었다. 그러나 이때 출현한 새로운 정부는 경제개발을 국가정책 우선순위의 최상위에 두고 정부 주도로 경제개발에 주력하게 되었다. 이렇게 채택된 정부 주도적 개발전략의 내용과 주요 정책수단은 무엇이었던가?

먼저 경제개발계획을 도입하고 이를 효율적으로 집행할 수 있는 계획기구를 마련했음은 주지의 사실이다. 그 다음 조세 징수를 최대화할 수 있는 제도의 정비는 물론이며 시중은행은 사실상 공기업화하고 정부 소유의 특수은행 등 금융기관을 신설, 혹은 개편했을 뿐 아니라 외자도입 과정에 직접 개입함으로써 국내외 투자재원의 동원과 배분에 정부의 강력한 영향력을 행사할 수 있는 제도적 기반을 마련했다. 또한 투자의 규모나 투자의 위험부담을 고려해 민간기업가의 이니셔티브에만 의존할 수 없는 생산활동 부문에도 정부가 직접 기업가·경영인으로서 적극 참여하게 되었다.

이러한 각종 정책 수단을 활용해 경제개발을 위한 자원배분을 정부 주도로 하게 되었고 이러한 과거의 개발전략을 정부 주도적으로 특정지운 것으로 볼 수 있다.

실제 1963~80년 기간 동안 공공부문(일반정부, 정부기업 및 정부관리기업 포함)의 투자가 국내 총투자 중에서 차지하는 비중은 동 기간 중 연평균 40퍼센트에 달했다. 나머지 60퍼센트의 투자는 물론 민간기업부문에서 이룩되었으나 동 기간 중 금융기관 총 대출 중 정책금융이 차지하는 비중이 50퍼센트에 이르렀고 시중은행이 사실상 공기업화된 상태에서 나머지 대출도 균형금리 이하 수준에서 배급되는 형편에 있었던 것을 고려할 때 민간기업부문 투자의 대부분도 정부의 자원배분에 관한 의사결정에 직접적으로 영향을 받았다고 해도 과언이 아닐 것이다.

그럼 이제 정부 주도적 개발전략 하에서 민간기업가의 역할을 생각해 보자. 전술한 바와 같이 정부 주도적 개발전략이란 정부 주도적인 자원배분을 뜻한다. 그러나 일단 배분된 자원을 생산으로 연결하는 것은 민간기업가의 역할로 이어진다.

지난 20여 년간의 민간부문의 비농업 GDP는 연평균 12~13퍼센트에 이르는 실질성장을 기록했는데 이것은 곧 민간기업가 활동의 산물이라고 할 수 있다. 민간기업가 활동의 부족은 대부분의 개발도상국에 있어서 경제발전을 저해하는 애로요인으로 작용하는 것이 보통인데 과거 우리 민간기업가 활동의 확대는 경제개발을 오히려 촉진하는 데 기여했다고 볼 수 있다.

이와 관련해 잊어서는 안 될 것은 1960년대에 들어서서 민간기업가 활동을 확대시킨 원천은 첫째, 민간기업에 대한 지원이 계속되리라는 기대감을 주고 기업가가 장기에 걸쳐 기업활동을 계획할 수 있는 시간적 시야를 넓혀주어 실질적으로 모든 기업활동에 대한 예상수입을 증가시켜 준 정부의 고도성장위주의 정책기조와 둘째, 민간기업가 활동의 확대는 민간기업가의 양적 증가보다는 기존 기업가들의 질적 향상에 기인된 것이라는 점이다.

이는 지난 20여 년간의 전체 기업체 수의 근소한 증가, 대중소기업 간의 성장추이의 차이, 기업군의 빠른 성장, 대중소기업군 간의 성장률의 차이, 중소기업 내지 신생기업의 높은 파산율들을 통해 이해할 수 있다. 고도성장 위주의 대외지향적 정책과 제도 하에서 규모의 경제와 함께 투자의 위험부담을 줄이려는 정부의 정책적 노력이 결국 과거에 성공한 경험이 있는 대규모의 기존 기업 내지 대기업군에 유리하게 작용했고 이들을 중심으로 민간기업가의 활동영역이 확장되어 온 것으로 볼 수 있을 것이다.

셋째로 1960년대에 들어온 이후의 기업가 활동의 대부분은 1950년대와는 달리 경제성장에 기여할 수 있는 이른바 정합활동(positive-sum activities)으로 연결될 수 있는 여건이 마련되었었다는 것이다. 기업가의 활동이 개인의 부는 직·간접적으로 증가될지 모르나 경제 전체의 생산능력에는 기여하지 못하는 '제로섬 활동'으로 연결될 때 기업가 활동의 확대가 반드시 경제개발에 기여할 수 있는 것은 아니다. 따라서 영합류의 기업가 활동이 많았던 1950년대에도 개인적으로 치부를 한 기업가는 많았지만 경제 전체는 저성장을 면치 못했다고 볼 수 있다.

경제계획도 유도계획으로 바뀌어야

이제 이 시점에서는 왜 경제개발전략이 민간 주도로 전환되어야 하며 그것이 가능한가를 그 동안 변화해 온 우리 경제의 제 여건에 비추어 생각해 보자. 지난 20여 년간 지속된 정부 주도적 경제개발의 결과 오늘의 우리 경제는 1960년대 초반에 비해 규모면에서는 약 15배 정도 확대되었고 이와 더불어 구조적 측면에서도 상당히 복잡해졌을 뿐 아니라 민간기업의 자본 축적과 경험을 통한 민간기업가들의 질적 향상이 이룩된 것도 사실이다. 따라서 정부의 '보이는 손'에 의한 자원배분보다는 시장 기구를 통한 민간기업가의 활동이 훨씬 더 효율적인 부분이 크게 늘어났다고 볼 수 있다.

따라서 경제계획도 그 성격이 달라져야 할 것이다. 민간 주도적인 개발전략 하에서도 국가적 차원에서의 계획은 있을 수 있으나 계획의 유형이 중앙계획당국의 의사결정에 따라 자원이 배분

〈제3장〉 1980년대 초의 경제정책 패러다임 전환

되고 명령적 요소가 큰 명령적 계획이 아닌 이른바 유도계획의 성격을 띤 계획이어야 할 것이다. 즉 계획당국이 자원의 배분을 소망스런 방향으로 배분될 수 있도록 추가적인 정보, 예를 들어 총량적 경제 전망이라든가 각 산업부문에 대한 전망을 기업을 포함하는 각 경제 단위에 제공함으로써 이들의 의사결정에 활용도에 유도하는 계획이어야 한다는 것이다.

따라서 유도계획 하에서는 자원배분에 관한 최종의사결정은 정부 아닌 민간에게 귀속되는 것이다. 특히 계획 작성 과정에 정부는 물론이며 사회 각계각층이 참여해 정보를 교환하고 그 정보를 기반으로 계획이 성립되기 때문에 유도계획이 집단적 활동이라고 불리기도 하는 것이다. 정부가 각종 제도를 개선하고 간접적인 유인장치를 마련함으로써 경제가 소망스런 방향으로 움직이도록 노력하는 것은 유도계획 하에서도 있을 수 있는 것이다. 이와 관련해 우리의 경우 금융제도의 개선은 꼭 필요한 것으로 강조되어야 할 것이다.

공기업의 민영화와 금융자유화 촉진돼야

또한 과거에 널리 활용되었던 공기업도 민간기업가가 감당할 수 있는 경우에는 민영화를 촉진함으로써 우리 경제의 능률을 제고하는 데 기여토록 해야 할 것이다. 그리고 민간기업가도 과거처럼 정부에만 의존하려는 타성에서 벗어나 냉혹한 시장원리에 적응토록 하고 기업체질을 강화해 앞으로 경쟁대상이 될 선진제국의 체질이 강인한 기업들과의 경쟁에 이길 수 있는 터전을 마련해야 할 것이다.

기업체질 강화와 관련해 꼭 필요한 금융자립화를 생각해 보자. 기업체질을 한마디로 기업의 재무구조 특히 부채 대 자기자본의 비율의 고저를 말한다면 주어진 경제 여건에서는 자기자본과 부채의 상대가격이 동 비율의 고저를 결정할 것임에 틀림없다. 그런데 부채의 가격이라 할 수 있는 금리가 과거와 같이 정책적으로 균형금리 이하 수준에서 억압된 상태 하에서는 부채선호도가 높을 수밖에 없을 것이다.

반면에 사내유보와 주식발행을 통해 확충될 수 있는 자기자본은 공개기업의 경우에는 자본시장육성을 위한 고율배당의 의무화, 비공개 기업의 경우에는 지상배분소득세의 부과, 그리고 시세보다 훨씬 낮은 주식발행가의 책정 등에 따라 결과적으로 그 비용이 가중되는 상태 하에서는 자기자본의 상대가격이 높아지게 마련이다. 게다가 자산재평가의 지연에 따라 감가상장유보가 낮고 이에 따라 발생하는 이윤이 또 고율의 배당으로 연결되는 상태 하에서는 자기자본의 확충은 더욱 저조할 수밖에 없을 것이다.

또 자산재평가가 이룩된 경우에도 재평가차액에 따른 무상주발행과 무상주에 대한 고율배당의 지속이란 악순환으로 자기자본 확충이 더욱 어려워질 것이다. 따라서 장기적인 안목에서 체질의 강화를 위해서도 금리의 자율화와 사내유보를 저해하는 각종 법규와 제도의 개선이 필요한 것으로 볼 수 있다. 오늘 우리가 겪고 있는 경기침체가 기업에게 더욱 큰 고통을 주고 있는 것은 근본적으로 우리의 기업체질이 취약하기 때문이란 것을 잊어서는 안될 것이다.

끝으로 이 시점에서 과거의 정부 주도적 개발전략이 민간 주도로 전환되어야 하는 필연성을 앞으로도 예상되는 국내외 여건에 비추어 생각해 보도록 하자. 앞으로 예상되는 세계경제의 저성장 추세와 각국의 자국산업 보호 경향은 우리의 수출 여건을 그만큼 어렵게 할 것임에 분명하다. 게다가 고유가와 언제 또 올지 모르는 유가파동 등 불확실 요인의 잠재는 우리 경제의 지속적인 발전을 위협하는 요소들임에 틀림없다.

그러나 우리는 국내 실업문제를 악화시키지 않을 뿐 아니라 국민복지 향상을 위한 지출을 늘려나가야 되는 형편에 있기 때문에 80년대에 들어 적어도 연평균 7~8퍼센트의 성장을 유지해야 한다. 따라서 이러한 여건 속에서 이룩되어야 할 80년대 국가경제의 제2 도약은 민간의 참여와 시장의 활성화를 통한 능률향상에 그 성패가 있다고 해도 과언이 아니다. 우리 경제의 구석구석에 산재하는 비능률 요인들은 제거함으로써 얻을 수 있는 '능률의 보너스'를 최대한 활용해야 될 것이다. 따라서 국가 주도적인 개발전략이 그 한계에 왔다면 이를 과감히 민간 주도로 전환해야 할 것임은 두말할 여지도 없다. 그 동안의 경제개발의 결과 민간 주도적 개발전략으로의 전환이 자연스럽게 이룩될 수 있는 조치가 필요한 상태라면 더욱 그러하다고 할 수 있다. 또한 민간 주도로 자원배분을 효율화하고 기업의 금리자율화를 포함하는 금융자율화의 적극적인 추진도 지체 없이 계속되어야 할 것이다.

물론 금융자율화도 하루아침에 이룩될 수 있는 것이 아니며 민간 주도가 아닌 정부 주도적 개발전략도 극단적인 선택의 문제라기보다는 조화의 문제임에 틀림이 없다. 따라서 개발전략의 전환이나 금융자율화는 결국 그 추진속도와 정도의 문제로 귀착된다고 볼 수 있다.

〈제3장〉 1980년대 초의 경제정책 패러다임 전환

한국경제의 활로
새 경제팀에
바란다

1982.
1. 13.

부산일보

좋은 대안의 폭

　새로운 경제팀의 출범과 때를 같이 해 경기활성화에 대한 국민들의 기대가 상당히 부풀어 있는 것 같다. 지난 수년간 지속된 고통스런 경기침체에 시달려 온 국민들에게 충분히 있을 수 있는 일이 아니겠는가. 그러나 매사가 그러하듯이 기대가 크면 클수록 거기에 따르는 실망도 클 수 있다는 것을 우리는 잊지 말아야 한다. 현재 시점에서 볼 때 우리 경제의 경기활성화를 위한 정책적 대안의 폭은 과연 넓다고 할 수 있을 것인가. 이 물음에 대한 대답은 물가안정 기반의 정착여부에 따라 달라질 수 있을 것이다. 물가안정 기반이 정착되지 않으면 우선 수출을 통한 우리 경제의 지속적인 성장이 불가능하며 저축증진을 통한 외채누증이 개선될 수 없다는 것은 누구도 부인할 수 없는 사실이다. 재작년의 물가상승 폭이 너무나 컸던 것에 비해 작년에는 물가상승폭이 상당히 떨어졌다. 그러나 이 사실만으로 우리의 물가안정 기반이 정착되었다고 볼 수는 없을 것이다. 작년의 물가안정은 원유를 포함한 해외 원자재가격의 안정, 국내 농산물의 풍작, 불황 하의 재고정리 등의 여러 가지 요소가 그 동안 지속된 긴축기조와 복합해 이룩된 것일 뿐 아니라 지난 20여 년간의 고도성장기에 우리 모두의 마음속에 누적되어 온 인플레 기대심리는 아직도 복병처럼 남아 있다고 보아야 될 것이 아니겠는가.

안정기반 위의 제2 도약

그렇다면 이 시점에서 경기활성화를 위한 정책적 대안의 폭은 극히 제한적이라고 볼 수밖에 없을 것이다. 안정기반의 구축을 위한 노력은 힘들 뿐만 아니라 고통스럽고 또한 장기간을 요하나 구축되어 가는 안정기반은 자칫 잘못하면 삽시간에 허물어질 수 있다는 것을 우리는 잊어서는 안 될 것이다. 이 시점에서 지나친 경기활성화를 시도한다면 그 동안 고통스럽게 다져 온 어느 정도의 안정기반은 허물어질 수밖에 없을 뿐 아니라 지난 수년간 우리 모두가 겪어 온 고통은 무위로 돌아가고 말 것이 분명하다. 그렇게 될 경우 안정기반의 구축 없이 제2의 도약이 불가능한 우리로서는 또한 차례의 고통을 머지않아 겪지 않으면 안 될 것이다. 따라서 이 시점에서의 경기활성화 대책은 물가안정 기반을 해치지 않는 범위 내에서의 주택경기의 촉진대책과 기업 설비투자, 특히 생산성 향상 내지 에너지 절감을 위한 투자촉진대책 등 극히 제한적인 대책일 수밖에 없을 것이다. 이에 안정기조의 정착을 위한 노력이 앞으로도 지속된다는 전제 하에서 금년도 우리 경제의 모습을 전망해 보도록 하자.

설비투자 회복 전망

1982년의 국내 경기는 안정기반 정착을 위한 긴축기조 테두리 안에서도 7퍼센트 정도의 경제성장은 이룩될 수 있을 것으로 본다. 물가안정에 따른 실제 구매력의 회복과 농작물 풍작에 따른 농가소득 향상에 따라 소비수요가 서서히 살아나게 됨에 따라 재고 감소와 가동률 상승이 촉진되어 하반기부터는 그간 침체했던 기업 설비투자가 상당히 회복될 전망이다. 또한 주택수요 촉진책 및 정부 공사의 조기발주 등도 금년 봄부터 건설경기를 진작시키는 데 어느 정도 도움이 되리라 본다. 하반기부터는 해외경기도 그 회복세가 점진적으로 촉진되어 특히 선진제국의 수입물량은 금년에는 늘어날 것이 예상되기 때문에 우리 상품의 가격경쟁력이 경쟁상대국에 비해 크게 악화되지 않는 한 우리의 수출 여건은 어느 정도 호전될 수 있을 가능성이 있다.

지나친 경기활성화는 금물

끝으로 금년의 물가는 임금상승 자제가 어느 정도 계속되느냐가 큰 관건이 되겠으나 안정화의 노력이 지속되는 한 10퍼센트 내외로 정착될 수 있는 소지는 충분히 있다고 볼 수 있다. 결론적으로 말해 금년에도 우리는 안정화 기반을 다지는 데 게을리할 수 없을 뿐 아니라 이러한 노력이 지속되더라도 금년도 우리 경제는 착실한 성장을 이룩하고 국제수지도 다소 개선될 것으로 본다. 이러한 점진적인 경기회복을 참지 못해 이 시점에서 지나친 경기활성화 정책을 시도한다면 앞으로 머지않아 또 지난 수년간의 고통을 되풀이하지 않으면 안 될 것을 우리 모두가 명심해야 할 것이다.

〈제3장〉 1980년대 초의 경제정책 패러다임 전환

물가오름세 심리 잠자

1982.
4. 7.

조선일보

　물가가 계속 올라갈 것이라고 기대하는 마음가짐을 '물가오름세 심리' 또는 '인플레 기대심리'라고 표현한다. 이러한 물가오름세 심리는 오랫동안 지속되는 인플레를 경험하는 과정에서 사람들의 마음속에 생성되는 것임에 틀림없다. 해방 이후 우리는 줄곧 올라만 가는 물가만을 경험하면서 살아왔고, 그 결과 물가오름세 심리는 우리 모두의 마음속에서 사라져 본 적이 없다고 해도 과언이 아닐 것이다.

　이러한 심리가 우리 모두의 마음속에 계속 남아 있는 한, 물가안정은 이룩될 수 없다는 데 문제가 있다. 한번 생각해 보자. 인플레가 지속될 것이라고 기대될 때 인플레에서 오는 폐해를 최대한 줄이려 노력하지 않을 경제단위가 어디 있겠는가. 소비자는 물가가 더 오르기 전에 앞당겨 소비하려는 경향을 보일 것일 뿐 아니

- 도약의 기억 -

라 소비하고 남은 돈은 은행예금 등 금융자산보다는 부동산 등 실물자산에 묻어두려 할 것이다.

　또한 기업도 생산적인 투자보다는 부동산 등 비생산적인 투자를 선호하게 될 것이며, 근로자와 농민은 기대되는 인플레를 보상할 수 있는 임금인상과 곡가인상을 고집하게 될 것이며, 정부도 기대되는 인플레를 감안한 예산증액을 하려 들 것이다. 게다가 인플레를 오히려 역이용해 한몫 보려는 투기꾼마저 날뛰게 될 것이다. 이러한 상황 하에서는 물가안정은 고사하고 오히려 인플레는 가속화될 것이 분명하다. 이것이 바로 과거 우리가 경험한 인플레와 인플레 심리의 악순환 과정이었다.

　작년 하반기부터 오늘에 이르기까지 물가오름세는 상당히 진정되어 이대로 간다면 금년도 물가는 10퍼센트를 밑돌 것이 분명한데도 10퍼센트 이상의 물가오름세 심리를 버리지 못한다면 우리의 물가안정은 결코 이룩될 수 없을 것이다. 따라서 모처럼 마련된 물가안정의 호기를 상실하지 않도록 하기 위해 비록 오랜 경험에서 생성된 물가오름세 심리이기는 하나 이를 단기간에 제거하려면 우리 모두의 의식적인 노력을 한 번 더 다짐해야 되지 않을까 생각해 본다.

민간 주도 경제 운용으로

1982.
4. 16.

조선일보

　　자본주의 경제체제 하에서의 경제개발은 주로 민간기업가의 활동에 의존하는 것이 당연하겠으나 민간기업가의 경험과 기업활동에 따르는 위험부담능력 등이 부족한 개발도상국에서는 경제개발을 위한 정부의 여러 가지 활동에도 크게 의존하지 않을 수 없는 것도 사실이다. 그러나 경제개발을 위한 정부와 민간기업가의 활동이 어느 정도의 수준에서 조화를 이루어야 하느냐는 문제에 대한 보편적인 해답은 있을 수 없다. 왜냐하면 각국의 정치, 문화, 역사적 특성과 이들이 처한 경제개발 단계 등 기타 특수 요인에 따라 각국 특유의 정부-민간기업가 관계가 성립되고 나아가 경제개발을 위한 정부 역할의 수준과 강도가 결정될 것이기 때문이다. 게다가 특정국에 있어서도 경제개발이 진행됨에 따라서 제반 여건도 부단히 변화할 것이고 이와 병행해 정부와 민간기업가 활동의 적정 조화 자체도 부단히 변화하게 될 것이기 때문이다.

어쨌든 지난 20여 년간 지속된 우리의 경제개발전략을 정부 주도적 개발전략으로 특정짓고 앞으로는 개발전략 내지 우리 경제의 운용방식을 민간 주도로 전환해야 한다는 것이 이제 거의 중론으로 되어 있다. 정부 주도 개발전략이 처음 채택된 1960년대 초를 한번 돌이켜 보면, 민간기업의 대부분은 영세했고 자본축적이 거의 전무했으며 또한 대부분의 민간기업가는 경험이 부족해 경제개발에 필요한 중요한 프로젝트를 감당해낼 만한 자본과 위험부담 능력이 부족한 상태에 있었던 것을 잘 알 수 있다.

그러나 지난 20여 년간 지속된 경제개발 과정에서 민간기업의 자본축적과 경험을 통한 민간기업가 활동의 질적 향상이 이루어졌을 뿐만 아니라 오늘의 우리 경제는 과거에 비해 규모면에서나 그 내용에 있어 크게 달라졌기 때문에 이제는 민간이 정부보다 더 효율적으로 경제활동을 추진할 수 있는 분야가 많이 늘어났기 때문에 경제운용방식의 전환이 가능하다는 것이다.

더욱이 어려운 대외 경제 여건 하에서도 국내 실업문제를 야기하지 않기 위해서는 우리 경제의 지속적인 성장이 필수적이므로 민간의 자율과 책임을 바탕으로 우리 경제의 능률향상을 기해야 하는 필요성 또한 어느 때보다 절실하므로 경제운용방식을 민간 주도로 전환해야 한다고 보는 것이다.

〈제3장〉 1980년대 초의 경제정책 패러다임 전환

목적의식 가져야

1982.
4. 22.

조선일보

먼 나라 어느 지방에 아주 귀여운 돼지 한 마리를 기르는 사람이 있었는데, 어느 해 그 지방에 기근이 들었다. 굶주림에 허덕이던 그 지방 사람들이 그 돼지에 눈독을 들였을 것은 당연하다. 이를 눈치 챈 돼지 주인은 자기가 귀여워하는 짐승을 보호하기 위해 그 짐승을 집안에 넣고 총을 들고 밖을 감시하게 되었다.

굶주린 사람들이 마침내 그 집으로 몰려들기 시작하자 이에 놀란 돼지 주인은 이 방 저 방 뛰어 다니며 창밖으로 총을 쏘아 댔다. 자기를 귀여워해주는 주인을 따라 그 짐승도 이 방 저 방 같이 뛰어다녔고 주인은 돼지에 걸려 넘어지곤 했다. 화가 난 주인은 결국 그 짐승을 문 밖으로 차내어 버리고는 계속 이 방 저 방 뛰어다니며 사람들을 향해 총질을 계속했다. 이 허황한 이야기를 듣고 웃지 않을 사람이 있을까?

- 도약의 기억 -

그러나 우리가 일상생활을 해 나가는 데 있어서 돼지 주인이 돼지를 밖으로 차내어 버리고도 아무런 이유 없이 사람들을 향해 총질을 하는 것과 같이 뚜렷한 목적의식 없이 목전의 문제해결에 허둥대는 행동을 하지 않는다고 자신 있게 말할 수 있을 것인지 생각해 봄직하다. 정부의 제반 정책을 집행하는 것도 마찬가지가 아니겠는가. 어떤 목적 달성을 위해 채택된 정책이 그 집행과정에서 여러 가지 어려움에 부딪히게 되고 이러한 목전의 어려움을 해결하는 데 급급하다 보니 원래의 목적의식마저 망각하게 되는 과오를 범하는 경우가 생기는 것이 아니겠는가.

　　경제성장의 궁극적인 목적은 전체 국민의 형평 있는 복지향상을 이룩하는 데 있다고 할 수 있을 것이다. 그런데 과거 우리는 경제의 양적 성장 자체에만 지나치게 집착했었고, 그 결과 오늘에 와서는 소득계층 간의 상대적 빈곤문제를 야기해 전체 국민의 형평 있는 복지향상이 이룩되지 못했다고 본다면 경제성장을 통한 전체 국민의 복지향상이라는 본래의 목적을 저버린 것이라 할 수 있을 것 아닌가.

　　이러한 우를 범하지 않기 위해 우리는 일상생활을 영위하는 데 있어서나 정부의 정책을 집행하는 과정에 있어 목적과 수단을 수시로 점검해보는 버릇을 길러둘 필요가 있지 않을까?

복지사회
구현

1982.
4. 30.

조선일보

고도성장을 위한 선성장 후분배적 개발전략을 지난 20여 년
간 정부 주도로 추진해 온 결과 오늘에 와서는 대량실업과 최저생
활의 유지가 곤란한 절대빈곤문제는 거의 해결되었으나, 부의 축적
기회의 편중과 사회개발의 미흡으로 사회 각 계층 간의 상대적 빈
곤문제가 대두되고 지역간 혹은 대기업과 중소기업 간의 격차가 심
화된 것이 사실이다. 오늘날 복지사회 구현이 강조되는 것은 과거
의 개발전략에서 파생된 이러한 여러 문제를 해소하려는 소극적인
측면과 경제개발의 궁극적인 목표인 우리 국민 모두가 골고루 복지
향상을 누릴 수 있는 정의로운 사회를 이룩하자는 좀 더 적극적인
측면을 동시에 내포하는 것으로 풀이할 수 있을 것이다.

그러나 복지사회 구현을 위한 정책을 실시하기에 앞서 잊어
서는 안 될 것은 먼저 1980년대에 예견되는 세계경제 여건의 악화

와 그 다음 매년 40~50만 명씩 늘어날 새로운 노동력을 흡수함으로써 국내 실업문제를 악화시키지 않기 위해서는 연평균 7~8퍼센트 수준의 상당히 높은 경제성장률을 지속하지 않으면 안 된다는 대내외 제약요인이다.

이러한 제약요인 하에서 복지정책을 실시하기 위해서는 우선 인플레를 근절하고 생산의 능률을 향상시켜야 한다. 이는 물가안정 없이는 지속적 성장능력 유지는 물론 성장혜택의 공평한 배분이 불가능할 뿐 아니라 복지향상을 위한 추가재원 부담에 따른 성장둔화를 최소화하기 위해 생산능률의 제고가 필수적이기 때문이다.

이러한 생산능률의 향상을 위해서는 새로운 민간 주도의 경제질서의 확립이 시급히 요청되며 이를 위해 금융제도의 개선, 공정거래질서 확립과 종합산업지원체계의 개선 등 각종 제도의 개선이 선행되어야 할 것이다.

한편 장기적 안목에서 복지정책 실시와 관련해 우리가 유의해야 할 점은 일부 선진 여러 나라의 경험에서 찾아볼 수 있다. 즉 복지지출의 과다에 따른 복지행정의 비대화와 제도의 악용 등은 낭비와 비능률을 초래하며, 지나치게 후한 실업보험 및 공적부조 등은 근로의욕을 저해할 뿐만 아니라 일단 도입된 복지제도는 축소하기 곤란해 에너지 파동 등 외부충격에 대한 경제의 적응력을 약화시켰다는 점이다. 또한 복지지출의 확대를 위해 조세부담률을 지

〈제3장〉 1980년대 초의 경제정책 패러다임 전환

나치게 제고했을 경우 경제성장에 미치는 악영향 또한 간과할 수
없다는 점일 것이다.

한국경제의
특성과 방향

　　현재의 모든 일이 반드시 과거에 근원하는 것은 아니지만 현재의 문제를 정확히 이해하고 새로운 미래를 설계하기에 앞서 과거의 발자취를 돌이켜 보는 것이 유익할 때가 많다. 이러한 관점에서 오늘 우리 경제가 당면하고 있는 여러 가지 어려운 문제와 앞으로의 정책과제를 이야기하기 전에 먼저 우리 경제가 지난 20여 년간 성장해 온 과정을 살펴보기로 하자.

　　1960년대에 들어오면서 출현한 경제개발에 대한 정부의 강력한 정책적 의지를 바탕으로 경제개발 5개년계획이 처음 실시된 것이 1962년이며, 그때부터 오늘에 이르기까지 4차에 걸친 경제개발 5개년계획이 추진되어 왔다. 그 동안 우리 경제는 많은 개발도상국의 우등생으로 불릴 만큼 지속적인 고도성장을 유지해 왔으며, 그 결과 국민총생산에 비추어 본 우리 경제의 규모는 약 4.5배로 늘어났고, 1인당 국민총생산을 기준으로 본 우리 국민의 평균생활 수

준도 3배 정도 개선되었다. 또한 최저생활의 유지가 어려웠던 절대
빈곤계층에 속하는 인구가 1960년대 초에는 전체 인구의 약 절반
에 달하던 것이 오늘에 와서는 전체 인구의 10퍼센트 수준으로 줄
어들었으며, 도시 실업률은 1960년대 초의 약 20퍼센트에서 5~6
퍼센트 수준으로 낮아졌다. 취업구조, 상품수출 등 기타 여러 측면
에서도 그 동안 괄목할 만한 개선과 성장이 이룩된 것이 사실이다.

정부 주도의 고도성장 전략의 성과

과연 그 동안 어떠한 개발전략의 추진으로 이렇게 놀라운 업
적을 이룩할 수 있었나를 생각해 보자. 한 마디로 과거에 추진되어
온 개발전략은 "고도성장을 정부 주도로 하되 먼저 성장을 도모하
고 그 후에 분배에 역점을 둔다는 개발전략"으로 특정지을 수 있
을 것이다. 즉 고용기회를 최대화할 수 있는 고도성장을 정부 주도
로 추진해 실업문제와 절대빈곤의 문제를 우선 해소해 보자는 전
략을 채택해온 것이다. 정부 주도적으로 고도성장을 추진하게 된
것은 1960년대의 우리 경제 여건에 비추어볼 때 불가피했다고 볼
수 있다. 그때의 우리 민간기업은 자본축적이 미진했고 대부분의
민간기업가는 경험이 부족한 상태에 있었기 때문에 고도성장을 이
룩하기 위해서는 정부의 강력한 개입과 영향력을 행사하지 않을
수 없었다.

어쨌든 이러한 개발전략을 추진해 온 결과 우리 경제는 고도성장을 유지해 국력도 상당히 신장되었고 실업문제와 절대빈곤의 문제를 거의 해소하기에 이르렀다. 반면에 이러한 개발전략을 추진해 오는 과정에서 여러 가지 부작용이 쌓여온 것도 사실이다. 먼저 간단히 말해 고도성장을 위해 돈을 많이 찍어 싼 이자로 기업의 투자재원으로 지원하지 않을 수 없었고 그 결과 인플레는 고질화되고 기업체질은 약화되어 왔다. 또한 인플레가 고질화되니까 국내의 저축기반은 취약해질 수밖에 없었고 이 때문에 외국 빚이 계속 쌓이게 되었다. 또한 먼저 성장, 후에 분배라는 개발전략은 절대빈곤의 해소에는 도움이 되었을지언정 잘사는 이웃에 비교해 빈곤을 느끼는 상대적 빈곤의 문제를 빚게 된 것이다. 끝으로 시장기능과 민간기업의 창의를 억압할 수밖에 없는 정부 주도의 개발전략은 경제의 규모가 커지고 또한 그 내용이 복잡해짐에 따라 점차 한계점에 이르게 되어 급기야는 실업구조를 왜곡하게 되고 전체 경제의 비능률을 높이는 결과를 초래하게 된 것이다.

여기서 우리는 좀 더 긴 안목에서 앞으로의 정책과제를 쉽게 파악할 수 있게 된다. 1980년대에 예견되는 세계경제의 낮은 성장과 낮은 무역량의 증가, 언제 돌발할지도 모르는 유가파동 재발 가능성 등 불투명한 외부 경제의 여건 하에서도 우리는 매년 40년~50만 명씩 늘어나는 새로운 노동력에게 일자리를 마련해 주기 위해 적어도 연평균 7~8퍼센트의 성장을 지속해야 한다. 따라서 이 시점에서 우리에게 주어진 가장 중요한 정책과제는 안전기반 구축과 우리 경제의 능률향상이라 하지 않을 수 없겠다.

우리 경제의 능률향상을 위해서는 이미 비능률적인 것으로 밝혀진 정부 주도적 개발전략을 민간 주도로 전환해야 한다는 것이 자명해 졌다고 하겠다. 이와 관련해 빼놓을 수 없는 것은 민간 주도적인 개발전략과 경제계획이 반드시 상충되는 것이 아니라는 점이다. 그러나 민간 주도적 개발전략 아래에서의 경제계획은 어디까지나 이른바 유도계획적 성격의 것이어야 한다. 즉 계획을 작성하는 과정에 사회의 각계각층이 참여해 서로의 의견과 정보를 교환하고 중지를 모으는 것이 중요하며, 계획과정에서 게시되는 숫자들을 목표라기보다는 소망스런 전망으로서 과거의 정부처럼 직접 나서서 이를 달성하려 할 것이 아니라 제도적으로 이끌어줄 수 있는 장치를 마련해 줌으로써 주로 민간부문의 의사결정에 따르고 간접적인 노력을 하는 데 그쳐야 한다는 것이다. 현재 정부가 추진하고 있는 금융자율화 방안도 이러한 차원에서 볼 때 소망스런 조치라고 볼 수 있을 것이다.

선성장·후분배 전략의 부작용 해소 노력해야

또한 이 시점에서는 과거의 선성장·후분배라는 개발전략에 따라 야기된 소득계층 및 지역 간의 불균형 등 문제를 해소하고 국민 복지 향상을 위해 사회개발의 확대를 위한 노력이 있어야 하는 것도 물론이다. 특히, 주택, 의료시설, 상하수도 등에 대한 지출을 우리 능력에서 알맞게 늘려나가야 할 것이다. 그러나 이러한 생활기초수요를 충족하기 위한 지출은 주로 정부가 맡아야 할 것이기 때문에 이와 관련된 능력이란 곧 국가와 조세부담 능력을 뜻한다는 점을 잊어서는 안 된다. 정부 예산의 35퍼센트 이상을 국방비에 지출하야 하는 정부로서 국민 복지 향상을 위한 지출도 늘려야하다 보니 국민조세부담을 늘리지 않을 수 없다. 더욱이 교육세 등까지 신설되었다. 어쨌든 국민 복지 향상을 위한 지출이 국민의 조세부담능력을 초과해 결과적으로 국민 복지를 해치게 된다는 것을 우리는 명심해야 할 것이다.

정부는 올해부터 5차 5개년계획을 추진하게 되었다. 이 계획의 주요 내용은 80년대 제2의 도약을 위해 물가안정과 능률향상, 실업합리화 등을 통한 우리 경제의 질적 개선, 그리고 국토의 균형발전 및 사회개발의 확충 등으로 짜여 있다. 이러한 내용이 담긴 5차 5개년계획의 특징은 이 계획의 명칭에서도 잘 나타나고 있다. 즉 과거와 같이 제5차 경제개발 5개년계획이라 하지 않고 제5차 경제사회개발 5개년계획이라고 명칭을 바꾼 것은 사회개발과 경제의 질적 개선을 수반하는 성장, 즉 경제발전을 강조하기 위한 것으로 풀이할 수 있을 것이다.

〈제3장〉 1980년대 초의 경제정책 패러다임 전환

5차 5개년계획의 역사적 중요성

끝으로 한 가지만 더 부언하고 싶은 것은 좀 더 긴 역사적인 안목에서 본 5차 5개년계획의 중요성이다. 우리 경제가 제2 도약을 이룩해 머지않아 선진 여러 나라와 어깨를 나란히 할 수 있게 하는 모든 정지작업이 이 계획기간의 초반에 이룩되어야 한다는 것을 우리 모두가 잊지 말고 합심 노력해야 할 것이다. 제 1, 2차 경제개발 5개년계획의 성공적인 추진이 정책당국을 포함한 우리 국민 모두에게 "우리도 하면 된다"는 자신감을 심어주는 계기가 되었다면 5차 5개년계획은 우리 경제 제2의 도약을 약속하는 기반을 구축하는 계기로서의 역사적인 뜻이 크다는 것을 한 번 더 우리 모두가 다짐해야 할 것이다.

지구의 햇살
불황은
몰아내려나

세계의 경제 맥박은 아직도 고르지 못하다. 불황 기류를 벗어나기 위해 각국마다 자구책을 강구하고 있지만 아직 바람은 차고 구름은 짙다. 한줄기 햇살이 비칠 날은 언제인가. 이미 수년간 허물어진 기대로 해 선진제국이 올해에 거는 바람은 더욱 절박하다. 침잠된 분위기 속에 가느다란 햇빛이나마 한줄기 구름을 뚫으면 그것이 새로운 기폭제가 되리라는 생각이다.

지난해 우리 경제는 세계적 불황 속에도 6퍼센트의 성장을 이룩했다. 경제난국을 타개하는 저력을 보였다. 이와 같은 잠재력은 올해에도 이어질 것인가. 그 가능성은 우리들의 '하면 된다'는 자신감과 세계경제가 어떻게 움직일 것이냐의 정확한 진단과 신속한 대응에 달려 있다. 이런 관점에 착안, 본사는 사공 일 박사로 하여금 미국, 영국, 프랑스, 서독, 일본 등 선진국 경제 현장을 찾게 해 경제 불연속선의 실체를 규명해 보았다.

선진국들 탈출 몸부림

런던에서 열린 새해 세계경제 전망에 관한 회의에 참석하는 기회에 세계경제의 앞날을 좌우한다고 해도 과언이 아닌 미국, 영국, 프랑스, 서독, 일본 등을 둘러보았다. 약 40일 동안에 5개국 15개 도시를 돌아보며 세계적인 석학들 및 국가의 고위 정책당국자, 업계 인사 등 40여 명과 장시간에 걸쳐 경제문제의 실상과 처방에 관해 의견을 나눌 수 있었다. 한마디로 세계경제는 무척 어려운 처지에 있고 모두가 고통을 받고 있는 것이 분명했다. 선진국 경제 현장의 모습에서 이 같은 고통의 실상을 쉽게 발견할 수 있었다. 디트로이트의 자동차노조에서 만난 근로자들, 뉴욕의 실업자 등록소에서 만난 실업자들, 쇼핑 나온 주부, 파리의 샹젤리제 거리를 거니는 파리 시민들, 런던의 직업소개소를 찾는 실업자들, 파산위기에 몰린 서독의 기업인들과의 만남에서 한결 같이 오늘의 어려움을 느낄 수 있었다. 미국에서 가장 강력한 노조인 디트로이트의 UWA(자동차 노조) 사무국을 찾아갔다. 정문에 걸려 있는 대형 간판은 세계 도처에서 거세게 일고 있는 보호무역주의 물결을 한눈에 보는 듯했다. "우리 노조동료 30만 명이 해고됐소"라고 쓴 대형 글자 밑에 "우리 노조원들은 수입자동차를 좋아하지 않으니 수입자동차를 몰고 온 사람들은 도쿄에 주차시키고 오시오"라는 글이 자동차를 몰고 온 미국인들에게 훈시라도 하는 듯했고 "배가 고프면 수입자동차를 먹으시오.", "닷산-도요다-진주만" 등의 표어와 그림이 사태의 심각성을 표현하고 있었다. 수입자동차가 미국 자동차 시장의 약 35퍼센트를 차지하고 있고 일본산 자동차만 약 30퍼센트에 이르며 미국 서부 지역에서는 일본 자동차의 점유율이 50퍼센트에 이른다는 얘기는 이러한 노조의 반응을 어느 정도 이해하게 했다. 그러나 문제는 이런 현상이 현재 미국을 위시한 선진제국에서 일어나고 있는 보호주의 경향을 보여주는 일면이라는 데 있다.

미국, 높은 실업으로 어려우나 밝은 면도 있어

미국경제가 당면하고 있는 가장 큰 문제는 실업이다. 실업률이 10퍼센트선을 넘어서고 실업자 수가 1,200만 명에 이르고 있다. 실업률이 높다는 단순한 숫자보다도 더욱 심각한 것은 중산층에까지 실업이 확대되고 있다는 점이다. 디트로이트에서 만난 한 샐러리맨은 어제까지 직장을 갖고 있던 이웃사람이 해고당한 사실을 알고 큰 충격을 받았다고 말했다. 나도 언제 해고당할지 모른다는 불안감과 심리적인 위축감이 결국 경기 전반에 영향을 미치고

〈제3장〉 1980년대 초의 경제정책 패러다임 전환

있다는 것이다. 직장에 대한 불안은 소비를 위축시킨다. 지출을 줄일 대로 줄이고 저축을 한다. 그러나 이때의 저축은 언제든지 현금화할 수 있는 대기성 자금의 형태를 띠게 된다.

높은 실업에서 오는 또 다른 결과는 보호무역주의의 새 물결로 이어진다. 정치적인 압력이 수입규제를 몰고 오는 것이다. 지난 1월 미국의 중간선거 결과 민주당은 하원에서 26석을 새로 얻었는데 이들 중 상당수가 실업률이 높은 산업 지역에서 보호무역주의의 선거공약을 들고 나온 사람들이라는 사실은 시사하는 바가 크다. 현재 미국경제가 겪고 있는 또 하나의 고민은 미국 수출의 부진이다. 작년 3분기 중 수출이 물량으로는 약 10퍼센트가 줄어들고 있었다. 미국의 이러한 수출 부진은 전 세계가 겪고 있는 데도 그 원인이 있겠으나 달러화가 그 동안 계속 강세를 유지해온 데도 이유가 있다.

미국의 달러화는 장기간 지속된 미국의 고금리와 프랑스, 서독 등 서구 제국의 정치적 불안과 특히 중남미 제국의 외채 문제 등에 따른 경제적 불안으로 자금이 미국으로 유입하는 데 크게 기인한 것으로 파악되었다. 그러나 미국경제를 좀 더 긴 안목에서 볼 때 상당히 밝은 면을 찾아볼 수 있는 것은 다행이었다. 그 이유로 현재 미국경제 내에서 산업 합리화와 구조조정이 상당히 활발하게 이루어지고 있는 점을 지적할 수 있다. 《부와 빈곤》이라는 저서를 통해 우리에게 잘 알려진 조지 길더 씨를 찾아 보스턴에서 꽤 멀리 떨어진 조그만 시골 마을에 도착한 것은 늦은 저녁이었다. 길더 씨는 올봄에 발간 예정인 새 저서를 집필 중이었는데 그 책은 소형 컴퓨터를 중심으로 하는 전자산업 등에서 일어나고 있는 기술 혁신과 이에 따른 미국 산업의 구조 전환에 관한 것으로《부와 빈곤》과 마찬가지로 미국경제의 앞날을 상당히 밝게 내다보는 것이었다.

　　조지 길더 씨가 제시한 통계에 의하면 5년 전만 하더라도 자동차 생산의 고용 인원이 당시의 컴퓨터 산업의 고용 인원보다 2배가 더 많았는데 그 동안 이룩된 산업 구조조정 결과 현재 컴퓨터 산업의 고용 인원은 자동차 산업의 고용 인원보다 오히려 약 70퍼센트가 많다는 것이다. 이것은 곧 산업 구조조정이 일어나고 있는 좋은 예이다. 또한 생산성 향상을 위한 공정의 자동화 등 새로운 투자가 상당히 일어나고 있다는 점도 그는 주목하고 있었다. 긴 안목에서 미국경제의 앞날을 밝게 해주는 또 하나의 요인으로 들 수 있는 것은 오랜 불황을 겪으면서 개선되어 온 노사관계와 석유 파동 이전의 좋은 시절에 만든 사회보장제도가 오늘의 현실에 맞게 어느 정도 수정되어야겠다는 중론이 모아지고 있다는 점이다.

서독, 복지 후유증 심각

　　경제 우등생인 서독도 오랜 불황과 1950년대 이후 최악의 실업 상태로 고민하는 빛이 역력했다. 채무상환 불능 상태에 빠진

〈제3장〉 1980년대 초의 경제정책 패러다임 전환

텔레푼켄에 들렀을 때 서독 경제의 심각성을 잘 엿볼 수 있었다. 세계적인 전자회사로의 위광은 사라졌고 파산지경에 이르는 사태를 막기 위해 안간힘을 쓰고 있었다.

그래도 서독만은 비록 단기적으로 고통을 치르고 있더라도 장기적으로 큰 문제가 없을 것이라는 막연한 생각이 서독 경제의 현장을 보는 동안 사라져버렸다. 서독인들의 부지런한 모습이 상당히 퇴색되고 있었기 때문이다. 2차대전 이후의 잿더미 속에서 이른바 '라인 강의 기적'을 이룰 때 서독인들은 일만이 전부인 양 일에만 몰두해 왔다.

그러나 오늘의 서독인들의 일에 대한 태도는 상당히 달라진 것 같았다. 최근의 한 여론조사 결과에 따르면 응답자의 50퍼센트가 "노는 것을 즐긴다"고 답하고 있다. 20년 전인 1962년의 조사 때는 "노는 것을 즐긴다"는 사람은 20퍼센트에 불과했고 응답자의 60퍼센트가 "일하는 시간이 가장 즐겁다"고 답했었다. 서독연방은행의 토머스 부흐 경제조사부장은 일에 대한 이 같은 태도 변화가 큰 문제라고 지적했다.

한 근로자는 8퍼센트에 이른 실업 사태에도 불구하고 해외 나들이를 떠나는 사람들이 날로 늘고 있다고 걱정스런 표정을 지었다. 지난해에 서독인들이 해외여행으로 지출한 외화는 우리나라의 연간 수입액과 거의 비슷한 200억 달러에 이른다고 했다. 한편 외국인들이 서독에 떨어뜨린 돈은 1백억 달러 남짓으로 관광부문에서만 1백억 달러의 수지 적자를 낸 것이다. 이러한 서독인들의 변화는 서독의 경제적 성공 자체가 가져다 준 결과라고도 볼 수 있을 것이다. 2차대전 이후 이를 악물고 본래의 근면성을 살려 일해 왔는데 누구 못지않게 잘살게 된 지금에 와서도 일만 해야 하느냐는 생각이 날 만도 할 것이다. 그러나 이것보다는 지난번에 물러난 슈미트 수상이 사회보장제도를 지나치게 확장한 것이 서독인들의 태도를 이렇게 바꾸어 놓은 더 큰 원인이라고 칼대학부설 국제문제연구소 발더 박사는 강조했다. 그는 지난 15년 동안에 1년 휴가도 6주로 늘어났으니 이거 너무하지 않느냐고 오히려 반문했다. 여러 기업인을 만났을 때도 실망은 마찬가지였다. 서독 경제 자체에 대한 자신감을 잃어가고 있었다.

고물가에 우울한 파리

유럽을 흔히 노쇠한 대륙이라고 부른다. 경제 현상에서의 느낌이 바로 노쇠한 모습이었다. 파리의 샹젤리제 거리를 거닐면서 많은 프랑스 사람들과 얘기를 나누었다. 그들의 생각을 듣기 위해였다. 낙천적이고 콧대 높기로 이름난 프랑스 사람들. 프랑스의 물가상승률은 다른 선진 공업국의 거의 2배인 10퍼센트 수준에 이르고 있다. 무역수지 적자는 1,000억 프랑에 이른다. 세계 각국이 안정화 정책을 펼 때 유독 프랑스만이 경기진작책을 쓴 결과다. 프랑

〈제3장〉 1980년대 초의 경제정책 패러다임 전환

스는 지난 9월 약세로 계속 밀리는 프랑스를 살리기 위해 40억 달러의 장기은행 차관을 도입한 적이 있다. 도입 조건은 유럽 달러 금리에 0.5퍼센트를 가산한 것으로 우리나라와 동일한 조건이다. 우리나라의 대외신인도가 급격히 향상되고 있다는 사실과 대조되는 현상이었다. 항구도 아닌 한 작은 마을에 세관을 만들어 놓고 외제 VTR을 통관하게 하고 모든 통관 서류를 프랑스어로 하라는 등 외국의 수출업자에게 불편을 주기 위해 의도적으로 각종 수단을 동원하고 있는 것도 새로 일어나고 있는 보호무역주의 물결의 하나였다. 물가상승, 국제수지 악화, 실업증대로 고민해온 미테랑 행정부는 최근에 와서 정책을 급선회시켜 사회당 정부가 애초에 내세웠던 고용증대 및 적극적인 사회정책 추진 목표를 포기하고 국제수지 안정에 최우선을 두게 되었다.

런던엔 난국 극복 열기

　도버해협을 건너 영국에 왔을 때의 느낌은 오히려 좀 더 희망적인 것이었다. 실업률 14퍼센트에 경기침체로 고전하고 있는 것은 다른 나라보다 오히려 더했으나 경제 난국 극복의 의지가 엿보였다. 대처 수상은 실업과 경기침체를 감수하면서 긴축을 바탕으로 한 강력한 안정화시책을 일관성 있게 추진해 오고 있었다. 그 결과 물가안정에 일단 성공했다. 노조의 파업도 줄어들었으며 노동생산성은 지난해에 10퍼센트나 향상됐다. 데이비드 글린 영국 전경련 경제조사 담당이사는 물가안정을 위한 대가가 너무 크다면서 정부의 경제정책에 불만을 털어놓고 있었다. 또 현재 노동당이 지배하고 있는 런던 지역 의회는 실업구제 쪽으로 정책 전환이 있어야 한다는 뜻에서 의회 건물 밖에다 런던 지역의 실업자 수를 매월 써 붙이고 있었다. 내가 갔을 때의 런던 지역의 실업자 수는 38만 명을 상회하는 것이었다. 그러나 영국 경제의 구조적인 개선의 조짐이 나타나고 있는 이때 대처 수상이 쉽사리 정책 기조를 바꿀 것으로 보이지는 않았다. 월터즈 대처 수상 경제고문과 2시간 동안이나 이야기를 나누는 동안 이른바 '영국병'을 고치기 위한 정책 의지가 대단하고 장기적으로 희망을 걸어볼 만하다는 생각을 갖게 됐다.

일본경제계, 스스로 길 찾아

마지막 여행국인 일본에서는 경기의 실상보다 우리가 배워야 할 점이 너무 많다는 사실이 더욱 큰 관심을 끌었다. 1981년에 이어 1982년에도 성장률이 3.1퍼센트에 머물고 수출 신장에 제동이 걸려 있지만 정부쪽보다는 업계 스스로 어려움을 헤쳐가려는 노력이 인상적이었다. 민간기업이 앞장서서 상업 합리화 노력을 잘 추진해 가고 있다. 공장에서 직접 목격한 생산성 향상 노력도 대단한 것이었다. 야마다께 하니웰에 들렀을 때 사장은 생산성 향상과 보너스를 연결시킨 이윤분배제도의 도입과 전 임직원을 한 가족처럼 다루는 노사관계로 큰 어려움 없이 회사를 이끌어가고 있다고 자랑스럽게 설명했다. 자동화의 물결 속에서도 기존 인력을 기계로 대체하려는 것이 아니라 사람이 더 필요할 때 기계를 들여 놓아 종업원과 아무런 마찰 없이 자동화를 이루어가고 있다고 말했다. 더욱 놀라운 것은 일에 대한 종업원들의 태도다. 한 노조간부는 작업이 끝난 후 근로자들이 모여 생산성 향상을 위한 토론회를 갖는다고 전해주었다. 회사에서는 이 모임을 위해 차 값만 보조해 줄 뿐이다. 근로자들 스스로 문제점을 지적하고 개선 방향을 제시한다. 훌륭한 아이디어는 전사적으로 채택되고 생산성이 오르면 보너스 형태로 종업원들에게 보상이 돌아간다.

세계의 흐름 직시하자

가네모리 히사오 일본경제연구센터이사장은 일본이 수출에만 지나치게 힘써 세계 도처에서 감정적인 수입규제를 받고 있다는 사실을 시인하면서 일본이 앞으로 수입을 개방해 국제적인 보호무역주의 완화에 기여할 것이라고 솔직히 말했다. 어쨌든 이번에 돌아본 5개국 중 일본의 앞날이 가장 밝다고 결론짓지 않을 수 없었다. 끝으로 이번 여행에서 얻은 결론을 한마디로 요약하면 세계경제는 앞으로 4~5년간 상당히 완만한 속도로 성장할 것이나 그 이후의 세계경제는 또 한 번의 고도성장과 저물가를 경험하게 될 가능성도 상당히 높다는 것이다. 따라서 어려움이 예상되는 기간 동안에 제2의 도약을 꼭 이룩하기 위해서는 어느 때보다 더한 각오가 있어야 할 것이다. 선진 5개국의 경제 현장을 돌아보면서 만난 석학들은 한국이 대외지향적인 경제개발전략으로 성공한 대표적인 나라라고 칭찬을 아끼지 않았다. 그러나 자만 속에서는 저력을 발휘할 수 없다. 급변하는 세계경제를 직시하면서 미완의 장을 남기지 않도록 국민 모두가 합심 노력해야 한다는 것을 이번 여행을 통해 더욱 절실히 느꼈다.

〈제3장〉 1980년대 초의 경제정책 패러다임 전환

1980년대 경제환경 변화와 기업의 대응

1983.
9.

현대경영

　　최근 경기회복의 특징은 세계경제의 성장세가 기대보다 미약하다는 점과 무역의 신장률도 과거보다는 낮은 수준에 머물 것이라는 점이다. 그런데 이러한 저성장과 무역의 정체는 올해와 내년의 단기적인 현상이 아니라는 데 문제의 심각성이 있다.

　　저성장과 무역정체의 근저에는 보다 구조적이고 기술적이며 장기적인 변화의 물결이 일고 있고, 이들 변화는 1980년대 내내 세계경제에 복합적으로 작용해 한편으로는 부정적인, 다른 한편으로는 긍정적인 영향을 끼칠 것으로 보인다. 따라서 우리의 대응도 단기적인 경제변수의 움직임보다는 장기적인 변화의 흐름을 이해하는 데 그 바탕을 두어야 한다.

편의상 이 변화를 둘로 구분하면 첫째는 2차의 오일쇼크 이후에 나타난 경제구조의 변화와 기술혁신이고, 둘째는 이러한 변화가 가져온 선진국 국민의 사고방식과 정부의 정책변화다.

기술혁신과 경제구조의 변화

돌이켜 보건대 1970년대의 두 차례에 걸친 석유파동은 현재 일어나고 있는 모든 변화의 1차적인 원인이 되었다고 볼 수 있다. 유가의 대폭적인 상승은 우선 거시경제적 측면에서 비산유국, 또는 석유 순수입국의 구매력을 산유국으로 이전시키는 효과를 가져와 총수요의 위축을 초래했을 뿐만 아니라 에너지 비용이 많이 들어가는 산업을 사양화시켜 산업구조에도 변화를 일으키기 시작했다.

특히 유가의 상승은 자동차나 주택의 '경량화', '소형화'를 유도했고 이는 관련 산업인 철강, 비철금속, 고무, 유리, 단열재 등의 산업을 크게 위축시켰으며, 이들 기간산업의 수많은 노동자들을 실업자로 만들고 말았다. 실업인구의 증가는 다시 소비의 부진이나 기업의 매출감소로 나타났고, 이는 지난 3년간의 장기적 경기침체의 한 요인이 되었다.

따라서 한정된 시장을 두고 치열한 경쟁을 이겨나가기 위해서는 기업 내부의 생산성 향상이나 생산비 절감, 또는 품질개선을 위한 새로운 기술에 눈을 돌리게 되었다. 오늘날의 첨단기술이 수

〈제3장〉 1980년대 초의 경제정책 패러다임 전환

많은 고도전자 제품에서 보는 바와 같이 그 스스로도 하나의 거대한 산업으로 발전해가고 있지만 다른 산업의 생산비를 떨어뜨리거나 생산성을 높이는 데도 크게 활용되고 있는 점도 이러한 시장여건의 변화와 무관하지 않다. 최근에 '마이크로프로세서'의 사용범위가 무한히 넓어지면서 자동차나 대형기계, 또는 가정용품의 질을 높인다든지 전 세계적으로 번지고 있는 공장자동화(FA)나 사무자동화(OA) 추세가 생산성 향상이나 품질향상에 기여하고 있는 것이 그 좋은 예라고 하겠다.

전자산업을 중심으로 하고 있는 첨단기술산업이 성장산업으로서 발판을 굳혀가고 있고 이것이 1980년대 말쯤에는 세계경제의 또 다른 고도성장을 가능케 할 밝은 전망을 보여주고 있기도 하지만 그 이면에는 불과 몇 년 전까지만 해도 고용인구의 대부분을 흡수하던 기간산업이 수요 감퇴와 외부로부터의 경쟁에 휘말려 사양화하는 경향을 보이고 있다.

이러한 변화에 대응해 선진 각국은 장기적으로 산업구조를 합리적으로 조정해 나가기 위해 OECD 등을 통해 서로의 경험과 정보를 교환하고, '적극적 구조조정정책'을 수행해 나가기로 결의하기도 했지만 당장의 실업문제를 해결하기 위해서는 근시안적인 기간산업의 보호를 목표로 보호무역주의 경향을 더욱 강화시키고 있다.

국민의식과 정부정책의 변화

이와 같은 경제의 전반적인 여건이 계속 악화되어 오는 과정에서 선진국 국민들이나 정책입안자들의 의식 내지 사고방식도 크게 변화해 구체적인 정책조치로 반영되고 있다. 자국우선주의로 표현될 수 있는 이러한 사고방식의 변화는 미국에서 가장 두드러지게 나타나고 있는데 이러한 경향은 미국이 자유무역을 고수한 나머지 국내 산업이 큰 피해를 입고 있으며 또한 이것이 실업증대의 주요인이라고 미국 국민들이 인식하고 있는 데서 비롯된 것이다.

이에 따라 미국은 앞서 밝힌 바와 같은 개별상품의 각종 수입규제 조치뿐만 아니라 보다 적극적인 수출확대책으로 첫째, 종합무역상사제도의 도입, 둘째, 수출소득에 대한 조세감면, 셋째, 미수출입은행의 수출신용공급 확대 등을 모색하고 있다. 뿐만 아니라 최근에는 대일무역역조가 심화되는 데다 고도기술산업에서의 우위가 일본의 세찬 도전으로 흔들리게 되자 상무성을 중심으로 일본의 산업정책 내지 경제의 운용방식까지 비판하고 있다.

지난 4월에는 미국의 여러 기업과 노동조합으로 구성된 '국제무역을 위한 노조산업연합(LICIT)'이 발표한 보고서에서도 첫째, 미국산업의 보호를 위한 통상관계법의 개정, 둘째, 정부의 직접적인 산업지원책, 셋째, 장기적으로 국제적 협상을 통해 일본 등 여타국의 지나친 산업지원정책을 면제할 것 등을 촉구했다.

이러한 정책의 변화는 결국 미국이 과거 50~60년대보다는

〈제3장〉 1980년대 초의 경제정책 패러다임 전환

상대적인 빈곤을 느끼고 있다는 것을 나타내고 정책입안자들도 이미 전후 마셜플랜이나 기타 원조활동을 통해 전쟁으로 폐허가 된 선진국과 가난한 후진국을 돕던 '마음씨 좋은' 미국인이 아니라는 사실을 암시한다.

어쨌든 표면적으로는 자유무역을 부르짖는 미국의 이 같은 보호주의 경향은 여타 선진국에도 그대로 전파되어 서로 보복적인 수입규제를 강화할 것으로 보이고, 이러한 움직임은 산업구조의 재편이 끝나고 새로운 고도성장기를 맞을 때까지는 계속될 것으로 예상된다. 따라서 세계무역환경도 수년 내에 과거 1960년대의 황금기처럼 호전될 가능성은 사실상 희박한 셈이다.

우리 기업의 대응

선진국 경제환경의 변화는 수출주도로 성장해 온 우리 기업에도 심각한 영향을 끼치고 있고, 앞으로도 이러한 변화에의 적응을 강요하고 있다. 1970년대 후반 20~30퍼센트씩 증가하던 수출이 지난해에는 2.8퍼센트 증가하는 데 그쳤고, 올해의 수출도 세계경제가 회복세를 보이고 있음에도 불구하고 겨우 10퍼센트 정도 증가할 것으로 예상되고 있다. 한마디로 말하자면 기업의 사업환경이 크게 나빠지고 있는 셈이다. 정도의 차이는 있겠지만 이러한 경향은 선진국의 과도기적인 산업구조의 조정이 끝날 1980년대

내지 1990년대 초까지는 계속될 것으로 예상된다. 뿐만 아니라 빠른 속도로 진행되고 있는 기술혁신은 신기술의 개발이나 기존 기술의 응용을 통한 생산성 향상, 원가절감 등에 실패하는 기업을 필연적으로 도태시키고 말 것이기 때문에 기업의 부담은 그 어느 때보다도 무겁다.

한편 대내외 경제환경의 급격한 변화와 우리 경제의 양적, 질적 팽창으로 과거와 같은 정부 주도의 경제운용방식을 더 이상 적용할 수 없기 때문에 정부의 지원에 크게 기대할 수 없게 되었다.

결국 앞으로 우리 기업은 과거처럼 정부에만 의존하려는 타성에서 벗어나 냉혹한 시장원리에 적응토록 하고 이 과도기 동안에 기업체질을 강화해 앞으로 경쟁대상이 될 선진제국의 기업들과의 경쟁에 이길 수 있는 터전을 마련해야 한다.

이 1980년대의 어려운 시기를 지나면 새로운 경제구조, 새로운 경제환경 속에서 세계경제가 다시 고도성장 궤도로 돌아올 것이다. 우리 기업은 인내하고 노력하고 실력을 배양할 수밖에 없다.

첫째, 기업은 새로운 민간 주도경제의 원칙에 맞게 자율적 의사결정과 책임경영풍토를 정착시켜 나가야 한다.

둘째, 앞으로 예상되는 치열한 경쟁에 대비해 경영합리화와 기술혁신을 통한 생산성 향상과 품질개선, 그리고 기업의 체질개선에 힘써야 한다.

셋째, 이를 위해서는 시시각각으로 변하는 새로운 기술정보

와 국제경제환경에 대한 정보에 관심을 갖고 이를 적극 활용할 줄
알아야 한다.

　결론적으로 말해 우리 기업인들은 지금의 대내외적인 시련
을 내실을 다지는 계기로 삼고 기술혁신의 시대를 합리적 기업가정
신으로 타개해 나가는 지혜를 발휘해야 할 줄로 믿는다.

1983.
9. 9.

매일경제

국력을
키우는 길

KAL기의 참변소식이 있었던 그 이튿날 필자는 세계 각국 사람들이 모여 일하고 있는 프랑스 파리 소재 유네스코를 들를 기회가 있었다. 그곳에서 필자는 세계 각국 사람들의 이번 참변에 대한 반응을 직접 체험했다. '아무리 무자비한 소련사람들이지만 이런 상상치도 못할 끔찍한 일을 어이 저지를 수 있단 말인가' 하고 경악을 금치 못하는 것이었다.

힘이 약한 나라의 비애

한국인인 필자를 만난 이들은 또한 상주를 대하는 문상객처럼 엄숙히 조의를 표하고는 하나같이 "그러나 어쩌겠습니까, 참고 살아야지" 하는 식의 위로를 덧붙였다. 무자비한 폭력 앞에 죄 없는 수많은 너의 동포가 죽어간 것은 가슴 아픈 일이지만 참고 견디는 것 이외에 너희가 할 수 있는 뾰족한 보복수단은 없지 않느냐, 미국을 포함한 너희의 우방과 혈맹도 속 시원하게 보복해 줄 것을 기대할 수도 없으니 참고 견디는 수밖에 별도리가 없지 않느냐는 뼈아픈 현실을 깨우쳐 주는 위로의 말을 덧붙인 셈이었다.

그러나 바로 이러한 선의로 한 위로의 말에서 우리는 우리의 앞날에 관한 새로운 결의를 다지는 계기를 찾을 수 있지 않겠는가 하는 생각이 들었다. 만약 이번에 희생된 비행기가 국력이 있는 미국의 여객기였고 이에 격분한 미국인을 만났다면 세계 사람들은 단순한 위로보다는 미국이 제발 감정을 진정해 군사적 대소응징을 통한 세계대전을 유발하는 위기를 피해야 한다는 설득이 앞섰을 것이 아닌가! 또 만약 국력이 있었다면 애당초 이런 일이 발생하지도 않았을 것임에 틀림없다.

이러한 기분은 필자뿐만 아니라 모든 국민이 한결 같이 느꼈을 것이다. 그래서 며칠 전 TV 인터뷰에 나온 대학생도, 공장근로자도, 할머니 할아버지도, 가정주부도 모두 국력을 키우자고 외치고 있는 것이다 그러면 국력이란 무엇인가? 국력을 구성하는 요소는 여러 가지가 있겠지만 예나 지금이나 경제력이 국력의 가장 큰 밑바탕이 된다는 것은 두말할 나위가 없다.

경제력부터 키워야

영국의 철학자 버틀런드 러셀은 인간의 행복을 논하면서 "돈은 그 자체가 위대한 것은 아니지만 돈 없이 위대해지기는 힘들다"고 말한 바 있는데, 이 말은 한 개인보다는 정과 의리가 통하지 않는 오늘날의 국제사회에서 우리나라와 같이 성장하는 국가에 더 절실한 경구가 되지 않을까 생각된다. 쉽게 말해 돈은 경제력이요, 경제력은 곧 국력이다. 일본은 인구나 국토, 그리고 자원보유 면에서 우리와 크게 다를 바 없지만 일본의 국력을 누구나가 인정하는 것은 바로 일본의 경제력 때문이다. 손쉽게 GNP를 경제력의 척도로 본다면 우리나라의 경제도 1962~82년 중 고도성장을 이룩하는 과정에서 약 5배나 늘어났다. 경제 규모는 복리로 늘어나는 것이기 때문에 지속적인 고도성장의 위력은 대단한 것이다. 어느 경제든 1년에 7퍼센트씩 성장하면 10년 만에 경제력은 두 배로 늘어나고 10퍼센트씩 성장하면 그 기간은 7년으로 단축된다. 어쨌든 우리의 경제력 성장과 더불어 국제사회에서 우리나라의 지위도 향상되어 온 것이 사실이다. 그러나 우리가 선진국 대열에 서고 그 어느 나라도 우리를 섣불리 다루지 못하게 하려면 더한층 노력해 우리 경제를 지속적으로 성장시켜 나가야 한다. 개인은 아껴서 저축하고, 기업은 생산성의 향상과 기술혁신을 통해 품질을 개선해 해외시장의 개척에 총력을 경주하고, 나아가 우리 경제 구석구석에 남아있는 비능률적 요인을 제거하려는 정부의 노력에 고통이 수반되더라도

〈제3장〉 1980년대 초의 경제정책 패러다임 전환

우리 모두가 참고 적극 호응해야 하겠다. 다가올 세계경제의 여건
은 우리에게 반드시 유리하지만은 않다. 1980년대 말이나 1990년
대 초까지 세계경제는 저성장을 보일 것이라는 것이 일반적인 관
측이고 무역은 크게 늘어나지 않을 것으로 보인다. 그러므로 우리
는 더 큰 고통을 느낄 것이지만 이에 굴해서는 안 될 것이다. 한 가
지 다행스러운 것은 오늘날의 경제력이 국토와 자원에 의해만 결
정되는 것이 아니라 열심히 일하는 자세를 가진 인력과 우수한 두
뇌에 의해 판가름 난다는 점이다.

국력배양의 전화위복의 계기로

우리 민족은 부지런하고 우수하다. 어느 나라 근로자가 우리
보다 더 열심히 일하며, 어느 나라 부모의 교육열이 우리를 능가하
겠는가. 과학을 장려하고 첨단기술을 따라잡는 것이 또한 긴요하
다. 우리 기업이나 정부는 이미 그것을 잘 알고 있고 첨단기술을 따
라잡는 것이 우리의 두뇌나 노력에 비추어 볼 때 그렇게 어려운 것
만은 아니라는 점도 인식하고 있다. 단지 우리는 이 기회를 놓치지
말고 서로 뭉치고 아껴서 국력배양에 모든 힘을 쏟아야 하겠다. 세
계경제는 힘에 의해 좌우되고 각국이 이해관계를 따질 때는 혈맹
도 우방도 없는 것이 현실이다. 믿을 데라고는 우리 자신뿐이며 국
력을 기르는 길뿐이다.

불행을 당하고 실의와 비탄, 그리고 무력감에 젖어있기보다 우리는 이것을 전화위복의 계기로 삼는 슬기를 발휘해야 할 것이다. 사할린의 찬 바다에 억울하게 죽어간 영령들은 어쩌면 우리를 깨우쳐주기 위해 스스로를 희생했는지도 모른다. 국민 각자가 이 통분을 승화시켜 국력배양의 원동력으로 삼을 때 가신 이들의 넋이라도 편히 잠들 수 있을 것이 아니겠는가.

안정과 복지의 조화를 이루어야

1988.
7. 24.

전국
경제인
연합회
초청 강연
요지

며칠 전에 제40주년 제헌절 기념행사를 여의도 국회의사당에서 개최한 바 있다. 근대국가로서의 대한민국의 역사의 일천함을 새삼 깨닫게 하는 행사였다. 5000년의 유구한 역사를 가진 우리나라지만 최근 500년을 돌이켜 생각해 보면 대외적으로는 폐쇄적인 국가체제를 유지해오다가 일본제국주의의 제물이 되어 36년간 식민통치를 받아온 후 해방과 더불어 대한민국을 수립해 근대국가로서 새 출발한 지 겨우 한 세대 남짓한 역사를 가지고 있는 것이 우리의 현실이다.

그 이후 6·25동란이라는 뼈저린 전화를 겪어야만 했으며, 이러한 과정에서 1940년대와 1950년대는 근대국가의 확립에 주력하

- 도약의 기억 -

는 나머지 경제개발은 미처 생각할 겨를이 없었다. 그 당시 우리 경제는 외국원조에 크게 의존하고 있었으며 국내산업도 일부 소비재를 생산하는 정도에 그치고 있었다. 반면에 우리 민족의 높은 교육열과 민족의 동질성 등을 고려할 때 처음부터 경제발전의 여건이 불리했던 것도 아니었던 것도 사실이다.

정부 주도의 경제개발전략

그러다가 1960년대에 들어와 이러한 여건을 백분 활용해 오랜 기간의 가난을 떨쳐버리기 위한 경제개발 우선 시책이 나오게 된 것이다. 그 결과 1962년에는 최초로 경제개발 5개년계획이 실시되었고, 동 경제개발계획의 원활한 실천과 효율적인 경제정책 수립을 뒷받침할 수 있도록 하는 정부조직 개편도 뒤따랐다. 또한 자원배분에 정부가 직접 관여할 수 있도록 시중은행을 사실상 국영기업화하는 금융산업의 개편도 있었다. 이렇게 해서 이른바 정부 주도적인 경제개발전략이 시작되었고 동 전략에 힘입어 우리 경제는 1960년대, 1970년대를 거쳐 눈부신 발전을 이룩했던 것이다. 그러나 1970년대에 들어와서는 두 차례에 걸친 원유파동이 있었을 뿐 아니라 전후 세계경제를 주도해온 미국경제가 월남전 이후 어려움에 처하고 선진국 간에 보호무역주의가 확산되는 등 국제경제환경의 악화가 뒤따랐다.

민간 주도의 경제운용방식

우리 경제도 그 동안 양적으로는 크게 성장했으나 정부 주도에 의한 개발전략 추진이 한계에 부딪히게 되었다. 특히 그 동안 고도성장과정에서 지속되어 온 만성적인 인플레와 시장기능이 아닌 정부 주도에 의한 주요 투자사업의 결정 등 고도성장에 부수해 발생했던 구조적인 문제가 노정되기에 이른 것이다. 1980년대에 들어 정부는 경제의 구조적 문제를 해결하기 위해 경제운용방식을 전환하는 노력을 시작했다. 종전의 정부 주도적인 경제운용방식을 민간 주도로 바꾸어 나가기 시작했으며 각종 특혜적 정책금융을 줄이는 한편 국제경쟁력 강화와 산업체질 강화를 위한 수입자유화의 추진, 중화학 투자조정 등의 조치를 강구함과 동시에 물가안정을 통한 경제안정화에 주력하게 된 것이다. 이와 같이 1960~1970년대 경제개발전략의 채택이나 1980년대의 새로운 개발전략의 채택은 우리 경제의 여건변화에 적절히 대응하려는 정부의 적극적인 정책의지에서 출발한 것임을 알 수 있다.

상대적 빈곤문제 완화 노력 배가해야

그럼 이 시점에서 앞으로의 정책의 선택은 어디에 두어야 할 것인가? 결론적으로 말해 안정성장을 이룩하면서 우리 능력에 맞는 복지시책을 펴 나감으로써 상대적 빈곤문제를 완화하는 데 정책의 초점이 맞추어져야 할 것이다. 앞에서 살펴본 바와 같이 1962년부터 본격적인 경제개발계획을 추진해 온 결과, 오늘날의 우리 경제는 경제개발 초기에 비해 규모로는 50배가 넘는 1,200억 달러 수준으로 성장했고 1인당 국민소득은 35배가 넘는 3,000달러 수준에 도달하게 되어 선발개도국으로 부상했을 뿐만 아니라 이제는 외채를 줄여나갈 수 있는 능력을 가지게 되었다.

한편 당시 50퍼센트 가까이 되던 절대빈곤 인구도 고용기회의 확대와 소득 증가에 따라 크게 줄어들어 '보릿고개'로 특징지어지던 절대빈곤의 문제는 사라졌으나, 상대적 빈곤문제가 사회정책적인 과제로 부각되기에 이르렀다. 이러한 상대적 빈곤감이 소득 계층 간에서 뿐만 아니라 지역 간, 도농 간, 산업 간, 대기업과 중소기업 간 등에서도 나타나기 시작했다. 따라서 이 시대에 우리가 풀어야 할 과제는 안정기조를 흩트리지 않으면서 소득 3,000달러 수준에 맞는 복지시책을 펴 나감으로써 상대적 빈곤문제를 완화해야 하는 것이다. 최근 지상에서는 정부 내에 안정론자와 복지론자의 대립이 있다고들 하는데 이는 사실과 다를 뿐 아니라 있을 수 없는 일이라고 본다.

경제발전의 궁극적인 목표가 온 국민이 골고루 잘살 수 있도록 하는 데 있다면 국민 모두의 복지증진 목적 없는 안정론은 무의미한 것이며, 안정 없는 국민복지 향상은 있을 수 없는 것이다. 안정 없는 경제 하에서는 상대적 빈곤계층이 더 큰 피해를 보는 것은 자명한 일이 아닌가? 또한 장기적인 관점에서 안정기반 없이 복지 정책을 추진한다는 것은 불가능한 일이다. 따라서 우리가 직면하고 있는 경제 여건에 대한 정확한 분석에 바탕을 두고 안정기조를 견지하면서 1인당 국민소득 3,000달러 수준에 맞는 복지시책을 펴 나가도록 해야 할 것이다.